한류의 시작, 고구려

이 책을 아내 장연희에게 바친다.

세창역사산책 009

한류의 시작, 고구려

초판 1쇄 인쇄 2018년 9월 15일
초판 1쇄 발행 2018년 9월 20일

-

지은이 전호태
펴낸이 이방원
기　획 이윤석
편　집 김명희·안효희·강윤경·홍순용·윤원진
디자인 손경화·박혜옥
영　업 최성수
마케팅 이미선

-

펴낸곳 세창미디어

　　　출판신고 2013년 1월 4일 제312-2013-000002호

　　　주소 03735 서울특별시 서대문구 경기대로 88 냉천빌딩 4층

　　　전화 02-723-8660 l 팩스 02-720-4579

　　　이메일 edit@sechangpub.co.kr l 홈페이지 http://www.sechangpub.co.kr

-

ISBN 978 - 89 - 5586 - 540 - 0 04910
ISBN(세트) 978 - 89 - 5586 - 492 - 2

이 도서의 국립중앙도서관 출판시도서목록(CIP)은 서지정보유통지원시스템 홈페이지(http://seoji.nl.go.kr)와
국가자료공동목록시스템(http://www.nl.go.kr/kolisnet)에서 이용하실 수 있습니다. (CIP제어번호: CIP2018029641)

세창역사산책 009

한류의 시작, 고구려

전호태 지음

세창미디어
MEDIA

"고구려 생활사도 한번 정리하셔야죠? 그래, 한번 정리 좀 해 줘! 글쎄, 언제 한번 하기는 해야지. 그런데 왜 내가 해야 하는 거요? 전공이 고분벽화잖아. 맞아요! 고분벽화 하시니까, 해야죠." 필자와 동료 선후배 사이에 가끔 오가던 이야기의 한 토막이다.

고분벽화를 전공한다는 이유로 인문, 예술, 종교, 체육, 보존과학까지 넘나들다 보니 여러 분야 사람들에게서 "이것도 좀 해야죠?" 하는 소리를 듣는다. 사실 앞뒤가 안 맞는 이야기다. 고분벽화가 전공이라고 이것저것 손댈 수는 없다. 오히려 잘 알지도 못하면서 발 들여놓았다는 소리를 듣기 쉽다.

그런데도 필자는 이 분야, 저 분야의 글을 하나씩 써 나간다. 실제 고분벽화에 "해야죠?"에 해당하는 부분이 나오기는 나오니까. 게다가 고분벽화는 아무나 보고 읽지 못한다. 옛 그림인 데 더하여 잘 남아 있지도 않아 조심스레 열심히 사진과 도면을 들여다보아야 한다. 어쩌다 유적 현장에 가도 형상의 윤곽이며 세부가 보이지 않는 이에게는 보이지 않는다.

해야 한다는 분야 가운데 하나인 생활사를 정리한 지 몇 해 되었다. 자연스레 음악과 놀이, 운동에 대한 글도 한 편 썼다. 2017년 가을, 경주에서 고구려의 놀이를 주제로 편하게 발표하는 자리가 마련되었다. 이전에 썼던 논고에 자료를 더하면서 풀어쓴 글을 일반 청중에게 선보였다. 어떻게 들었는지 세창미디어에서 메일을 보내 발표한 글을 더 풀어서 얇은 문고본으로 내 보자고 했다. 가부간 답을 하지 못한 채 차일피일했더니 답을 바라는 메일이 한 차례 더 왔다. 아내가 "쓰세요. 사람 사는 이야기니 좋네요." 한다. 평소 '쉽고 생생하게, 살아가는 이야기로'를 강조하는 그다. 바로 쓰겠다는 답을 보냈다.

겨울 한 철이면 원고를 정리하여 보낼 수 있으리라 생각했는데, 그러지 못했다. 평소 글을 의뢰받으면 바로 시작하는 습관이 있다. 일찌감치 원고를 보내 마감 지났다는 소리를 들은 일이 거의 없다. 너무 일찍 글을 보내 상대가 받은 사실을 잊을 때도 있었다.

겨울 초입부터 아내의 건강이 안 좋아 내내 곁을 지켰다. 아침저녁으로 기도문만 썼다. 봄이 오면 다시 긴 산책을 하자, 신록이 되면 며칠씩 트래킹 하자고 서로 격려의 말을 나누며 함께할 새날, 새 계절의 시간표를 짰다. 그러나 아내는 봄의 말미에 하나님의 부름을 받았다. 결국, 이 책은 하늘나라로 삶의 자리를 옮긴 아내에게 바치는 첫 작품이 되었다.

한국 문화의 큰 줄기는 고구려 때 뿌리가 내리고 뻗어 오르기 시작했다. 음악과 놀이 중 일부는 고구려에서 이웃나라로 전해지며 큰 호응을 받기도 했다. 한류를 가리키는 K-시리즈 가운데 고구려의 음악과 놀이, 생활문화에서 비롯된 것이 여럿이라면 과장일까? 10월 동맹이라는 나라마당에 선보이던 춤과 노래, 고취악과 관현악, 갖가지 곡예, 씨름과 수박희, 활쏘기와 말타기는 바탕에 흥과 신명, 어울림을 깔고 있었다. K-Pop과 K-Drama에 흥과 신명이 녹아 있고, K-Food에 어울림이 버무려져 있다면 현대 한국의 K-시리즈, 한류가 고구려에서 시작되었다고 해도 지나친 말은 아닐 것이다.

작고 아담한 문고본을 제안한 세창미디어에 감사한다. 글의 눈높이를 맞추고 그림을 보기 좋게 배열하느라 애쓴 편집팀에게도 고마운 마음을 전한다. 어려운 시간을 잘 이겨 내며 아빠 곁을 지켜 준 딸 혜전, 아들 혜준이 대견하고 고맙다.

2018년 여름 초입에 구룡산 기슭 서재에서
전호태

목 차

1장
동맹이라는
축제 마당

축제의 시작

축제가 시작되면 누구나 '마음껏 놀 수 있다.' 길어야 보름이고 한 달 안이다. 그래도 이게 어딘가? 종일 정신없이 일하다가 밥 한술로 허기 메우고 잠시 잠깐 눈 붙이면 동녘이 불그스름하다. 아이구나, 허겁지겁 저고리 걸치고 바짓가랑이 다리 꿰며 부리나케 사립문 나서는 게 맨상투 인생 아닌가? 그렇게 흙이며 나무뿌리에 코 박고 살아야 하는 인생, 한 해 한 번 가을볕 마당놀이 열어 주어 그 바닥에 맘껏 뒹굴면서 숨이라도 돌려 쉴 수 있게 해야지 않겠는가?

그렇다! 마당이 열리면 주인도 종도 하나다. 종이 고개를 들고 빤히 보아도 주인은 뭐라 하면 안 된다. 오히려 마주 보며 눈 껌뻑거리다가 큰 소리로 같이 웃어 제쳐야 한다. 마당에서 춤추고 노래하던 사람들이 자리 내주면 모르는 채 저들 사이에 끼어들어 함께 어깨를 들썩거리며 흥얼거릴 수 있어야 한다.

강릉 단오는 대관령 성황당에서 신을 모셔 오면서 시작된다. 남대천 너른 모래펄 한 귀퉁이에는 벌써 커다란 제사상이 마련되어 있다. 보름달 환한 달빛 아래 한바탕 놀이마당 펼칠 준비도 되어 있다. 사람들은 이제나저제나 기다린다. 제관들은 앞서거니 뒤서거니 헛기침이다. 아이건 어른이건 손가락을 접었다 펴며 헤아리기를 거듭한다. 아흔아홉 구비길 대관령 꼭대기에서 언제 신을 모셔 오는가? 기다리고 기다린다. 해는 서산에 기우는데, 신을 모신 가마꾼들 걸음은 왜 이리 더디기만 할까? 문득 목을 길~게 뺐던 사람들이 소리 지른다. '오셨다! 가마가 남대천에 발 담갔다!' 그러자 횃불이 솟고 나팔 소리가 귀를 때린다. 징이 울린다. 북이 우렛소리를 낸다. 함성과 징, 북, 나팔이 내는 소리가 5월 단오판이 열렸음을 알린다.

고구려에는 동맹이라는 축제가 있었다. 해마다 한 차례씩 10월에 평양 대동강변 너른 들에서 열렸다. 축제가 시작될 때면 왕이 오고 대신, 강족들이 수많은 수하와 함께 백성들이 모인 자리로 왔다.

10월에 하늘에 제사를 지내니 이르기를 동맹이라 한다. 나라 동쪽에 큰 굴이 있어 그곳에 수신이 있는데, 10월에 맞아 들여 제사를 지낸다.

-『후한서(後漢書)』 권85, 「동이열전(東夷列傳)」 75.

10월에 하늘에 제사 지내는 나라의 큰 모임이 있다. 동맹이라 한다. (중략) 나라 동쪽에 큰 굴이 있어 수혈이라 부른다. 10월에 온 나라에서 모여 수신을 맞아 나라 동쪽 (강) 위에 모시고 제사를 지낸다. 이때 나무로 만든 수신을 신의 자리에 모신다.

-『삼국지(三國志)』 권30, 「위서(魏書)」 30.

나라의 서울이 국내성일 때, 신관들은 나라 동쪽 산 위 큰 굴에서 신을 모셔 왔다. 신은 나라의 어머니로 고구려의 시조인 주몽을 배고 낳아 세상에 빛이 있게 한 분이다. 그가 세상으로 나와 하늘의 빛과 만나고 큰 알을 배었다가 세상에 내놓았다. 하늘의 신이요, 해의 신인 해모수의 아들이 빛 속에서 금빛 몸을 드러내게 하셨다.

왕이 천제 아들의 비(妃)인 것을 알고 별궁(別宮)에 두었다. 그 여자의 품 안에 해가 비치자 이어 임신하여 신작(神雀) 4년 계해년 여름 4월에 주몽(朱蒙)을 낳았다. 우는 소리가 매우 크고 골상이 영특하고 기이하였다. 처음 낳을 때 왼쪽 겨드랑이로 알 하나가 나왔는데, 크기가 닷 되들이만 하였다. 왕이 괴이하게 여겨 이르기를 "사람이 새알을 낳았으니 상서롭지 못하구나." 하고, 사람을 시켜 마구간에 두었더니 여러 말이 밟지 않았다. 깊은 산에 버렸더니 모든 짐승이 호위하고 구름 끼고 음침한 날에도 알 위에 항상 햇빛이 있었다. 왕이 알을 도로 가져다가 어미에게 주어 기르게 하였다. 마침내 알이 갈라지며 한 사내아이가 나왔는데 한 달이 채 지나지 않아 바르고 정확하게 말하였다.

- 『동국이상국집(東國李相國集)』 권3, 「동명왕편 병서(東明王篇 並序)」.

신을 모신 자리에선 이 신이 어떻게 고구려를 열었는지, 나라의 어머니 신인 유화가 하늘의 신 해모수를 만난 뒤 겪은 풍상, 유화가 낳은 시조 왕 주몽이 큰 강 너머 남쪽에서 새 나라의 깃발을 꽂기까지 어떤 고초를 이겨 냈는지 하나하나 보여 준다. 배우들은 부여신 유화가 되고 등고신 주몽이 되며, 부여왕자 대소와 6형제가 되어 고구려가 시작될 때 펼쳐진 드라마틱한 순간들을 재현한다.

극이 진행되는 동안 주몽 왕의 세 친구도 나오고 남녘 작은 나라 비류국왕 송양도 등장한다. 왕자 주몽과 세 친구가 탄 말들이 물고기와 자라의 다리를 건너 강 너머에 이른 순간 사람들은 환호성을 올리고 박수를 친다. 귀족들은 왕의 세 친구가 자신들의 먼 조상이라는 표정을 지으며 서로를 쳐다본다.

시조 동명성왕 주몽의 일대기를 관람한 왕이 대신들을 거느리고 강변에 이른다. 그가 어의를 벗어 팔목에 둘둘 말더니 물속으로 들어간다. 물이 허리쯤 왔을까? 시조 주몽이 활로 강물을 두드려 외할아버지 하백을 부르듯 왕이 어의를 풀어 크게 휘두르며 물결을 일으킨다.

남쪽으로 행하여 엄체수에 이르러 건너려 하나 배가 없었다. 쫓는 군사가 곧 이를 것을 두려워하여 채찍으로 하늘을 가리키며 탄식하기를 "나는 천제의 손자요 하백의 외손입니다. 지금 난을 피하여 여기에 이르렀습니다. 황천과 후토(后土)는 나를 불쌍히 여기시어 속히 배와 다리를 주소서." 하였다. 말을 마친 뒤 활로 물을 치니 고기와 자라가 나와 다리를 이루었다. 주몽이 건너고 한참 뒤에 쫓는 군사가 이르렀다.

-『동국이상국집』 권3, 「동명왕편 병서」.

강변 둘레에 귀족과 백성들이 숨죽이고 이 광경을 본다. 마침내 왕이 어의를 강에 떠내려 보낸다. 순간 너나없는 함성이 강변을 울린다. 그러자 강의 이쪽과 저쪽에서 기다리던 한 무리의 젊은이들이 강 건너로 아기 주먹만 한 돌을 던지며 물보라를 일으킨다. 이것이 '평양 대동강 돌싸움'이다. 기록에 따르면 이 행사는 해마다 연초에 대동강변에서 벌어진 풍년 기원 해맞이 놀이다.

> 해마다 연초에는 패수(浿水)가에 모여 놀이를 한다. 왕은 가마를 타고 나가 우의(羽儀)를 펼쳐 놓고 구경한다. 놀이가 끝나면 왕이 의복을 물에 던지는데, [군중들은] 좌우로 편을 나누어 물과 돌을 서로에게 뿌리거나 던지고, 소리치며 쫓고 쫓기기를 두세 번 되풀이하고 그만둔다.
>
> - 『수서(隋書)』 권81, 「열전(列傳)」 제48.

이처럼 동맹은 고구려 사람들의 큰 모임이다. 한 해를 마무리하는 온갖 행사가 이때 치러진다. 왕을 중심으로 5부의 귀족들이 모여 나라의 큰일을 의논하고 결정한다. 상 줄 자는 상 주고, 벌줄 자는 벌을 준다. 나라의 질서에 어지러움이 있으면 바로잡고 다듬는다. 고구려 바깥세상과의 일도

의논한다. 서쪽 먼 곳까지 사람을 보내느냐? 저 멀리서 온 사람들을 받아들이느냐? 백성들이 불편해 하는 일은 무엇이냐? 마무리 안 된 일은 어떻게 매듭짓고 얽힌 일은 어떻게 풀 것이냐? 잘 차려입은 왕과 대신, 나라의 크고 작은 귀족들이 한자리에 모여 나랏일의 한쪽 끝에서 다른 쪽 끝까지 돌아보며 의논하고 결정을 내린다.

> 공식 모임에는 모두 비단에 수놓은 의복을 입고 금은으로 장식한다. 대가와 주부는 책을 쓰는데, (중국의) 관책과 같으나 뒤로 늘어뜨리는 부분이 없다. 소가는 절풍을 쓴다. 모양이 고깔과 같다. 감옥이 없고 범죄자가 있으면 제가들이 모여 평의하여 곧 사형에 처하고 그 처자는 몰수하여 노비로 삼는다.
> -『후한서』

한쪽에서 왕과 대신, 소가와 대가들이 머리를 맞대고 나라의 온갖 문제로 끙끙거리는 동안 넓은 벌(광장)에 모인 백성들은 노래와 춤, 놀이를 즐긴다. 나팔을 불고 북을 두드리며 비파를 뜯는다. 장이 벌어지고 외래의 귀한 물건들이 선보이며 손에서 손으로 건네지는 것도 이때고, 고구려 안팎 세상의 장사치란 장사치는 다 모이는 때도 이때다.

힘과 기술로 밀고 당기려면 씨름판에, 손발로 힘과 재주를 겨루려면 수박판에, 사람들이 이리 쏠리고 저리 쏠리는 사이로 놀이패가 들어온다. 구슬과 단검을 번갈아 던져 이 손, 저 손으로 쉼 없이 받고, 커다란 수레바퀴도 공중에서 가볍게 굴리는 사람들이 이들이다. 평양시대가 되면 입에서 불을 토하는 신묘한 재주를 부리는 사람도 나타난다. 물론 그런 사람들은 서쪽 끝에서 왔다는 눈이 둥그렇고 코가 오뚝한 사람들, 호인이다.

　　여러 날 대동강 큰 벌에서 이런저런 놀이가 벌어지지만 가장 인기 있고 너나없이 목을 빼고 고개를 들이미는 곳은 말놀이다. 그중에도 말 달리며 활 쏘아 과녁 맞히는 내기가 첫손에 꼽힌다. 으뜸이 되려고 달려드는 사람도 여럿이다. 말 달리며 화살 날려 큰 과녁, 작은 과녁도 꿰뚫지 못하면서 어찌 고구려 사내라 할 수 있는가? 마을마다 나온 이들도 부지기수다. 이들 사이에서 으뜸이든 버금이든 다섯 손가락 안에만 든다면 왕이 부르는 자가 되는 것 아닌가? 마을의 영광이요, 큰 성의 자랑이 되리라.

고구려 사람들은 무리지어 춤추고 노래하기를 좋아한다.

풍속은 음란하다. 깨끗한 것을 좋아하며 밤에는 남녀가 떼 지어 노래를 부른다. - 『후한서』.

백성들이 노래와 춤을 좋아한다. 나라 안 촌락마다 밤이 되면 남녀가 떼 지어 모여 서로 노래하며 즐긴다. - 『삼국지』

사람마다 축국에 능하며 바둑과 투호를 즐긴다.

위기(圍棋)와 투호(投壺) 놀이를 좋아하며, 사람마다 축국(蹴鞠, 공차기)에 능하다. - 『구당서(舊唐書)』 권299 下, 「열전(列傳)」 149 上.

저들은 장례 때 북을 치고 춤추며 죽은 이를 보낸다.

부모와 남편 상(喪)에는 모두 3년 예복(服)을 입고, 형제의 [경우는] 3개월간 입는다. 초상(初喪)에는 곡(哭)과 읍(泣)을 하지만 장사 지낼 때는 북치고 춤추며 풍악을 울리면서 장송(葬送)한다. 매장이 끝난 뒤 죽은 자가 생전에 썼던 의복과 거마(車馬)를 모두 거두어다 무덤 옆에 두는데, 장례에 모였던 사람들이 앞을 다투어 가져간다. 『수서』.

　고구려에 왔던 외국 사람들, 특히 중국 사람들은 사람을 보며 이리저리 재는 데에 익숙했다. '겉으로는 예의범절이며 체면 염치를 따지는 듯이 보일지라도 속마음은 그렇지 않다. 이것이 사람의 본성이다!' 이런 경험이자 지식으로 무장된 이들이다. 그런데 이런 사람들의 눈에도 고구려 사람들은 그렇지 않았다.

왜 둘만 모이면 노래하고 셋이 되면 춤을 출까? 북을 두드리고 나팔을 부는 것이 저리 즐거울까? 어찌 삶이 저리 밝을까? 삶을 즐길지라도 다가올 일을 걱정하고 두려워하기 마련이다. 저들은 왜 그렇지 않을까? 어떻게 죽음이 저리 자연스럽게 받아들여질까?

제사와 놀이는 하나

동맹은 고구려 사회를 하나로 모으는 큰 울타리였다. 산과 골짜기, 강과 들판에 흩어져 살던 모든 고구려 사람이 한 해 한 차례 모이는 자리였다. 언제 시작되었는지 모른다. 왕도 백성도 '왜?'라고 묻지 않는다. 다 모여서 의논하고 노는 자리인데, 따지고 말 것이 어디 있는가?

동명성왕이라는 첫 왕의 이름, '동명'이라는 왕이 있었다는 이야기가 있다. 도모, 추모라는 이름이 '동명'이 되었다고도 한다. 사실 주몽도 따지고 들면 동명이 될 수 있다. 부여와 고구려 사람 누구나 동명을 안다. 백제 사람도 저들의 시조는 동명이라며 사당을 짓고 해마다 제사를 지낸다원년 여름 5월에 동명왕(東明王)의 사당(祠堂)을 세웠다.-『삼국사기』 권23, 「백제 본기(百濟本紀)」 1, 온조왕 1년 5월].

처음에 북이(北夷)의 색리국왕(索離國王)이 출타 중에 그의 시녀 가 궁(後[宮])에서 임신하게 되었다. 왕이 돌아와서 죽이려 하자 시녀가 말하기를 "지난번 하늘에 크기가 달걀만 한 기(氣)가 있 어 저에게로 떨어져 내려오는 것을 보았는데, 그대로 임신이 되 었습니다." 하였다. 왕이 시녀를 [옥에] 가두었는데, 그 뒤에 마 침내 아들을 낳았다. 왕이 그 아이를 돼지우리에 버리게 하였으 나, 돼지가 입김을 불어 주어 죽지 않았다. 다시 마구간에 옮겼 으나 말도 역시 그와 같이 해 주었다. 왕이 그 아이를 신이(神異) 하게 생각하여 그 어머니가 거두어 기르도록 허락하고, 이름을 동명(東明)이라 하였다. 동명이 장성하여 활을 잘 쏘니 왕이 그의 용맹함을 꺼려 다시 죽이려고 하였다. [이에] 동명이 남쪽으로 도망하여 엄사수(掩㴲水)에 이르러, 활로 물을 치니 고기와 자라 들이 모두 모여 물 위에 떠올랐다. 동명은 그걸 밟고 물을 건너 서 부여(夫餘)에 도착하여 왕이 되었다.

-『후한서』 권85, 「동이열전」 75.

고구려 사람들은 동맹이 시조 왕인 동명을 기리는 제사

와 놀이로 시작되었다고 믿는다. 고구려 사람들에게 제사와 놀이는 하나다. 죽은 이를 보낼 때 춤추고 노래하듯이 신을 맞을 때 북을 두드리고 나팔을 부는 것이 무에 그리 이상한가? 당연한 일이다! 제사 자리는 놀이터요, 상벌을 주는 자리에서는 장터도 열린다. 혼례 올릴 때 수의(壽衣)를 마련하는 것도 자연스러운 일이다남녀가 결혼하면 죽어서 입고 갈 수의(壽衣)를 미리 만들어 둔다.-『삼국지』. 검은 머리 파뿌리 되도록 함께 살다 함께 죽으리라! 서로 나고 자란 집을 떠나 하나 되니 새 삶이요, 죽으면 바로 큰 강 건너 조상신의 땅으로 가니 또 새로 나는 것이라. 이렇게 삶과 죽음이 하나이고 부부도 하나다. 다 하나다. 하나가 된다.

동맹이 큰 놀이마당이 되니, 모였다가 흩어질 때는 다들 기분이 좋다. 새삼 기운도 새롭다. 일할 마음이 솟는다. 어떤 이는 패랭이를 고쳐 쓰고, 또 다른 이는 상투 덮은 검은 두건을 한 번 더 힘껏 동여맨다. 내년의 동맹을 기대하며 부지런히 봇짐을 싼다. 크고 작은 꾸러미를 제 등에도 노새와 나귀 등에도 올린다. 새로 구한 도구며 종자, 작은 비녀에 동곳(상투에 꽂아 고정시키는 도구)까지 저 안에 들었다. 보물 상자가 따로 없다. 저 꾸러미가 보물이다. 다들 이틀거리, 사흘거리라도 삼삼오오 제 마을 가는 걸음을 재촉한다. 마음에 홍이 있으니 콧노래가 절로 나고 어깨도 들썩거린다. 나라 놀이 동맹 마쳤으니 올해 남은 건 겨울맞이 마을 놀이 밖에 없구나!

2장

두드리고,
불고, 켜다

위세를 보이고 흥을 돋우는 고취악

〈안악3호분〉은 널방 동쪽과 북쪽에 높이 2.01m, 길이 10.5m에 이르는 'ㄱ'자 형태의 긴 회랑이 설치된 무덤이다. 회랑에는 250명 이상의 인물로 이루어진 대행렬이 묘사되어 보는 이로 하여금 감탄사를 연발하게 한다. 행렬의 중렬 한 가운데 무덤 주인이 탄 수레가 있고 수레의 앞과 뒤, 좌우를 시종들과 도끼, 활, 칼, 창으로 무장한 병사들이 호위한다.

눈길을 끄는 것은 소가 끄는 고급스러운 수레의 앞과 뒤이다. 무려 64명으로 이루어진 대규모 고취악대를 볼 수 있기 때문이다. 말 탄 이도 있고 걷는 이도 있지만, 누구나 할 것 없이 악기를 들거나 나른다. 이 악대의 악사들이 쥐거나 들고 연주하는 악기는 뿔나팔과 북, 종과 같이 불거나 두드리는 것들이다.

주인공 수레 앞에는 북 2, 종 1로 열을 이룬 보행 악대가 나오고 수레 바로 뒤에 말북, 소, 작은 뿔나팔, 요를 연주하는 기마악대가 등장한다. 그 뒤로 거는 북(현고), 흔들 북(도고)을 두드리거나, 큰 뿔나팔을 부는 악사들이 따른다. 보병들에 의해 좌우로 나뉜 악사들은 각각 세 열을 이룬 채 앞으로 나가며 악기 연주에 몰두하고 있다. 행렬의 뒤쪽 벽화가 흐려져 64명 이외의 악사들은 확인되지 않는다.

그러나 벽화에는 대행렬이 전열과 중열만 묘사되었다. 당시의 행렬 구성에서 후열 규모가 전열, 중열을 합한 정도라는 사실을 고려한다면 〈안악3호분〉 주인공 행렬은 규모만 500명에 이른다. 주인공의 수레를 둘러싼 고취악대도 벽화에 묘사된 정도보다 규모가 더 컸을 수도 있다.

이처럼 대규모 고취악대를 동원한 것은 주인공의 지위와 위세를 대외적으로 과시하기 위함이다. 500명에 이르는 병사와 시종의 행렬, 100여 명의 악사로 구성된 고취악대의 연주가 행렬에 참여한 사람이나 이를 구경하는 사람들에게 어떤 인상을 주었을지는 미루어 짐작하고도 남는다. 화려하게 장식한 소수레를 타고 가는 주인공도 자신의 위세에

고취악대가 동원된 대행렬(안악3호분).

스스로 흡족해 하지 않았겠는가?

〈약수리벽화분〉 행렬도는 〈안악3호분〉의 것보다 규모가 작으나 고취악대가 어떻게 구성되는지를 한눈에 알게 한다는 점에서 주목된다. 3열을 이룬 고취악대의 가운뎃줄 제일 앞을 차지하는 것은 메는 북(담고)을 두드리는 타고대다. 좌우에는 악사들이 말을 타고 가면서 거는 북, 흔들 북을 치고 큰 뿔나팔을 분다. 여기서 고구려 고취악의 기본이 뿔나팔과 북이라는 사실이 잘 드러난다. 〈감신총〉의 기마고취악대에는 말북(마상고)과 큰 뿔나팔만 등장한다.

〈평양역전벽화분〉 고취악대 벽화에서는 세운 북 2개와 뿔나팔 하나를 연주하는 장면이 확인되는데, 악기 장식이 화려한 점이 눈길을 끈다. 세운 북(담고)을 치는 사람은 수염을 길렀으며 머리에 흰 책을 썼다. 뿔나팔을 부는 사람은 머리에 검은 두건을 썼다. 벽화에 행렬이 보이지 않는 점으로 보아 야외 행사의 하나로 흥을 돋우는 고취악 연주가 이루어진 경우로 볼 수 있다.

〈안악3호분〉 벽화에서도 행렬에 포함되지 않은 고취악 연주 사례를 확인할 수 있다. 이 무덤의 앞방 남벽 동쪽과 서쪽에는 각각 세운 북을 두드리고 소를 부는 악사 네 사람과 이 연주에 맞추어 춤추는 무용수 네 사람을 묘사했다.

고취악 연주 소리가 빠르고 힘 있기 마련이라는 사실을 고려하면 무용수들의 춤도 몸놀림이 빠르고 격렬했을 가능성이 크다.

고취악은 국가의례에서는 반드시 갖추어야 할 음악이었다. 고구려가 나라를 세웠다고 선포하자 중국의 한은 고취기인(鼓吹技人)을 보내 중국과 주종관계를 맺을 필요가 있음을 알렸다. 고취악, 즉 음악으로 표현되는 나라 사이의 위계질서 안으로 들어오라는 것이었다.

고구려의 시조 주몽 왕은 나라를 세운 지 얼마 되지 않아 비류국 사신을 맞게 되자 북과 나팔을 제대로 갖추지 않았음을 걱정하였다. 신하들은 몰래 비류국의 북과 나팔을 훔쳐와 왕의 걱정을 풀어 준다. 이제 고구려는 악대로 하여금 고취악을 연주하게 하면서 이웃 나라의 사절을 맞을 수 있게 된 것이다. 고취악을 갖추어 의례를 행하지 못하면 나라 취급을 받지 못했던 당시의 관행을 알 수 있다.

칠한 고각 와서 보고 내 것이라 말 못하며

왕이 말하기를 '나랏일이 새로우니 아직 고각의 위의가 없다. 비류국 사자가 왕래할 때에 우리가 왕의 예로 영송할 도리가 없으니 우리를 업신여기는 구실이 되리라.' 하였다. 시종하던 신하 부분노가 나아와서 아뢰기를 '신이 대왕을 위해 비류국의 고 각을 취하여 오겠습니다'고 하매 왕이 '타국의 귀한 물건을 네 가 어떻게 가져오겠느냐'고 하였다. 부분노가 대답하기를 '이것 은 하늘이 내린 물건입니다. 어찌하여 가지지 못하겠습니까? 대 체로 대왕이 부여에서 어려움을 겪으실 때 어느 누가 이곳에 오 시리라고 생각을 하였겠습니까? 지금 대왕께서 만 번 죽을 위태 한 땅에서 몸을 빼 요좌에서 이름을 날리게 되었습니다. 이는 천 제가 명하시어 이룬 일이오니 무슨 일인들 이루어지지 않겠습 니까?'하고는 부분노 등 3인이 비류국에 가서 고각을 훔쳐 가지 고 왔다. 비류국왕이 사자를 보내 항의하였다. 왕이 저들이 와 서 고각을 볼까(보자며 따질까) 두려워 컴컴하게 색칠하여 오래 된 것같이 해 놓았으니 송양이 감히 다투지 못하고 돌아갔다.

- 『동국이상국집』 권3, 「동명왕편 병서」

고취악은 위의를 갖추고 위세를 과시할 때에도 도움이 되지만 기운을 돋우는 데에도 쓰임새가 컸다. 전쟁이나 사 냥에 적극적으로 쓰인 것도 이 때문이다. 아군의 기세는 돋 우고 적군의 기세를 꺾는 데에 고취악만큼 도움이 되는 것 도 드물었다. 건국한 지 얼마 되지 않아 선비와 전쟁을 치 르게 되자 유리명왕은 고취악으로 군대의 기운을 돋우며

행군한다.

> 왕이 깃발을 들고 북을 울리며 나아가니 선비는 앞뒤로 적을 맞
> 아 계책이 다하고 힘이 꺾여서 항복하여 속국이 되었다.
>
> -『삼국사기』 권13, 「고구려본기」 1, 유리명왕 11년 4월.

북과 나팔 소리는 신의 뜻을 알리는 수단이기도 했다. 중
국의 신화전설에서 황제와 치우(蚩尤)의 싸움은 작은 신들
이 연주하는 북과 나팔 소리를 신호 삼아 시작된다. 고구려
는 낙랑의 신비스런 북과 나팔 때문에 군사를 일으킬 수 없
었다. 적이 가까이 오면 스스로 울리며 소리를 냈던 까닭이
다. 대무신왕의 아들 왕자 호동은 낙랑공주에게 낙랑을 지
키는 북과 나팔을 없애지 않으면 인연을 맺을 수 없다며 선
택을 강요했다.

> 여름 4월에 왕자 호동(好童)이 옥저(沃沮)로 놀러 갔을 때 낙랑왕
> (樂浪王) 최리(崔理)가 출행하였다가 그를 만났다. 그가 이르기를
> "그대의 얼굴을 보니 보통사람이 아니구나. 어찌 북국 신왕(神
> 王)의 아들이 아니겠는가?" 하고는 마침내 함께 돌아와 딸을 아
> 내로 삼게 하였다. 후에 호동이 나라로 돌아와 몰래 사람을 보내

고취악 연주(덕흥리벽화분),

최씨 딸에게 이르기를 "만일 그대 나라의 무기고에 들어가 북과 뿔피리를 찢고 부수면 내가 예로써 맞을 것이고 그렇지 않으면 맞지 않을 것이오." 하였다. 낙랑에는 북과 뿔피리가 있어서 적의 병력이 침입하면 저절로 울었다. 그런 까닭에 이를 부수게 한 것이다. 이 말을 듣고 최씨 딸이 예리한 칼을 가지고 몰래 창고에 들어가 북의 면(面)을 찢고 뿔피리의 주둥이를 쪼갠 뒤 이를 호동에게 알렸다. 호동이 왕에게 말하여 낙랑을 습격하게 하였다. 최리는 북과 뿔피리가 울리지 않아 대비하지 못하였다. 우리 병력이 갑자기 성 밑에 도달한 뒤에야 북과 뿔피리가 모두 부서진 것을 알았다. 마침내 딸을 죽이고 나와 항복하였다.

-『삼국사기』 권14, 『고구려본기』 2, 대무신왕 15년 4월.

고구려를 침공하여 서천왕의 능을 파헤치던 모용선비 사람들이 들었던 음악 소리도 고취악이었을 가능성이 크다.

5년(296) 가을 8월에 모용외가 침략해 왔다. 고국원(故國原)에 이르러, 서천왕의 무덤을 보고 사람을 시켜 파게 하였다. 파는 사람 중에 갑자기 죽는 자가 있고, 또 무덤 안에서 음악 소리가 들리므로 귀신이 있는가? 두려워하여 곧 물러갔다.

-『삼국사기』 권17, 『고구려본기』 5, 봉상왕 5년 8월.

북과 나팔 소리를 들으면 사냥꾼은 기운이 나지만 짐승들은 놀라 움찔거리거나 숨기에 바빠진다. 대규모 몰이 사냥이 이루어질 때 북과 나팔이 없다면 산에 숨은 짐승들을 들판으로 몰아내기 어렵다. 〈약수리벽화분〉에는 몰이 사냥에 앞서 행렬을 이룬 사람들이 북과 나팔을 연주하며 주위를 소란스럽게 하는 장면이 묘사되었다. 아마 산골짝을 둘러싼 몰이꾼들도 징을 두드리고, 나팔을 불며, 고함을 지르면서 짐승들이 겁에 질려 들판으로 나오게 했을 것이다.

부드럽고 아름다운 선율, 관현악

관현악은 야외보다 실내에서 연주할 때 음색이 더 잘 살아난다. 청중들도 실내에서는 야외의 잡음에 방해 받지 않고 관현악 특유의 청아한 음률에 귀 기울일 수 있다. 고구려 벽화에 묘사된 관현악 연주가 실내나 제한된 공간을 전제로 한 경우가 상대적으로 많은 것도 이 때문이다.

관악기와 현악기가 천상의 연주 장면에 빈번히 등장하는 것은 두 종류 악기의 고유한 음색과 이로 말미암은 정서적 효과 때문이다. 고구려 특유의 소매 춤이 새가 날갯짓하며 하늘로 날아오르거나 하늘에서 내려오는 모습을 연상시킨다면, 이런 종류의 춤에 적합한 연주는 관현악일 수밖에 없다. 부드럽고 우아한 선율이 전제되지 않고 새가 날아오르듯이, 학이나 백로가 나뭇가지에 내려와 앉는 듯한 느낌의 춤이 가능할까?

> 깃털 모양 금장식 절풍모를 쓰고
> 흰색 무용신 신고 머뭇거리는 듯하다가
> 삽시에 팔 저으며 훨훨 춤추니
> 새처럼 나래 펼치고 요동에서 날아왔구나.
> - 『해동역사』 권51, 「예문지(藝文志)」 10, 당나라 시인 이백의 시 「고구려(高句麗)」.

고구려 관현악 연주에서 즐겨 사용된 악기는 비파와 현금, 긴저(장적, 고려시대에 통소로 개량), 젓대 등이다. 비파와 현금 가운데 선호된 것은 완함과 거문고이다. 〈무용총〉 벽화에는 남녀 두 선인이 마주보며 앉은 채 거문고를 합주하는 모습이 묘사되었다. 고분벽화에 등장하는 유일한 남녀 합주 장면이다. 이 시기 전후 동아시아의 다른 회화에서도 남녀 합주 장면은 찾아보기 어렵다.

구조와 형태상 실내악에서 주로 사용될 수밖에 없는 현금과 달리 완함은 실내외 어디서나 연주가 가능하다. 독주

거문고 합주(무용총).

완함 연주(덕흥리벽화분).

나 합주에 다 쓰일 수 있는 현악기다. 선율의 빠르기도 자유자재로 조절할 수 있다. 때문에 완함은 춤과 노래의 반주에도 쓰이고 곡예의 여러 가지 재주가 선보일 때도 반주악기로 등장한다. 〈팔청리벽화분〉의 곡예 장면에는 재주 부리는 사람들 한가운데서 악사가 완함을 연주한다. 〈무용총〉의 군무에서도 춤의 진행을 조절하는 악기는 완함이다.

36종의 고구려 악기

고분벽화와 문헌기록으로 확인되는 고구려 사람의 악기는 36종이다. 기록마다 다르듯이 시대와 지역에 따라 고구려의 악기 수는 더할 수도 있고 덜할 수도 있다. 이 36종은 어떤 것들이 고구려에서 널리 쓰인 악기였는지 알게 한다.

1) 현악기

현악기는 쟁(箏), 탄쟁(彈箏), 추쟁(搊箏), 수공후(竪箜篌), 와공후(臥箜篌: 봉수공후 鳳首箜篌), 4현비파(四絃琵琶), 5현비파(五絃琵琶), 4현금(四絃琴), 5현금(五絃琴), 6현금(六絃琴) 등 모두 10종이다. 쟁이나 공후는 문헌기록에만 보인다.

'쟁, 탄쟁, 추쟁'은 직사각형의 긴 몸통에 현을 여러 줄 걸

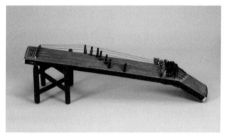

아쟁, 국립국악원.

수공후, 국립국악원.

고현금, 국립민속박물관.

당비파, 국립국악원.

어서 뜯기도 하고 켜기도 하는 악기이다. 가야금의 모델이 쟁이었다고 한다. 가야금은 12현, 일본의 가미코토(神琴)는 13현이다. 수공후, 와공후, 대공후, 소공후로 종류가 나뉘는 '공후'는 고조선 때부터 사용되던 현악기이다.

'님아! 그 강을 건너지 마오 / 님은 기어이 강을 건너시네 / 물에 빠져 돌아가시니 / 가신 님을 어이하리오.' 이 노래는 조선진(朝鮮津)의 병졸 곽리자고(霍里子高)의 아내 여옥(麗玉)이 지은 것이다. 자고가 새벽에 일어나 배를 타고 노를 젓는데 한 백수광부(白首狂夫)가 머리를 풀어헤치고 술병을 들고 거센 물줄기를 헤치며 건너가고 있었다. 그의 아내가 따라가며 멈추라고 외쳤으나 멈추지 않더니 마침내 강물에 빠져 죽고 말았다. 이에 [아내가] 공후(箜篌)를 가지고 뜯으며 '공무도하'라는 노래를 지어 불렀는데, 그 소리가 매우 슬펐다. 곡을 마치자 스스로 몸을 물에 던져 죽었다. 곽리자고가 돌아와 아내 여옥에게 이 이야기를 했다. 여옥이 가슴 아파하며 공후를 가져다가 그 소리를 옮기니 듣는 사람 가운데 눈물을 흘리며 삼키지 않는 이가 없었다. 여옥이 이 소리를 이웃집 여자 여용(麗容)에게 전하매 이름하여 '공후인'이라고 하였다.

-『해동역사(海東繹史)』引『고금주(古今注)』

‘수공후’는 생김새나 연주하는 방법이 하프와 비슷하다. 고대 중근동에서 유행하던 현악기가 중국에서는 수공후, 유럽에서는 하프가 되었다고 한다. 일본 정창원에 소장된 백제금(구다라고토)은 백제에서 사용되던 대공후로 추정되고 있다. 중국에서 사용되던 와공후는 13현, 수공후는 21현, 백제에서 사용되었던 대공후는 23현이다.

비파(완함)와 현금(거문고)은 고분벽화로 확인된다. 고분벽화에 보이는 ‘4현비파’는 중국 동진의 완함이 기존의 비파를 개량하여 만들었다 하여 ‘완함’이다. ‘6현금’은 고구려의 재상 왕산악이 만들었다는 현학금이다. 오늘날 거문고로 불리는 악기이다.

거문고의 제작에 대해 『신라고기(新羅古記)』에서 이르기를 “처음에 진(晉)나라 사람이 칠현금(七絃琴)을 고구려에 보냈다. 고구려 사람들이 비록 그것이 악기(樂器)임은 알지만 그 성음(聲音)과 연주하는 방법을 알지 못하여 국인(國人) 중에 능히 그 음(音)을 알고 연주하는 자를 구하여 후한 상을 준다 하였다. 이때 둘째 재상(第二相)인 왕산악(王山岳)이 그 본 모습을 보존하면서 그 법식과 제도를 약간 고쳐 바꾸어 만들고 겸하여 1백여 곡을 지어 이를 연주하였다. 이때 검은 학(玄鶴)이 와서 춤을 추니 마침

내 현학금(玄鶴琴)이라 이름하고 이후로는 다만 거문고(玄琴)라
불렀다.

-『삼국사기』 권32, 「잡지(雜志)」 1.

완함은 둥근 음향부에 곧고 긴 자루가 달린 악기이다.
〈안악3호분〉, 〈덕흥리벽화분〉, 〈삼실총〉, 〈강서대묘〉 벽화
에 묘사되었다. 〈무용총〉 벽화에도 긴소매 춤의 반주 악기
로 등장한다. 〈삼실총〉의 완함은 자루 끝에 4개의 줄감개가
있어 4현임을 알게 한다. 형태만으로도 오늘날 중앙아시아
에서 사용되는 비파 계통의 악기를 원형으로 삼았음을 알
수 있다. 머리에 두광이 있는 〈삼실총〉의 천인은 왼손으로
긴 자루 쪽 현을 번갈아 누르면서 오른손으로 둥근 음향부
위의 현을 튕겨 소리를 내고 있다. 현대의 대중적 악기인
기타와 사용법이 같다.

〈무용총〉 널방 천장고임에는 남녀 두 선인이 마주 보며
'4현금'을 연주하는 장면이 묘사되었다. 벽화의 선인은 무
릎 위에 긴 현금판을 비스듬히 기울어지게 걸친 후, 왼손으
로는 현을 누르고 오른손으로는 짧은 술대로 현을 타 소리
를 내고 있다. 현대의 거문고 연주법과 다르지 않다. 목이
가늘고 길며 귀는 당나귀를 연상시키는 남자 선인 무릎 위

비파(완함)을 연주하는 천인(삼실총).

현금(거문고) 타는 선인(무용총).

현금의 제2현과 제3현 사이에 17개의 괘가 있다. 〈안악3호분〉과 〈태성리1호분〉 벽화에 보이는 유사한 형태의 악기는 '6현금'이다. 벽화 속 6현금은 금판의 끄트머리 쪽에서 3현씩 둘로 나누어 감아 걸게 했다.

비파와 현금은 집안 국내성 지역 고분벽화에 자주 보인다. 주로 선인과 기악천이 이런 악기들을 연주한다. 기악천이란 악기를 다루는 불교의 천인을 일컫는 말이다. 천인은 불교에서 말하는 윤회하는 자들의 6가지 서로 다른 세계 가운데 하늘 세계에 사는 사람이다. 그러나 천인은 윤회에서 벗어난 세계, 정토에도 등장한다. 실제 불교 회화에서 천인은 여래의 자비와 보살의 공덕을 찬양하며 기리는 존재로 묘사된다.

고구려에 불교가 전해지고 공인될 때, 가장 먼저 깊은 영향을 받은 곳은 427년까지 고구려의 서울이었던 집안 국내성 지역이다. 당연히 불교와 함께 전해진 서방 문화의 세례를 받은 지역도 국내성 일대이다. 고분벽화에 기악천이 등장하는 것도 이런 새로운 문화 흐름 속에서 이해될 수 있다.

436년, 고구려와 국경을 맞대고 있던 북연이 멸망했다. 북위가 북연의 서울 용성을 공략하기 시작하자 고구려 장수왕은 대군을 보내 북연의 왕족, 귀족, 유력자들을 고구려로 망명 올 수 있게 했다. 당시 고구려군과 북연 망명자들의 행렬 길이만 80리에 이르렀다고 한다.

5월에 연나라 왕이 용성에 거주하는 가호를 거느리고 동쪽으로 옮기면서 궁전을 불태웠다. 불이 열흘이 되도록 꺼지지 않았다. 부인들은 갑옷을 입고 가운데 있게 하고, 양이 등은 정예군을 통솔하며 바깥에 서게 했다. 갈로, 맹광은 기병을 거느리고 대열의 맨 뒤에 섰다. 벌린 대열을 하고 나갔는데 앞뒤가 80여 리나 되었다.

- 『삼국사기』 권18, 「고구려본기(高句麗本紀)」 6, 장수왕 24년.

한때 북중국에서 강국으로 위세를 떨쳤던 북연의 수도 용성에는 여러 민족이 섞여 살았다. 5호 16국시대에 북중국에서 명멸했던 다른 나라들처럼 모용선비의 나라 북연도 불교국가였다. 용성에는 절도 많았고 승려도 많았다. 서방세계의 불교문화가 소개되고 자리 잡고 있었음은 물론이다. 북중국의 나라들 사이에 갈등과 전쟁은 있었지만, 승려가 오가고 불교 경전과 미술품이 이 나라에서 저 나라로 전해지는 일은 그치지 않았다.

기록에 따르면 북연이 멸망한 뒤, 고구려가 서역의 기악

젓대 부는 천인(오회분4호묘).

소를 연주하는 악사(안악3호분).

젓대와 쌍뿔나팔을 연주하는 천인들(강서대묘).

큰 뿔나팔 부는 선인(삼실총).

을 얻게 되었다고 한다. 그러나 서역문화가 북연 망명객들을 다리 삼아 고구려에 전해졌다고 볼 수도 있다. '5현비파'도 북연 멸망과 함께 고구려에 전해진 악기로 추정된다.

북연이 멸망한 뒤 북위와 국경을 맞대게 된 상태에서 북위를 통해서도 서역문화가 고구려에 전해지는 일은 계속되었을 수 있다. 북위와 갈등을 빚고 있던 유목세계의 패권국가 유연을 통해 고구려에 전해지는 서역문화도 있었을 것이다. 당시 고구려는 북위뿐 아니라 유연과도 외교 관계를 유지하고 있었다.

고구려 기악은 6세기 이후 한 차례 정비된다. 아마 이때 서역의 악기며 노래, 춤 등도 고구려 문화의 일부로 수용되고 자리 잡았던 듯하다. 7세기 당에서 정비된 9부기의 서량기(西涼伎)에 포함된 악기 가운데 상당수가 고구려 악기와 겹치는 것도 이 때문이 아닐까? 고분벽화의 기악천이 주로 다루는 현악기가 완함인 것도 불교를 통한 서역문화의 흐름과 관련하여 이해할 수 있다고 하겠다.

2) 관악기

관악기는 생(笙), 호로생(葫蘆笙), 적(笛, 저), 의자적(義觜笛), 횡적(橫笛, 橫吹, 젓대), 소(簫), 소필률(小篳篥, 작은 피리), 대필률(大篳篥, 큰

피리), 도피필률(桃皮篳篥), 패(唄), 대각(大角, 큰 뿔나팔), 소각(小角, 작은 뿔나팔), 쌍구대각(雙口大角, 쌍뿔나팔) 등 13종이다.

'생'은 현재 국악기로 사용되는 것은 생황으로 불리며 바람통에 17개의 죽관이 꽂혀 있다. 죽관에 난 구멍을 막으면서 바람구멍에 입을 대고 불거나 숨을 들이마시는 방식으로 음을 낸다. '호로생'은 조롱박의 큰 박 부분을 바람통으로 삼아 죽관을 꽂아 만든 생황의 한 종류이다. 조롱박의 꼭지 쪽 긴 대가 바람구멍으로 사용된다.

'적(저), 황적(젓대)'는 세로로 부는 악기로 대가 피리보다 굵고 길다. 형태나 연주하는 방식이 오늘날의 퉁소와 같으나 대가 더 길어 불기 어렵다. 〈안악3호분〉 널방 벽에 묘사된 세 명의 악사 가운데 한 사람이 부는 저(적)는 끝이 무릎 꿇은 악사의 무릎 앞까지 내려올 정도로 길다. 〈강서대묘〉의 비천, 〈오회분4호묘〉의 천인이 연주하는 젓대(황적)는 가로로 부는 악기이다. 오늘날의 젓대와 형태 및 사용법이 같다.

'소'는 길고 짧은 대 토막을 옆으로 나란히 붙여 만든 악기이다. 부는 쪽이 수평을 이룬다. 두 손으로 악기의 좌우 아래쪽을 잡고 수평이 된 위쪽에 입을 대고 불어 소리를 낸다. 연주법이 하모니카와 비슷하다. 금속이 아닌 대로 만든 악기여서 음이 날카롭지 않고 부드럽고 깨끗하다. 악사가

생황, 국립민속박물관.

퉁소, 국립민속박물관.

젓대(전통악기 대금을 개량
하여 만든 북한 관악기), 국립
민속박물관.

말을 타고 가면서 소를 연주하는 모습이 〈안악3호분〉「대행렬도」에 묘사되었다. 〈오회분4호묘〉와 〈오회분5호묘〉 벽화에도 소를 연주하는 천인이 등장한다. 백제 금동대향로의 5악사 가운데 한 사람이 연주하는 소의 관대는 12개이다.

소필률, 대필률, 도피필률로 구분되는 '피리'는 4세기경 서역의 쿠차에서 중국으로 전해졌다는 악기다. 고구려가 이 악기를 중국의 북조국가들이나 내륙아시아 유목국가를 통해 받아들인 것도 4세기 후반 이후로 보아야 할 것이다. 이 중에서도 '도피필률'이란 복숭아나무 껍질을 재료로 삼아 만든 피리이다. 소리를 내는 구멍을 6개 낸 것이 대부분이다. 고려에서는 구멍이 7개인 것은 속악의 향피리, 9개인 것은 당악의 당피리로 구분했다.

패는 목이 짧은 나팔로 외형이 소라와 비슷하다. 〈통구사신총〉의 신장형 문지기의 왼손에 들린 물건을 패로 보기도 한다. 문헌기록에는 언급되지 않으나 고분벽화에는 대각, 소각, 쌍구대각으로 나뉘는 '뿔나팔'이 자주 보인다. 산양이나 소의 뿔을 신호용 도구로 사용하면서 관악기의 하나가 되었다.

〈안악3호분〉「대행렬도」에는 말을 타고 가면서 작은 뿔나팔을 부는 악사가 등장한다. 〈대안리1호분〉에는 말을 탄

소, 국립국악원.

당피리, 국립국악원.

뿔나팔, 국립민속
박물관.

채 큰 뿔나팔을 부는 악사가 묘사되었다. 〈무용총〉과 〈삼실총〉 벽화에서는 선인이 하늘을 날면서 큰 뿔나팔을 연주한다. 〈무용총〉 벽화의 큰 뿔나팔은 사람의 팔 길이 정도로 길다. 〈강서대묘〉 벽화의 비천이 불고 있는 쌍뿔나팔은 유독 길어 비천의 팔 길이 보다 길다. 끝이 두 갈래로 갈라지면서 나팔 입처럼 굵어졌다. 커다란 소라의 뾰족한 끝에 구멍을 뚫어 바람구멍으로 쓴 것은 소라나팔(나각)이라고 하며 고구려 고분벽화에는 보이지 않는다.

3) 타악기

타악기는 13종으로 요고(腰鼓, 장고), 제고(齊鼓), 담고(擔鼓, 메는 북), 귀두고(龜頭鼓), 철판(鐵板), 건고(建鼓, 세운 북), 현고(懸鼓, 거는 북), 마상고(馬上鼓, 말북), 개고(揩鼓), 도고(鞉鼓, 흔들 북), 담종(擔鐘, 메는 종), 요(鐃), 금고(金鼓, 쇠북)이다. 북 종류가 압도적으로 많다. '제고, 귀두고, 철판' 등은 문헌기록에는 보이나 고분벽화에는 등장하지 않는다. 이런 까닭에 형태며 사용법이 명확히 확인되지 않는다.

〈오회분4호묘〉 벽화의 천인이 연주하는 '요고'는 왼쪽 북면은 채로 치면서 오른쪽 북면은 손으로 쳐서 울리는 북이다. 오늘날 장고로 불리는 악기의 형태와 연주법이 같다.

장고, 국립민속박물관.

건고, 국립국악원.

'건고'는 받침기둥에 올려놓고 연주하는 북이다. 북통의 배가 부르고 큰 것이 특징이다. 〈평양역전벽화분〉에 전형적인 건고가 묘사되었다. 북 위에도 대를 올려 술로 장식된 덮개를 단 것이 눈에 띈다.

〈안악1호분〉 벽화에는 〈평양역전벽화분〉의 건고와 유사한 형태의 매단 북이 위를 호선형으로 구부린 대 아래 달려 있다. 대를 지탱하는 좌우의 기둥까지 포함하면 이 북을 걸어 놓고 연주하는 공간이 넓다. 현고(거는 북)는 두 사람의 악사가 함께 연주할 수도 있음을 시사한다. 〈안악3호분〉 대행렬도의 악사가 연주하는 마상고(말북)는 말머리 뒤쪽에 설치되었는데, 북 위에 덮개를 세웠다.

도고(흔들 북)는 자루를 손에 쥐고 흔들면 자루 끝의 북 좌우 끈에 매달린 작은 구슬이 북면을 두드리도록 설계된 악기다. 〈약수리벽화분〉 행렬도의 악사는 말 위에서 이 북을 연주한다. 〈덕흥리벽화분〉의 악사도 뿔나팔 부는 악사와 함께 말을 달리면서 이 북을 연주한다.

담종(메는 종)은 〈안악3호분〉 벽화에 보인다. 두 사람이 종이 달린 대를 어깨에 걸고 걷는 동안 악사는 곁에서 따라가며 끝이 둥근 막대로 종을 두드린다. '요'는 작은 종과 같은 형태의 악기로 거꾸로 들고 짧은 쇠막대로 두드려 연주한

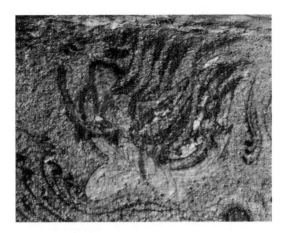

요고를 연주하는 천인(오회분4호묘).

말북(마상고)을 연주하는 악사(안악3호분).

흔들 북(도고)을 연주하는 악사(덕흥리벽화분).

메는 종(담종)을 연주하는 악사(안악3호분).

큰 금고(쇠북)를 연주하는 악사(수산리벽화분).

작은 금고(쇠북)를 연주하는 악사(안악3호분).

징(담종), 국립민속박물관.

청동금고, 국립중앙박물관.

다. 〈안악3호분〉 대행렬도에 보인다.

　〈약수리벽화분〉과 〈수산리벽화분〉에는 금고(쇠북)를 연주하는 장면이 묘사되었다. 두 사람이 이 북을 메고 가는 동안 악사가 곁에서 따라가면서 이 북을 두드린다. 〈약수리벽화분〉의 것은 작아 두 사람이 메고 가는 데 어려움이 없는 것으로 보인다. 그러나 〈수산리벽화분〉의 금고(쇠북)은 매우 크다. 좌우에 기둥, 위에 넓은 덮개가 있는 것이어서 운반하는 사람도 힘겨워한다.

3장

긴소매로 춤을,
높은 나무다리로 재주를

장천1호분 「백희기악도」 중 부분 모사도,
정기환필 장천1호분무악도(鄭基煥筆 長川1號墳舞樂圖), 국립중앙박물관.

훨훨 휘젓는 춤과 그리움을 담은 노래

흰바탕 홍십자무늬 긴소매 저고리에 통넓은 바지 차림의 무용수가 잔주름치마 위에 긴 두루마기를 걸친 연주자를 반갑게 맞는다. 연주자 뒤에는 두 손으로 오현금을 조심스레 세워 든 소녀가 따른다. 얼굴에 흰 분을 바르고 볼과 이마에 붉은 연지를 찍어 멋을 낸 연주자가 무릎 꿇고 앉아 거문고의 현을 튕겨 보는 동안 얼굴 가득 붉은 분을 바른 무용수는 긴장한 표정으로 기다린다.

거문고 소리가 맑고 상쾌한 시냇물 소리를 내자 무용수의 어깨가 들썩이며 긴소매가 너풀거리고 바지자락이 펄럭인다. 손목 끝이 접혔다가 펴지는가 하면 발끝이 앞으로 나왔다가 뒤로 물러선다. 냇물 소리가 빠르면 걸음도 빨라지고 물이 천천히 흐르면 소맷자락도 부드러운 물결이 된다. 무용수가 꽃을 찾는 나비가 되면, 연주자는 꽃 사이로 숨바꼭질하는 꿀벌이 된다. 두 사람의 둘레에는 오현금 소리와 춤사위에 빠져든 눈과 귀뿐이다.

한 발을 앞으로 내디디며 한쪽 팔은 휘둘러 앞으로 내고, 다른 팔은 뒤로 젖혀 긴소매가 너풀거리게 한다. 넓은 소매 훨훨 휘저으며 빠르게 장단에 맞추어 간다. 소매와 바지 끝으로 바람이 인다. 물결이 일렁인다. 춤이 앞서가면 연주가 뒤따르고, 소리가 휘감아 들어오면 손짓, 발짓이 소리를 밀었다 당긴다. 튕겨 내기도 한다.

두 사람 사이에서 봉오리가 꽃이 되고, 이파리가 줄기를 낸다. 무용수 머리의 흰 책관이 붉은 얼굴 위로 더욱 희게 빛나고 연주자 머리의 이파리 모양 보요가 곱고 빠르게 흔들리며 그에 답한다. 연주자의 긴 주름치마 끝에 살짝 비치는 붉은 가죽신 끝이 무용수의 몸짓을 따르는지, 거문고 가락에 맞추는지 보일 듯 말 듯 까딱거린다.

고구려 춤은 소매 춤이고 날개 춤이다. 끝이 팔 길이만큼 더 내려오는 긴소매를 학이 날갯짓하듯 휘휘 내저으며 발을 내디뎠다가 뒤로 빼고, 무릎까지 굽혔다가 펴되 부드럽고 편안하게 움직인다. 때로 빠르게 내달리다가 문득 서며 한 바퀴 돌기도 한다. 중국 당나라의 시인 이백이 고구려 춤을 보면서 '요동에서 날아온 새' 같다고 했다. 고구려 춤은 학이며 두루미의 날갯짓에서 비롯되었는지도 모를 일이다.

춤꾼은 평범한 백성이다. 왕이나 귀족이 흥이 나면 춤을 추는 일도 있으나 축제 마당에 불려 오는 이는 춤을 업으로 삼은 춤꾼이다. 신분 따라 옷차림까지 따졌던 사회에서도 춤꾼이 춤출 동안은 모자 장식이며 옷, 화장도 자유를 누리게 했다. 춤꾼은 춤을 위해서라면 신분을 넘어서는 옷차림으로 무대에 올라도 제지받지 않았다.

고구려 춤꾼도 춤출 동안은 머리에 책관을 쓰고, 새 깃 가득한 절풍을 쓸 수 있었다. 아름다운 장식무늬로 수놓은 통 넓은 비단바지를 입어도 모두가 고개를 끄덕거렸다. '옷이 문젠가? 춤이 먼저지.' 새 깃 가득한 절풍에 비단 저고리와 바지 차림의 춤꾼이 춤사위로 학이며 두루미가 되면 둘러서 보는 이들은 저도 가없는 하늘을 훨훨 날고 푸른 솔 꼭대기 살짝 내려앉는 것 같은 느낌을 받았다.

고구려 땅에 가을이 오고, 축제가 시작되면 축제마당 한가운데 춤꾼 자리가 만들어지고 귀족이며 백성이 너나없이 그 자리를 둘러섰다. 모두가 학이 되고 두루미가 되어 푸른 하늘을 맘껏 날고 싶어서였으리라.

이처럼 고구려 축제에서 빼놓을 수 없는 것이 춤과 음악이다. 그중에서도 춤은 중국인 방문자의 기록에도 있듯이 고구려인들에게 일상의 일부였다. 당시의 춤사위는 고분벽화에 잘 묘사되어 있다.

〈장천1호분〉 앞방 「백희기악도」는 한 화면에 펼쳐진 10여 가지 에피소드로 잘 알려졌다. 코가 높고 눈이 큰 서역계 인물들이 대거 등장하는 것으로도 눈길을 끌었다. 화면의 서편 상부에 묘사된 오현금 연주와 춤도 흥미로운 에피소드의 하나라고 할 수 있다.

「백희기악도」의 춤과 연주 장면은 한 화면에 연속 동작을 그림으로 나타내는 이시동도법(異時同圖法)으로 그려졌다. 위의 세 인물 가운데 제일 왼쪽에 그려진 사람은 무용수다. 얼굴을 붉게 화장했고 머리에 붉은 술이 달린 흰 책관(幘冠)을 썼다. 좁고 긴소매 저고리를 걸쳤으며 바짓단 가까운 곳에 검은색의 얇은 띠가 한 줄 둘린 통 넓은 바지를 입었다. 오른팔을 아래로 늘어뜨리고 왼손에 작은 꽃봉오리 가지를 든 채 오른편을 향해 서 있다. 무용수가 얼굴에 바른 붉은 분은 흰 분에 홍화 잎에서 추출한 붉은 염료를 섞어 만든 것이리라.

가운데 여자는 연주자다. 얼굴에 흰 분을 바르고 입술을 붉게 칠했으며 미간에 곤지를, 볼에 연지를 찍었다. 양 귀밑머리를 앞으로 말았고 뒤로 내린 단발머리가 목 뒤에서 위로 구부러지면서 비둘기 꽁지처럼 좌우로 펼쳐졌다. 겉에 검은색 어깨 덮개가 달린 연한 황색의 좁은 허리 맞섶에 깃이 있는 긴치마를 입었다.

화면 아래 등장하는 세 사람 가운데 얼굴을 붉게 칠한 왼편의 인물은 춤을 추고 있다. 머리에 흰 책관을 썼고 긴소

5현금 반주에 맞춘 춤(장천1호분).

매 저고리에 통 넓은 바지 차림이다. 오른쪽 발로 땅을 딛고 왼쪽 다리를 살짝 펴며 일어선다. 발바닥은 땅에 닿은 상태다. 오른팔을 옆으로 뻗고 왼팔은 옆으로 뻗은 상태에서 안으로 굽혀 손목이 가슴 앞에 이르게 했다. 약간 앞으로 굽혔던 몸을 서서히 일으키고 있다.

춤추는 사람 앞에 땅 위에 무릎 꿇고 앉아 거문고로 반주하는 여자 한 사람이 묘사되었다. 연주자의 뒷머리 끝이 목 뒤에서 위로 휘었고, 양 귀밑머리 두 가닥이 앞쪽으로 말려 올라갔다. 머리에 이파리 모양 보요를 꽂았다. 그리고 검은색 어깨 덮개가 달린 흰색 맞섶의 긴치마를 입었다. 거문고 연주자 뒤에 녹색 깃이 달린 치마의 아랫단이 보인다. 한 여자가 서 있었던 것으로 보이나 벽화가 남아 있지 않다.

위아래 두 장면에 등장하는 사람들의 옷차림, 머리 모양, 얼굴 생김 등을 꼼꼼히 비교해 보면 저고리와 바지를 비롯해 옷 색깔이 다르지만, 무용수와 연주자, 시녀가 두 차례 그려졌음을 알 수 있다. 화면에 등장한 사람들이 와서 만나고 연주하며 춤추는 장면이 잇달아 묘사된 경우다. 춤추는 이의 옷차림과 자세, 반주에 쓰인 악기의 음색을 고려할 때 화면에 묘사된 춤은 고구려 특유의 긴소매 춤이다.

〈장천1호분〉「백희기악도」의 춤이 홀로 추는 춤을 잘 보여 주는 사례라면 〈마선구1호분〉과 〈통구12호분〉 벽화의 춤은 2인무의 대표적 장면에 해당한다. 〈통구12호분〉 벽화의 2인무는 거문고 반주에 맞춘 춤이다. 무릎 위에 거문고를 걸친 채 연주에 몰두하는 악사 앞에서 서로 마주 보며 춤추는 두 사람의 무용수는 긴 저고리에 통 넓은 바지 차림이다. 노란 저고리에 푸른 바지 차림인 화면 왼편의 무용수는 왼쪽 다리를 앞으로 내디디면서 두 팔을 위로 들어 올렸다. 순간적인 동작임을 나타내듯 긴소매가 앞으로 늘어져 내리며 너풀거린다.

화면 오른편 무용수는 소매 긴 붉은 저고리에 통 넓은 푸른 바지 차림이다. 맞은 편 무용수와 달리 왼쪽 발을 뒤로 빼 세우면서 왼팔은 뒤로 젖히고 오른팔은 가슴께로 올리며 안으로 굽혔다. 이 역시 순간적인 동작이어서 오른팔의 긴소매가 가슴 앞에서 아래로 늘어뜨려지며 너풀거린다. 〈통구12호분〉의 이 장면은 거문고 연주에 맞춘 두 무용수의 부드럽고 자연스러운 몸놀림이 잘 포착되고 묘사된 경우이다.

〈무용총〉「가무배송도」의 춤은 여러 사람이 참여한 춤과 노래, 이를 위한 완함 연주가 하나로 어우러진 사례를 잘 보여 준다. 화면에는 춤을 이끄는 사람과 열을 이루어 춤추는 사람까지 모두 6명의 무용수가 남아 있다. 춤을 이끄는 한

두 사람의 춤(마선구1호분).

거문고 연주에 맞춘 두 사람의 춤(통구12호분).

사람의 무용수 앞에는 마주 보는 자세로 한 사람이 나란히 선 두 다리가 남아 있다. 1935년 발굴 당시 보고된 완함을 연주하는 사람이다.

머리에 새 깃 장식 절풍을 쓴 왼쪽 줄 첫 번째 무용수는 소매 긴 저고리에 통 넓은 바지 차림이다. 이 무용수와 나란히 선 두 사람은 소매 긴 두루마기 차림이다. 오른쪽 줄의 두 사람은 소매 긴 저고리와 통 넓은 바지 차림이다. 무용수들이 입은 붉고 노란 저고리며 바지, 두루마기에는 검은색 원점이 고르게 찍혀 집안 국내성 지역 복식의 특색을 잘 드러낸다.

눈길을 끄는 것은 아래쪽 3명, 2명으로 두 줄을 이룬 무용수들이 서로 색이 엇갈리게 저고리와 바지, 두루마기를 걸쳤다는 사실이다. 왼쪽 줄의 무용수 셋 가운데 옷차림이 같은 두 번째와 세 번째 사람은 서로 두루마기 색깔이 다르다. 오른쪽에서 줄을 이룬 두 무용수의 붉고 노란색 저고리와 바지 색도 서로 위아래가 엇갈린다. 무용수들의 춤을 보는 이로 하여금 다른 옷 색깔로 변화와 조화를 동시에 느낄 수 있게 하려는 의도를 읽을 수 있다. 위쪽의 한 사람까지 6명의 무용수는 모두 무릎을 살짝 구부리고 엉덩이는 뒤로 내민 채 두 팔을 위로 올리며 휘둘러 긴 옷소매가 뒤로 펄럭이

완함 반주에 맞춘 여러 사람의 춤(무용총).

게 했다. 두루미나 학이 긴 나래를 펼치는 듯한 바로 그 자세이다. 이들 아래에는 7명으로 이루어진 합창대가 등장한다.

〈장천1호분〉과 〈옥도리벽화분〉에서도 무용수와 합창대가 함께 표현된 장면을 찾아볼 수 있다. 〈옥도리벽화분〉 널방 동벽 화면은 가로 구획선으로 3등분 되었으며 가무도는 가운데 단에 묘사되었다. 화면 왼편에 오른편을 향해 나란히 선 7명의 가수가 노래 부르는 모습이, 오른편에 9명의 무용수가 춤추는 장면이 그려졌다. 화면 왼쪽 합창대 제일 앞의 인물은 노란 저고리에 검은 바지 차림이며, 두 번째 사람은 검은 저고리에 노란 바지, 세 번째 인물은 검은 저고리에 회색 바지이다. 이들 뒤로 푸른 두루마기에 긴 주름치마 차림의 사람 셋, 누런 저고리에 회색 바지 차림의 인물 하나가 잇달아 서 있다. 7명의 등장인물이 걸친 저고리와 두루마기는 하나같이 왼쪽 여밈이다.

화면 오른쪽 무용수 가운데 첫째 인물과 둘째 인물은 머리에 새 깃을 꽂은 관모를 썼고 각각 긴소매 회색 저고리와 노란 바지, 긴소매 노란 저고리와 흰 바지 차림으로 마주 보며 두 팔을 앞으로 올려 긴소매를 늘어뜨린 자세로 춤을 춘다. 세 번째 무용수부터 아홉 번째 무용수까지 7명은 모두 왼편의 합창대를 향해 허리를 살짝 굽히고 두 팔을 뒤로 빼

여러 사람의 춤(장천1호분).

여러 사람의 춤(옥도리벽화분).

며 나란히 올린 긴소매 춤 자세이다. 세 번째 인물은 머리에 새 깃 관모를 쓰고 긴소매 노란 저고리와 회색 바지를 입었다. 네 번째 인물은 내린 머리에 긴소매 회색 저고리 차림이며, 세 번째, 네 번째, 다섯 번째 인물은 노란색과 연청색 두루마기와 긴 주름치마를 입었다. 여섯 번째 인물은 노란 저고리에 회색 바지 차림이며 일곱 번째 인물은 긴소매 회색 저고리만 보인다. 등을 돌려 확인이 되지 않는 두 번째 무용수 외에 나머지 여덟 명의 무용수들도 왼편의 가수들처럼 저고리와 두루마기는 왼쪽 여밈이다.

〈옥도리벽화분〉 가무도에는 악기로 반주하는 인물이 등장하지 않는다. 그러나 합창대와 무용수 사이의 그림이 지워진 상태여서 이 자리에 완함 연주자가 표현되었을 가능성은 있다. 긴소매 춤을 묘사한 〈무용총〉 가무도를 포함하여 다른 고분벽화 무용도에 완함이나 거문고 연주자가 등장하는 사례를 고려하면, 화면에는 표현되지 않아도 옥도리벽화분의 춤과 노래 역시 현악기 연주 소리에 맞추어 펼쳐졌을 수 있다. 신라의 금도 춤과 노래를 위해 연주되었다.

일찍이 영계기의 사람됨을 사모하여 가야금을 가지고 다니면서 기쁨과 노여움, 슬픔과 기쁨, 마음에 못마땅한 일을 모두 소리로 나타냈다. 한 해가 저물려고 할 때 이웃에서 곡식을 찧었다. 그의 아내가 방아 찧는 소리를 듣고 "다른 사람들은 모두 곡식이 있어 찧는데, 우리만 없으니 어떻게 해를 넘길까?" 하였다. 선생이 하늘을 우러러 탄식하며 말하였다. "대저 죽고 사는 것은 명이 있는 것이요, 부귀는 하늘에 달린 것이니, 오는 것을 막을 수 없고, 가는 것을 좇을 수 없는데 당신은 어찌 그리 마음 아파하시오? 내가 당신을 위하여 방앗소리를 내 위로하리다." 이에 가야금을 연주하여 방아 찧는 소리를 냈다. (이것이) 세상에 전하여져 이름을 방아타령[대악(碓樂)]이라고 하였다.

- 『삼국사기』 권48, 『열전(列傳)』 8.

다음으로 대금무(碓琴舞)를 연주할 때에는 무척(舞尺)은 적의, 금척(琴尺)은 청의였다.

- 『삼국사기』 권32, 『잡지』 1.

　거문고나 완함 연주에 맞춘 고구려의 긴소매 춤과 다른 유형의 춤도 고분벽화로 확인할 수 있다. 〈안악3호분〉 널방 동벽에는 세 사람의 악사와 한 사람의 무용수가 등장하는 춤-연주 장면이 그려졌다. 세 악사가 연주하는 긴 저와 완함, 6현금 소리에 맞추어 무용수는 다리를 벌리며 두 발

관현악 반주에 맞춘 춤(안악3호분).

을 엇갈리게 해 'X'자를 이루게 하고 발뒤꿈치는 들었다. 눈이 둥글고 크며 심한 매부리코인 무용수는 붉은 원점으로 가득한 머리쓰개 비슷한 것으로 머리를 덮은 상태여서 특정한 형상의 탈을 쓴 듯한 느낌도 준다. 탈을 쓰지 않았다면 이 무용수는 서역계 사람이다. 입을 크게 벌린 채 고개를 오른쪽으로 돌리고 몸도 오른쪽으로 틀었으며 두 손을 배 앞에 올려 손뼉을 치는 듯한 자세로 서 있다.

춤의 성격은 명확하지 않으나 벽화의 무용수가 고구려의 전형적인 긴소매 춤과는 다른 이국적인 춤사위를 보여 주고 있음이 틀림없다. 불고, 뜯고, 튕기는 관악기와 현악기가 반주되는 것으로 보아 선율이 부드럽고 우아하였을 수도 있다. 그러나 무용수의 자세로 보면 세 사람의 악사가 연주하는 곡은 리듬과 박자가 빨라 춤사위에도 속도감이 붙어 있었을 것이다.

문헌기록에는 전혀 언급이 없는 춤으로 타악기 연주에 맞춘 격렬한 몸놀림이 특징인 춤도 고분벽화에 묘사되었다. 무용수는 대개 남자다. 칼, 창, 활과 같은 무기나 그 외의 도구를 들고 추는 춤이 여기에 해당하는데, 이런 춤은 행렬 중에 이루어지는 것이 일반적이다.

〈쌍영총〉 널길 벽에는 두 사람의 큰 북 연주에 맞추어 한 남자가 창을 들고 춤추는 장면이 묘사되었다. 동벽과 서벽에 각각 30명가량의 남녀가 등장하는 장면 일부여서 북소리에 맞춘 합창과 창 춤으로 이해하기도 한다. 그러나 현재 벽화의 이 부분은 남아 있지 않다.

〈약수리벽화분〉 수렵도에는 사냥을 위한 행렬 안에 기마고취악대와 두 사람의 무용수가 등장한다. 큰 뿔나팔과 두 개의 말북이 연주되는 와중에 악대 좌우에서 각각 달리는 듯한 자세와 두 팔과 두 다리를 활짝 벌린 두 남자의 모습이 보인다. 이 유적의 조사 보고자는 두 남자가 씩씩하고 힘 있는 동작으로 춤추는 모습으로 해석한다. 〈안악3호분〉 앞방 남벽의 남자들도 세운 북과 소를 연주하는 악사들의 음악에 맞추어 칼이나 창을 들고 흔들며 춤추는 무용수로 해석되고 있다.

고구려에서 유행한 것으로 알려진 '호선무'를 고분벽화로는 확인하기 어렵다. 호선무는 중앙아시아 사마르칸드를 중심으로 번성하던 강국(康國: 우즈베키스탄 사마르칸드)의 춤이었다. 불교와 함께 서역문화의 일부로 고구려에 받아들여진 뒤 고구려 춤의 하나가 된 경우이다. 이름으로도 알 수 있듯이 호선무는 악기 연주에 맞추어 작고 둥근 양탄자 위에서 몸을 바람처럼 빠르게 돌리는 춤이다. 새가 날아오르거나 천천히 내려앉는 듯한 고구려 특유의 긴소매 춤과 춤사위가 다르다. 〈고산동10호분〉에 묘사된 세 무용수의 춤을 호선무로 추정하기도 한다. 그러나 벽화에 묘사된 무용수는 긴소매 저고리와 통 넓은 바지 차림이며 한 발을 앞으로 내디디면서 한쪽 팔은 휘둘러 앞으로 내고 다른 팔은 뒤로 젖혀 긴소매가 너풀거리게 한다. '넓은 소매 훨훨 휘젓는' 바로 그 춤이다.

고구려의 노래로 이름만 남아 전하는 것이 가곡으로는 「지서(芝栖)」, 무곡(舞曲)인 「가지서(歌芝栖)」 등이 있다. 가사가 전하는 것은 유리명왕이 불렀다는 「황조가(黃鳥歌)」가 유일하다. '펄펄 나는 저 꾀꼬리는 암수가 서로 노니는데 외로울사 이내 몸은 뉘와 함께 돌아갈꼬.' 친정으로 돌아간 치희의 마음을 돌리지 못하고 혼자 돌아오던 유리왕이 지었다는 이 노래는 꾀꼬리에 빗대 제 짝을 그리워하는 마음을 잘 담아낸 점에서 서정성이 매우 높은 작품으로 평가받는다.

당의 측천무후 시기에 중국에서 정리하여 기록으로 남긴 고구려 노래는 25곡이다. 「지서」와 「가지서」는 중앙아시아 안국(安國: 우즈베키스탄 부하라)에서 동방세계로 전해진 악곡이다. 「박모(狛鉾)」, 「고려용(高麗龍)」, 「박견(狛犬)」, 「아야기리(阿夜岐理)」는 일본에 전해진 고구려의 무곡이다. 여기서 「박견」은 불교의 여래상 곁에 그려지고 탑이나 사원의 지킴이로 조각, 장식되던 사자를 온갖 사악한 힘을 물리치는 존재로 인식하면서 성립한 사자춤의 일종이다. 서역에서 중국을 거쳐 고구려에 전해지고 고구려의 '잡귀와 액운을 물리치는 개'에 대한 관념과 섞이면서 벽사(辟邪)를 위한 탈춤으로 변형, 재창조된 것이다. 이것이 신라를 거쳐 일본에 전해졌다. 여기서 '액운을 없애는 개'로 토종개인 삽살개가 있다. '삽살개 있는 곳에는 귀신도 얼씬 못 한다'는 말도 있다. 고구려 〈각저총〉 벽화의 맹견도 무덤 입구에서 사악한 것이 틈타지 못하게 지키는 존재다.

이 외에 「진숙덕(進宿德)」, 「퇴숙덕(退宿德)」, 「장보악(長保樂)」, 「길고(桔櫸)」 등의 무악은 서역에서 고구려로, 다시 신라를 거쳐 일본에 전해졌다. 「진숙덕」, 「퇴숙덕」은 7세기까지 소그드인들의 땅으로 알려졌던 숙덕(속특, 소그디아나, 현재의 우즈베키스탄 사마르칸드 일대)에서 유래한 탈춤이다. 고구려에 알려진 뒤 고구려의 무악이 되었다가 신라에서는 '속득'이라는 이름의 춤이 되고 일본에도 전해지게 된다. 신라 최치원이 지은 《향악잡영》 5수 가운데 소그드 사람들의 탈춤을 묘사한 「속독」이라는 노래가 남아 있다.

엉긴머리 푸른 얼굴, 이역 사람들이
무리 지어 뜰 앞에 와 난새가 춤추듯 하네.
북 치는 소리 둥둥하니 겨울 찬바람 부는 듯하고
남북으로 뛰고 달림이 그치지 않는구나.

「장보악」은 서역의 소륵(현재의 중국 신강위구르자치구 카슈가르) 음악이 고구려의 무악이 된 사례이다. 「길고」는 중앙아시아 일대에서 매년 여름과 가을에 '겨울의 많은 눈으로 물이 풍부해지기를 기원'하며 열리던 '소막차'에서 유래한 가무다. 소막차는 중앙아시아 양식의 기우제라고 할 수 있다.

기우제 때에는 보통 '가뭄'을 일으키는 악귀를 잡아 멀리 내쫓는 의례가 행해진다. 그래서 기우제의 가무는 사악한 것을 잡아 쫓는 '벽사'의 기능을 가진다. '소막차'가 고구려의 「길고」가 되고, '원숭이나 귀신 형상 가면을 쓰고 도롱이를 걸친 채 춤을 추는' 일본의 '소지마리', '길간'이 되어 전승될 수 있었던 것도 이 때문이다. 이 노래와 춤이 고구려에 전해져 자리 잡았다가 일본에도 알려져 일본의 '고려악'에 포함되었다.

주인 부부를 위한 재주 부리기(수산리벽화분).

장면1〉

소매와 가랑이가 좁은 저고리와 바지 차림의 한 남자가 무릎을 살짝 굽힌 채 두 다리는 약간 벌리고 엉덩이는 뒤로 뺐다. 목과 머리는 90° 가까이 뒤로 제치고 하늘을 쳐다보며 크게 벌린 두 팔을 바삐 놀린다. 허공을 향한 긴장된 눈길 위에 짧은 막대 3개와 공 5개가 서로 엇갈리며 오르내린다. 이 남자와 비슷한 복장과 자세의 다른 한 남자는 살이 많은 바퀴를 공중에 던져 올려 굴리고 있다. 두 사람 위쪽에 또 한 사람이 키 높이의 나무다리 위에 올라서서 두 손끝에 작은 물건을 올린 상태로 춤추듯 걷는다.

주인과 손님을 위한 재주 부리기(장천1호분).

장면2〉

앞의 사람은 고개를 젖히고 무릎을 굽히면서 엉덩이를 약간 뺀 채, 왼손에 쥐고 있는 공을 위로 던지려 한다. 오른손에 잡은 짧은 막대 끝에 올린 평판 위에는 공이, 다시 그 위에는 평판, 공이 잇달아 올려졌다. 뒤의 인물은 두 무릎을 조금 굽히고 머리를 젖혔다. 오른손에 작은 곤봉을 잡고 휘두른다. 그의 바로 옆 탁자 위에는 수레바퀴 같은 것이 하나 놓여 있다.

교묘한 손놀림과 발놀림, 기이한 재주

첫 장면은 〈수산리벽화분〉 무덤주인 부부 나들이 그림에 묘사된 재주 부리기, 다음 것은 〈장천1호분〉「백희기악도」 중의 주인공과 손님을 위한 재주 부리기이다. 기예, 곡예, 교예 등으로 불린 재주 부리기는 한때 대중의 사랑을 크게 받았던 서커스의 한 부분이다. 서커스의 기본 종목에 가깝다고 보아도 될 것이다.

고분벽화에 보이는 재주 부리기는 여러 종류이다. 위의 장면처럼 손이나 발을 빠르고 교묘하게 놀리는 것 외에 짐승을 부려 재주를 보여 주는 경우도 있다. 〈장천1호분〉의 손재주 장면 옆 큰 나무에서는 주인과 손님을 위한 원숭이 재주가 시연되고 있다. 주인과 손님 사이의 굵은 나무줄기가 무대이자 도구이다. 목에 줄을 매고 머리에 흰 가면과 같은 것을 쓴 황색 원숭이 한 마리가 나무 위에서 아래로 내려온다. 나무뿌리 위의 또 한 마리의 황색 원숭이는 흰곰 머리처럼 보이는 가면 같은 것을 쓴 채 오른편 의자 위에 앉은 무덤 주인을 향해 절하고 있다. 나무 아래에 한 사람이 서 있는데, 이 재주 원숭이 두 마리를 부리는 조련사로 보인다.

고구려의 재주 부리기에는 손재주나 발재주 외에 칼 부리기 재주, 말타기 재주 같은 것도 있었는데, 〈안악3호분〉

과 〈약수리벽화분〉, 〈팔청리벽화분〉에서 이런 재주를 나누어 볼 수 있다. 〈팔청리벽화분〉에서 눈길을 끄는 것은 말타기 재주이다. 행렬의 고취악대에 속한 두 사람이 메는 북을 연주하는 악사를 둘러싸고 말을 몰아 둘레를 빙글빙글 돌면서 큰 뿔나팔을 분다. 말이나 사람 모두 매우 흥거운 상태임을 한눈에 알 수 있다.

말타기 재주에 맞추어 북과 나팔의 흥거운 연주가 펼쳐지는 동안, 화면 오른쪽에서는 완함 연주에 맞춘 재주 부리기가 이루어지고 있다. 세 사람의 재주꾼과 한가운데에 선 완함 연주자 모두 앞에서 다가오는 주인공의 소 수레를 향하고 있다. 행렬 주인공을 위한 재주 부리기이다.

완함 연주자 오른쪽의 재주꾼은 사람 키 높이의 나무다리에 올라선 채 두 팔을 휘저으며 춤추는 자세이다. 엉덩이를 약간 뒤로 내밀고 가슴은 펴 세웠으며 오른쪽 팔은 옆으로 길게 펼쳤고 왼팔은 팔꿈치를 안으로 구부려 손이 가슴 앞에 오게 했다. 막대 같은 것을 잡은 채 오른쪽 손을 위로 세웠으나 잡은 것의 정체는 알 수 없다.

죽마타기, 대말타기는 고대부터 동아시아에서 널리 유행한 놀이였다. 대나무를 사람 키 높이보다 높게 잘라 세운 뒤 발 받침대를 만들어 묶고 그 위에 발을 딛고 올라서서 걷

주인과 손님을 위한 재주 부리기의 그래픽(장천1호분).

는 놀이다. 한국, 중국, 일본에서는 어린이들이 즐기는 놀이
로 '죽마고우'라는 말이 여기서 나왔다. 재주꾼은 죽마를 탄
채 구슬 여러 개를 번갈아 공중에 던져 받는 묘기를 보이기
도 한다.

완함 연주자의 왼편 뒤쪽의 사람은 긴 칼(혹은 막대)을 오른
손에 쥐고 왼손은 눈높이에 올려 그 끝을 보고 있다. 엉덩이
를 뒤로 빼고 두 다리를 반쯤 구부린 엉거주춤한 자세인 것
으로 보아 칼끝에 무언가를 올려놓고 리듬감 있게 걸으며

재주를 부리는 중인 듯하다. 완함 연주자의 왼편 사람은 왼손으로 긴 칼(혹은 막대)을 세워 든 채 그 끝을 쳐다보느라 목을 뒤로 젖혔다. 뒤쪽편의 사람과 같은 재주를 부리는 것으로 보인다. 북한의 보고서와 연구 논문에서는 이 장면을 격검 연기로 설명하거나 이해한다. 재주꾼들의 자세로만 본다면 가는 막대 끝에 작은 물건(예를 들면 접시나 사발 같은 것)을 올려놓고 돌리거나 굴리는 재주를 보여 주는 듯하다.

완함 연주자의 오른편 아래에는 공 5개와 막대 3개가 공중에 던져진 상태만 남아 있다. 공과 막대들을 번갈아 던지고 받는 재주꾼의 모습은 남아 있지 않다. 통일신라 말기 최치원이 쓴 《향악잡영》 5수 중 「금환(金丸)」이 이런 손재주에 대한 것이다.

몸을 돌리고 팔을 내저으며 금구슬 놀리니
달이 구르고 별이 떠오르며 눈이 휘둥그레지네.
의료*의 재주라도 이보다 나으랴
바다의 큰 파도 잠잠해진 까닭 이제 알겠네.

---

* 의료(宜僚): 중국 춘추시대 초나라의 용사로 금환을 다루는 재주가 뛰어났다. (저글링을 잘 했다는 뜻)

유럽 서커스의 한 종목인 저글링(Juggling)도 이 재주를 가리킨다.

'농환(弄丸)'은 여러 개의 공을 잇달아 공중에 던지고 받으면서 부리는 묘기를 말한다. 공과 작은 막대, 단검 여러 개를 섞어 던지고 받기는 도환(跳丸: 공이나 구슬, 방울을 여러 개 공중에 던지고 받기), 도검(跳劍: 칼을 여러 개 공중에 던지고 받기)을 합한 묘기라는 점에서 가장 고난도의 묘기라고 할 수 있다. 중국에서 백제 사람들이 즐기는 놀이를 농주(弄珠)로 명기한 것으로 보아 백제에서는 더 자주 공연되었던 것 같다.

투호(投壺), 위기(圍棋), 저포(樗蒲), 악삭(握槊), 농주(弄珠) 놀이가 있다.

-『수서』권81, 「열전」제46.

〈약수리벽화분〉에는 공 하나와 막대 2개를 공중에 던져 올린 재주꾼과 살이 여러 개 달린 긴 막대 두 개를 공중에 던져 올려 번갈아 주고받는 두 사람의 재주꾼이 등장한다. 세 재주꾼의 자세가 매우 리듬감 있게 탄력적으로 묘사되어 실제 재주 부리기를 보는 듯한 느낌을 준다.

칼과 활을 손에 잡고 휘두르면서 춤추는 장면은 〈안악3

호분〉 벽화에 보인다. 대행렬도 앞부분에 묘사된 이 장면은 칼부림 재주로 볼 수도 있고 무기를 들고 추는 도구 춤으로 해석할 수도 있다. 칼과 활을 든 채 고개를 젖히고 어깨를 흔들며 무릎을 굽혔다 폈다 하는 이 사람의 바로 뒤에서 북 치는 사람들이 열을 이루어 행진하는 것으로 보아 어느 쪽 해석도 가능하다.

고분벽화에 다양한 방식으로 재주꾼들의 재주가 펼쳐지는 것으로 보아 고구려에 직업적인 재주꾼이나 재주꾼 집단이 있었음은 확실하다. 이들은 귀족 부부의 나들이나 야외 놀이와 같은 소규모 행사에 초청되어 재주를 공연하기도 하고 귀족의 행렬이나 대규모 몰이 사냥과 같이 규모가 큰 행사에 부름을 받아 현장에서 재주를 보여 주기도 했다.

벽화에 나오는 고구려 사람들의 크고 작은 행사에 재주를 공연하던 재주꾼들 가운데에는 서역계 인물들이 많은 수를 차지한다. 이는 재주 가운데 서역에서 기원한 것이 많고 자연스레 재주꾼 무리에서 서역계 사람들이 지니는 비중이 높았음을 뜻한다. 재주꾼 집단의 구성원 가운데에는 서역에서 직접 온 사람들도 있고, 서역에서 중국을 거쳐 고구려까지 흘러들어 온 사람들도 있을 것이다.

문헌기록을 보면 고구려에서는 「괴뢰회(傀儡戲)」라는 꼭두

각시극도 유행했다. 민간에서 성행하던 이 인형극은 당의 장수 이적(李勣)이 고구려를 멸망시킨 뒤 당의 고종에게 바친 고구려 '백희무악' 중 하나라고 한다. 신라의 한 여승은 11가지 얼굴의 인형으로 우스운 춤을 추게 하여 병으로 고생하던 경흥법사를 낫게 하였다고 한다. 여승이 펼친 놀이도 인형극인 「괴뢰희」였을 것이다.

> 갑자기 병이 나서 한 달이 되었는데 한 비구니가 와서 그를 문안하고 『화엄경』 중 착한 친구가 병을 고친 이야기를 하였다. "지금 법사의 병은 근심으로 말미암았으니 즐겁게 웃으면 나을 것이오." 하고 곧 열한 가지의 모습을 만들어 각각 광대와 같은 춤을 추게 하니 뾰족하게 솟기도 하고 깎은 듯 쭈그려 앉기도 하여 변하는 모습이 말로 다하기 어려웠다. 너무 우스워 턱이 빠질 것 같았다. 법사의 병이 자기도 모르게 나았다. 비구니가 문을 나가 남항사(南巷寺)로 들어가 숨어 버렸다. 그가 가지고 있던 지팡이가 십일면원통상(十一面圓通像) 탱화 앞에 있었다.
>
> -『삼국유사』 권5, 「감통(感通)」 7.

고구려에서는 바둑, 투호, 축국도 인기가 있었다. 바둑은 네모진 판에 씨줄과 날줄을 가로 세로가 교차하게 여럿 그

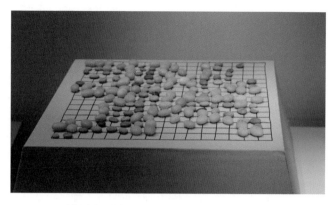

신라사람이 쓰던 바둑돌(경주 용강동6호분 출토), 국립경주박물관.

려 넣고 두 종류의 돌로 서로 다투면서 집을 지어 더 많이
내는 쪽이 이기는 놀이다. 9줄바둑부터 19줄바둑까지 여러
종류가 있었다. 경주의 분황사 전돌 바둑판은 가로, 세로 각
각 15줄이 그려져 신라에 15줄바둑이 있었음을 알게 한다.
일본 정창원에 소장된 백제 바둑판 목화자단기국(木畵紫檀棊
局)은 19줄 바둑판이다. 한국에서는 백제 의자왕이 일본의
내대신(內大臣) 나카토미노 가마타리(中臣鎌足)에게 선물한 적
색 옻칠장(赤漆欟木厨子) 안의 물품으로 보고 있으나, 일본 학
자들은 당나라에서 제작되어 일본에 온 것으로 본다. 현대
바둑도 19줄바둑이다.

　고구려에 바둑에 능한 사람이 많았음은 승려 도림이 뛰

어난 바둑 실력으로 백제 개로왕의 마음을 사로잡았다는
기사로도 확인된다.

> 당시의 백제 왕 근개루는 장기와 바둑을 좋아하였다. 도림이 대
> 궐 문에 이르러 "제가 어려서부터 바둑을 배워 상당한 묘수의
> 경지를 알고 있으니, 왕께 들려 드리고자 합니다." 하였다. 왕이
> 그를 불러들여 대국을 해 보니 과연 국수였다. 왕이 마침내 그를
> 상객으로 대우하고 매우 친하게 여기며 서로 늦게 만난 것을 한
> 탄하였다.
>
> -『삼국사기』 권25, 『백제본기』 3, 개로왕 21년 9월

　장수왕의 밀명을 받은 도림의 활약으로 백제는 국고가
텅텅 비어 고구려 군대의 남하에 대응할 능력을 갖추지 못
하게 된다. 바둑은 삼국 모두에서 유행했다. 신라의 효성왕
은 왕자 시절 선비 신충과 바둑을 두며 내일을 기약했다.

> 효성왕이 왕위에 오르기 전, 현명한 선비인 신충과 궁의 뜰 잣나
> 무 아래에서 바둑을 두었다. 이르기를, "훗날에 만약 경(卿)을 잊
> 는다면, 저 잣나무와 같으리라." 하였다. 신충이 일어나 절하였
> 다. 몇 달이 지나 왕이 즉위하여 공신들에게 상을 내릴 때 신충

을 잊고 그 차례에 넣지 않았다. 신충이 원망하여 노래를 짓고 그것을 잣나무에 붙이자 나무가 곧 노랗게 시들었다.

-『삼국유사』권5,『피은(避隱)』8.

당 현종은 신라의 왕과 백성 모두 바둑을 즐긴다는 사실을 알게 되자 바둑의 고수를 사절단에 포함해 신라로 보낸다.

신라 사람들은 바둑을 잘 두었으므로 조칙으로 솔부병조참군 (率府兵曹參軍) 양계응(楊季膺)을 부사(副使)로 삼았는데, 우리나 라 바둑의 고수는 모두 그 밑에서 나왔다.

-『삼국사기』권9,『신라본기』9, 효성왕 2년 2월.

'투호'는 일정한 거리에서 단지나 병(壺)에 화살을 던져 넣는 놀이다. 보통 패를 나누어 많이 넣기로 승패를 가린다. 중국에서 이미 주나라 때 시작되어 춘추전국시대에 성행했다는 것으로 보아 고구려와 백제에는 중국 한나라 때 전해진 듯하다.

'축국'은 공차기 놀이다. 고구려에서는 사람마다 축국에 능했다고 한다. 신라에서도 축국이 인기가 있었다. 김춘추와 김유신이 처남, 매부의 인연을 맺는 것도 두 사람이 김유신의 집 앞에서 즐기던 축국이 계기가 되었다.

처음 문희의 언니 보희(寶姬)가 서악(西岳)에 올라가 오줌을 누는데 그 오줌이 서울에 가득 차는 꿈을 꾸었다. 다음 날 아침 동생에게 꿈 이야기를 했더니 문희가 듣고 "내가 이 꿈을 살게요." 하였다. 언니가 말하기를 "어떤 물건을 주겠니?" 하자 문희가 "비단 치마를 줄게요." 하니 언니가 승낙하였다. 문희가 치마 폭을 펼쳐 꿈을 받을 때 언니가 말하기를 "어젯밤 꿈을 네게 준다." 하였다. 문희는 비단 치마로 꿈값을 냈다. 10일이 지나 유신이 춘추공과 함께 정월 상오 기일에 유신의 집 앞에서 공을 찼다. 신라인들은 공을 가지고 노는 것을 축국(蹴鞠)이라고 하였다. 일부러 춘추공의 옷을 밟아 저고리 고름을 떨어지게 하고 말하기를 "저의 집에 들어가서 옷고름을 답시다." 했다. 공이 그 말을 따랐다. 유신이 아해(阿海)에게 "옷고름을 달아 드려라." 하니 아해는 "어찌 사소한 일로써 가벼이 귀공자와 가깝게 있겠어요?" 하며 사양하였다. 고본에는 병을 핑계로 나아가지 않았다고 한다. 그러자 아지(阿之)에게 말하였다. 공이 유신의 뜻을 알아차리고 마침내 문희와 [정을] 통하였다. 이후 춘추공이 [유신의 집에] 자주 왕래하였다.

-『삼국유사』 권1, 「기이(紀異)」 1.

4장

돌아보며 쏘아도
백발백중!

힘 겨루고 주먹 재고

화면에는 두 사람의 씨름꾼, 심판을 맡은 노인, 커다란 나무 한 그루, 나무 밑동에 사람처럼 기대앉은 곰과 호랑이, 나뭇가지에 깃든 여러 마리의 검은 새, 허공에 떠 있는 새구름무늬 등이 보인다. 화면의 두 씨름꾼은 상투를 올린 머리 모양에 몸에는 검은 반바지와 흰 샅바만 걸쳤다. 오른쪽 씨름꾼은 보통의 고구려 사람이나, 왼쪽 씨름꾼은 눈이 크고 코가 높은 서역계 인물이다. 지팡이를 짚은 채 씨름 장면을 유심히 보고 있는 노인의 얼굴은 벽화가 지워져 보이지 않는다.

벽화의 두 씨름꾼은 상대방 오른쪽 어깨에 머리를 대고

씨름(각저총)

씨름(장천1호분).

두 손을 뻗어 상대 바지 허리춤을 거머쥐었다. 두 사람은 왼쪽 발을 앞으로 내디디며 무릎을 구부려 허벅지가 서로 상대의 사타구니 가까이 닿게 한 채 팔과 다리, 온몸에 힘을 주며 상대를 밀거나 들어 올리려 애쓴다. 화가는 짧은 호선 여러 개를 잇달아 긋거나 끝이 약간 말리는 길게 흐르는 선을 몇 자락씩 넣어 두 씨름꾼의 팔과 다리의 근육이 팽팽하게 긴장된 채 불룩거리는 상태를 나타냈다. 두 씨름꾼 모두 입을 약간씩 벌려 가쁜 숨을 몰아쉬는 중이다. 왼쪽 서역계 씨름꾼의 매부리코 끝에 코털이 삐죽 뻗어 나왔다. 온 힘을 다하느라 숨이 가빠 헉헉거리다 보니 절로 일어난 일이다. 온몸에서 땀이 솟아 벌써 손끝이며 턱밑이 미끈거린다.

이처럼 〈각저총〉 벽화의 씨름 장면은 매우 사실적이다. 마치 TV로 생중계를 보는 듯 생생하다. 씨름장을 둘러싼 관객들이 보이지 않을 뿐, 귀 기울이면 저들이 패를 나누어 응원하는 소리도 들릴 듯하다. 〈장천1호분〉「백희기악도」에 묘사된 씨름장면도 〈각저총〉 벽화와 다르지 않다. 씨름꾼 가운데 한 사람의 얼굴이 서역계인 것도 같다. 벽화의 씨름 장면은 오늘날 대중에게 인기 있는 스포츠의 하나인 민속 씨름의 경기방식이나 옷차림 등이 고구려 때 이미 완성되었음을 알게 한다.

수박희(무용총).

수박희(안악3호분).

고분벽화의 씨름에 서역계 사람이 등장하는 것은 고구려의 장례의식과 관련이 있다고 한다. 고구려계 씨름꾼은 무덤에 묻힌 사람이 새 삶의 공간으로 갈 때 길잡이 노릇을 하는 사람이고 서역계 씨름꾼은 새 세계의 입구를 지키는 문지기라는 것이다. 길잡이 씨름꾼이 문지기 씨름꾼을 이겨야 죽은 이가 내세 삶으로 가는 길에 들어설 수 있는 셈이다. 화가가 벽화의 문지기 씨름꾼을 고구려계와 얼굴이 다르게 묘사한 것은 당시 보통 사람과 다른 힘을 지닌 특별한 존재를 나타낼 때 서역계로 그리던 관습에 따른 것이다.

〈각저총〉 벽화 씨름도의 커다란 '새구름무늬'는 이 씨름이 현실 세계에서 펼쳐지는 놀이 이상의 의미를 지녔음을 암시한다. 나무 밑동에 사람처럼 기대앉은 곰과 호랑이도 하늘과 땅을 잇는 우주나무, 신단수 밑에서 하늘의 신에게 사람이 되게 해 달라고 빌던 단군신화의 두 짐승을 연상시킨다.

고분벽화에는 씨름처럼 힘과 기술을 겨루는 다른 놀이도 묘사되었다. '수박희'로 불린 이 놀이는 주먹질과 발길질로 상대를 제압하여 넘어뜨리는 격투기다. 〈무용총〉 벽화에는 두 사람의 역사가 손과 발로 상대를 겨눈 채 마주 선 장면이 있다. 두 사람 모두 상투를 그대로 드러냈으며 아래에 아주 짧은 잠방이만 걸쳤다. 드러낸 맨몸은 운동으로 잘 다져진 상태이다.

평범한 고구려인의 얼굴을 지닌 화면의 왼쪽 사람은 고개를 약간 젖히면서 턱을 들어 눈으로 상대의 빈틈을 찾고 있다. 왼쪽 팔은 어깨와 함께 앞으로 길게 내며 손바닥을 폈고 오른쪽 팔은 어깨와 함께 뒤로 젖히며 굽혀 손바닥이 오른쪽 가슴께에서 상대를 향해 퍼지게 했다. 자세로 보아 팔과 손바닥에 힘이 들어갔다. 왼쪽 다리는 앞으로 내며 무릎을 깊이 구부리고 발꿈치를 들었다. 오른쪽 다리는 비스듬히 뒤로 펼쳤는데, 발꿈치로 힘 있게 바닥을 디뎠다. 근육으로 뒤덮인 두 다리가 몸통만큼 굵다.

화면 오른쪽 사람은 코가 오똑하고 눈이 크다. 벽화의 씨름 장면에도 등장하는 서역계 사람이다. 이 사람은 왼쪽 팔을 펴고 오른쪽 팔은 뒤로 젖히고 굽혀 마주 보는 역사와 대칭되는 자세를 취하였다. 왼쪽 다리를 내밀면서 살짝 굽혔고 발바닥 전체가 바닥에 닿았다. 오른쪽 다리는 마주한 역사처럼 무릎을 많이 굽혔으며 발꿈치를 들었다. 오른쪽 사람 역시 두 다리가 굵고 근육이 불룩거린다. 두 사람 모두 상대에게 빈틈이 보이면 바로 오른손이나 오른발로 한 방 먹일 참이다.

수박희가 어떤 놀이인지를 잘 보여 주는 이런 장면이 〈안악3호분〉 벽화에도 묘사되었다. 화면 속 두 역사의 옷차림이나 자세는 유사하나 화가가 사용한 필선이 부드러워 무용총 벽화에서처럼 박진감 넘치고 생생하지는 않다. 수박희는 동아시아 각국에서 쿵푸, 택견, 태권, 가라데 등으로 발전하는 격투기의 원형을 잘 보여 준다. 고구려의 수박희는 고려, 조선으로 이어지면서 무인이 갖추어야 할 기본 종목의 하나가 되었다. 고분벽화의 두 장면은 오늘날 전 세계에 퍼지고 올림픽 종목으로도 채택된 한국 태권이 언제, 어디서 시작되었는지를 확인시켜 준다.

말 타고 활쏘기를 놀이로

〈덕흥리벽화분〉에는 '마사희'라는 놀이가 벽화로 그려졌다. 말을 타고 달리면서 활을 쏘아 과녁을 맞히어 떨어뜨리는 놀이다. 화면에는 말 위에서 자기 차례를 기다리는 사람, 말을 타고 달리면서 나란히 일정한 간격으로 꽂힌 세 개의 말뚝 위 네모진 과녁을 활로 겨누는 사람, 앞서 말을 달리다가 몸을 틀어 뒤로 돌린 채 과녁을 향해 화살을 날리려는 사람, 경기를 마친 듯 무대 바깥으로 말을 달려 나오는 사람 외에도 기록판과 붓을 든 기록원, 그 뒤에 나란히 선

마사희(덕흥리벽화분).

채 경기와 기록 장면을 유심히 보는 두 사람 등 모두 일곱
사람이 등장한다. 경기장에 세워진 여러 개의 말뚝 가운데
두 개는 화살에 맞은 과녁이 떨어져 나간 듯 가늘고 긴 말뚝
상태로만 있다.

말도 잘 못 타고, 활쏘기와는 아예 담을 쌓은 남자가 있다
면 그는 고구려 남자로 인정받기를 포기한 사람이다. 고구
려인에게 활쏘기와 말타기는 일하고 밥 먹는 것만큼 중요
했다. 말타기와 활쏘기는 일과 일 사이의 놀이이기도 했고

생존을 위한 훈련이기도 했다. 물론 먹거리 마련을 위한 기본기 다지기라는 의미도 지니고 있었다.

고구려 사람들은 어릴 때부터 활쏘기를 연습했다. 고구려의 각 마을에 설치되어 아이들이 글을 배웠다는 경당의 기본 과목 가운데 빠지지 않는 것이 활쏘기였다. 고구려 건국기의 오랜 기록에 아버지 주몽 없이 자란 아들 유리가 화살로 아낙의 물동이에 구멍을 냈다가 다시 쏘아 막았다는 이야기가 실려 있다. 부여와 고구려 사람에게 활쏘기는 일상이었다는 사실을 확인시켜 주는 기사이다.

왕이 알을 도로 가져다가 어미에게 보내 돌보게 했더니, 마침내 알이 갈라져서 한 사내아이를 얻었다. 아이는 나온 지 한 달이 채 지나지 않아 온전하고 바르게 말하였다. 어머니에게 이르기를 "파리들이 눈을 빨아 잘 수가 없으니 어머니는 나를 위하여 활과 화살을 만들어 주세요." 했다. 어머니가 댓가지로 활과 화살을 만들어 주니 스스로 물레 위의 파리를 쏘는데 쏘는 족족 맞혔다. 부여(扶餘)에서 활을 잘 쏘는 이를 주몽(朱蒙)이라고 한다.
- 『동국이상국집』 권3, 「동명왕편 병서」.

거리마다 큰 집을 지어 '경당(扃堂, 평민들의 학교)'이라 부른다. 자제(子弟)들이 결혼할 때까지 밤낮으로 이곳에서 독서와 활쏘기를 익히게 한다.

-『구당서』 권299 下, 『열전』 149 上.

유리가 어려서부터 기이한 기절이 있었다 한다. 소년 때에 참새 쏘는 것을 업으로 삼았는데 한 부인이 물동이를 이고 가는 것을 보고 쏘아서 뚫었다. 그 여자가 노하여 욕하기를 "아비도 없는 자식이 내 물동이를 쏘아 뚫었다." 하였다. 유리가 크게 부끄러워하여 진흙 덩이로 쏘아서 동이 구멍을 막아 전과 같이 만들고 집에 돌아와서 어머니에게 "내 아버지가 누구입니까?" 하고 물었다.

-『동국이상국집』 권3, 『동명왕편 병서』.

말타기 역시 고구려 사람 누구에게나 익숙한 일이어야 했다. 건국 시조 주몽이 부여에서 한동안 목동으로 지낸 사실은 잘 알려졌다. 말을 돌보면서 빼어난 것과 평범한 것을 구별하는 눈을 지니게 된 것이 주몽으로서는 소득 중의 소득이었다. 건강하고 빠른 말을 탄 명궁 주몽이 전사들의 왕이 되어 새 나라 고구려를 세우지 않았는가?

금와가 아들 일곱이 있어 언제나 주몽과 함께 노는데 재주가 그를 따를 수 없었다. 맏아들 대소가 왕에게 말하기를 "주몽은 사람의 소생이 아니니 빨리 처치하지 않으면 후환이 있을 것입니다." 하였다. 왕은 이 말을 듣지 않고 그를 시켜 말을 먹이게 하였다. 주몽은 그중에 날쌘 놈을 알아서 먹이를 적게 주어 여위도록 만들고 굼뜬 놈은 잘 먹여서 살이 찌도록 하였다. 왕은 살찐 놈을 자신이 타고 여윈 놈을 [주]몽에게 주었다.

-『삼국유사』 권1, 「기이」 1.

왕이 주몽에게 말을 기르게 하여 그 뜻을 시험하였다. 주몽이 마음으로 한을 품고 어머니에게 "나는 천제의 손자인데 남을 위하여 말을 기르니 사는 것이 죽는 것만 못합니다. 남쪽 땅에 가서 나라를 세우려 하나 어머니가 계셔서 마음대로 못 합니다." 하였다. 그 어머니가 "이것은 내가 밤낮으로 고심하던 일이다. 내가 들으니 장사가 먼 길을 가려면 반드시 준마가 있어야 한다. 내가 말을 고를 수 있다." 하고, 드디어 목마장으로 가서 긴 채찍으로 어지럽게 때리니 여러 말이 모두 놀라 달아나는데, 한 마리 붉은 말이 두 길이나 되는 난간을 뛰어넘었다. 주몽은 이 말이 준마임을 알고 몰래 바늘을 혀 밑에 꽂아 놓았다. 그 말은 혀가 아파서 물과 풀을 먹지 못하여 심히 야위었다. 왕이 목마장을 순시하며 여러 말이 모두 살찐 것을 보고 크게 기뻐서 말미암아 야 윈 말을 주몽에게 주었다. 주몽이 이 말을 얻고 나서 그 바늘을 뽑고 도로 먹였다 한다.

-『동국이상국집』 권3, 「동명왕편 병서」.

고구려 사람들이 말타기와 활쏘기, 말 타고 활 쏘는 능력을 마음껏 펼칠 수 있던 자리가 사냥이다. 고구려에서는 매년 삼월삼짇날 평양의 낙랑 언덕에서 왕과 5부의 군사가 모두 참여하는 대규모 사냥대회를 열고 그 수확물로 천지에 제사를 지냈다. 바보와 울보의 세기적 사랑으로 유명한 온달이 큰 맘 먹고 참가한 사냥대회가 바로 이 행사이다. 온달은 이 대회에서 '으뜸 사냥꾼'이 되어 아내 평강공주의 아버지 평원왕 앞에 섰다.

고구려에서는 매년 봄 3월 3일 낙랑(樂浪)의 언덕에 모여 사냥하였는데, 잡은 돼지와 사슴으로 하늘과 산천(山川)에 제사를 지냈다. 그날이 되자, 왕이 사냥을 나갔고, 여러 신료와 5부(五部)의 병사가 모두 [왕을] 따랐다.

-『삼국사기』 권45, 「열전」 5.

이때 온달도 그동안 기른 말을 가지고 따라갔다. 말을 타고 달리는 데 항상 앞에 있었고, 사냥으로 잡은 동물 또한 많아서 비교할 만한 사람이 없었다. 왕이 불러 성명(姓名)을 묻고 놀라며 이상하게 생각하였다. 이때 후주(後周) 무제(武帝)가 군사를 내어 고구려[遼東]를 정벌하고자 하였다. 왕은 군사를 거느리고 이산(肄山)의 벌판에서 맞아 싸웠다. 온달은 선봉(先鋒)이 되었는데 힘을 다해 싸워서 참수(斬首)한 것이 수십 급(級)이었다. 여러 군사가 이긴 틈을 타서 맹렬히 공격해서 크게 이겼다. 전공을 평가하게 되자, 온달을 첫 번째로 삼지 않는 이가 없었다. 왕이 기뻐하며 "이 사람이 내 사위다!"고 말하고, 예의를 갖추어 온달을 맞이하였으며, 관작(官爵)을 주어 대형(大兄)으로 삼았다. 이로부터 [온달은] 왕의 총애를 받아 부귀영화가 날로 더해 갔고, 위엄과 권세가 날마다 높아졌다.

-『삼국사기』 권45, 「열전」 5.

이처럼 고구려에서 사냥은 먹거리를 얻기 위한 활동 이상의 의미를 지닌 행위였다. 정기적으로 열렸던 '낙랑회렵' 같이 일정한 규모를 넘어서는 사냥대회는 군사훈련이자 종교 행위였다. 활에 의존하는 기마사냥, 창을 주로 쓰는 도보사냥, 매를 이용하는 매사냥, 몰이꾼과 사냥개를 이용한 짐승몰이 등은 적진탐색과 정보수집, 전략·전술의 수립, 수색, 기마전과 도보백병전의 효과적 배합과 전개, 전략적 전진과 후퇴, 매복, 역공, 다양한 기구를 이용한 공성 등으로 이루어지는 군사작전과 내용상 크게 다를 것이 없었다. 사냥은 산야의 짐승을 적으로 상정한 모의 전투였다.

〈무용총〉 사냥도는 사냥자와 짐승들 사이에 형성되는 사냥터 특유의 쫓고 쫓기는 급박한 흐름이 힘 있고 간결한 필치로 잘 표현된 경우이다. 놀라 달아나는 호랑이와 사슴, 말을 질주시키며 정면을 향해, 혹은 몸을 돌려 활시위를 당기려는 기마 사냥꾼의 자세는 물결무늬 띠를 겹쳐 표현한 산줄기에 의해 한층 더 속도감과 긴장감을 부여받는다. 강약이 조절된 필치와 짜임새 있는 구성 속에서 짐승과 사람, 산야의 어울림이 크고 생생한 울림이 되어 바깥으로 터져 나오는 듯하다.

화면 제일 위의 깃 장식 절풍을 머리에 쓴 인물은 빠르게 말을 달리면서 몸을 틀어 뒤로 돌린 채 한 쌍의 사슴을 향해 활줄을 한껏 당긴 상태이다. 아마 겨냥한 활시위를 놓는 순간이리라. 시위를 떠난 화살은 '윙'하는 울음소리와 함께 사슴의 목덜미에 정확히 꽂혔을 것이다. 화면에서 가장 크게 그려진 이 인물은 절풍의 깃도 많은 점으로 보아 무덤 주인

기마사냥(무용총).

기마사냥과 도보사냥(장천1호분).

임이 확실하다. 그가 사냥하려는 자색 사슴은 하늘에 제사하는 희생으로 쓸 참일 것이다.

물결처럼 흐르는 산줄기 아래, 화면 한가운데서 호랑이를 향해 화살을 날리는 말 위의 인물은 주인공보다 신분이 낮다. 이 인물이 머리에 쓴 두 깃 절풍이 이 사실을 확인시켜 준다. 제일 아래 묘사된 사냥꾼은 귀족이 쓰는 절풍을 사용하지 못하고 머리에 검은 두건을 썼다. 그가 이 사냥도의 등장인물 가운데 신분이 가장 낮음을 알 수 있다. 화면의 가장 아래에 있어 보는 이에게 가장 가깝지만, 오히려 가장 작게 그려진 것도 이 때문이다.

〈장천1호분〉의 사냥도도 내용이 풍부하고 다양하다. 왼편을 향하여 질주하는 3열 종대의 수렵대와 왼편 끝 나무동굴의 곁에서 오른편을 향하여 추적해 나가는 세 명의 사냥꾼, 사냥꾼들 사이로 놀라 황급히 달아나는 짐승들로 화면이 가득 채워졌다.

눈길을 끄는 것은 화면 왼편의 거대한 나무뿌리 아래 동굴이다. 가지와 잎이 무성한 자색 나무의 뿌리 아래 커다란 황색 동굴이 있다. 동굴 안 녹색 가지와 잎 사이에 검은 곰한 마리가 웅크리고 있다. 사냥을 둘러싼 현실 세계의 급박하고 거친 호흡과는 거리가 있는 모습이다. 사람과 짐승이 함께 꾸려 나가던 신화 세계의 한 장면을 떠오르게 한다.

동굴 바깥에서는 녹색의 커다란 멧돼지가 어깻죽지에 화살 한 대를 맞고 당황하여 어찌할 줄 모르며 급히 달아나는 중이다. 긴 창을 든 채 앞을 가로막고 버티고 선 도보사냥꾼을 발견한 멧돼지가 다시 놀라며 눈을 부릅뜨고 입을 크게 벌려 으르렁거린다.

〈약수리벽화분〉의 사냥도는 많은 몰이꾼을 동원한 대규모 사냥 광경을 잘 보여 준다. 화면 오른편에는 어깨에 활을 걸고 허리에 화살통을 찬 기마인 한 무리가 사냥터를 향해 달려온다. 8명의 기마인에 둘러싸인 한 사람의 기마인은 말도, 사람도 두드러지게 크게 그렸다. 이 기마인이 화면에 묘사된 기마사냥의 주인공임을 알 수 있다. 기마사냥꾼 무리 뒤를 큰뿔나팔을 불고 흔들 북을 연주하는 고취악사들이 따른다. 두 사람의 남자 무용수가 고취악에 맞추어 활기 있는 춤도 펼친다.

화면 가운데 위의 산과 골짝에서는 짐승몰이가 한창이다. 몰이꾼들이 소리를 질러 짐승들을 골짝 아래로 내려오게 하는 중이다. 화가는 세 겹선 좁은 반타원으로 산이 높고 골이 깊음을 나타냈다. 산봉우리에 솟은 나무로 숲이 울창하다는 사실도 알게 한다. 거목의 굵은 가지 사이에 새집도 놓여 있다.

골짝 아래 들판에서는 온갖 짐승의 사냥이 이루어지고 있다. 화면 왼편의 사슴 세 마리 가운데 뿔이 크고 화려한 수사슴은 이미 목 뒤에 화살을 박힌 상태이다. 호랑이 한 마리는 등에 화살을 맞은 채 산골짝 깊은 곳으로 달아나는 중이다. 기마 사냥꾼 하나가 이미 호랑이 뒤에 따라붙어 화살을 날리려 한다. 화면 한가운데 묘사된 기마 사냥꾼도 등에 화살을 맞고 달아나는 호랑이를 추격하고 있다. 검은 곰 한 마리도 호랑이와 같은 방향으로 달아나는 중이다. 화면 가운데 아래에 묘사된 기마 사냥꾼은 수사슴 한 마리를 뒤쫓고 있다. 이 사슴 역시 목덜미에 화살 한 대가 박혔다. 화면 왼

몰이사냥(약수리벽화분).

편 아래에서는 마부 두 사람이 앞뒤에서 안장과 다래, 방울까지 모두 갖춘 커다란 말 한 마리를 달래며 가는 중이다.

고구려 사람들이 사냥터에서 사용한 활은 뿔활[각궁(角弓)]이다. 소뿔이나 소뼈 여러 개를 이어 만든 활 채에 소의 심줄로 만든 줄을 건 것으로 고구려인이 쓰는 활이라는 뜻의 맥궁(貊弓)으로도 불렸다. 맥궁은 본래 말 위에서 사용할 수 있게 개발된 짧은 활의 일종이다. 말을 타고 달리거나 빠른 속도로 움직이며 활줄을 당겨야 하는 짧은 활은 화살이 날아갈 수 있는 거리가 짧다. 그런데 말을 타고 달리면서 화살이 멀리 날아가게 하는 활을 사용할 수 있다면? 고구려 사람들이 쓰던 맥궁이 바로 그런 활이었다.

고구려 사람들이 사냥을 나갈 때는 날아가면서 쇳소리를 내는 울림화살촉도 썼지만, 상처를 넓게 하며 많은 피를 흘리게 하는 도끼날 및 은행잎 형태의 화살촉을 주로 사용했다. 끝이 넓적한 화살촉을 맞은 짐승은 피를 흘리며 달아나더라도 오래 버티지 못하고 쓰러지는 까닭이다. 사냥터에서 기마 사냥꾼 곁을 따라 달리는 개에게는 화살을 맞고 달아나는 짐승을 뒤쫓는 일이 맡겨졌다. 비록 멀리 가지 못하더라도 짐승이 숲 속 바위 곁이나 나무 밑동에 쓰러져 있으면 말 위의 사냥꾼이 찾아내기는 어려웠기 때문이다.

기마궁술(덕흥리벽화분).

기마궁술(무용총).

기마사냥은 말을 달리게 하면서 화살을 쏘아 달아나는 짐승을 맞히는 일이다. 말도 잘 다루고 활도 잘 쏘아야만 가능하다. 고삐를 잡지 않고도 달리는 말 위에서 몸의 균형을 유지하며 활줄을 당기고 화살을 겨눌 수 있어야 한다. 말을 잘 타더라도 운동 감각이 뛰어나지 않으면 엄두도 내기 힘든 일이다. 말 타는 민족은 아이가 걸음마를 뗄 무렵이면 활을 가지고 놀게 하고 뒤뚱거리며 뛸 수 있을 정도면 말을 타게 한다는 이야기가 오랫동안 사람들의 입에 오르내린 것도 이 때문이다.

　말 타고 활쏘기가 쉽지 않은 데 말을 달리면서 몸을 뒤로 틀어 활을 쏘아 달아나는 짐승을 맞히기는 어렵다는 표현을 아예 넘어서는 일이다. '파르티안 샷'이라고 불리는 이런 기마궁술은 기마민족에게도 고난도의 기술로 여겨진다. 기마궁술에 능하여 파르티안 샷은 가능하더라도 백발백중은 꿈도 꾸기 어려울 수 있다. 고구려 백성들이 왕의 별명 주몽(명궁)을 본 이름으로 삼고 높이게 된 것도 저들의 시조 왕이 파르티안 샷으로도 백발백중이었기 때문인지 모른다.

　〈무용총〉 사냥도를 비롯하여 고분벽화의 사냥 장면에도 파르티안 샷은 자주 등장한다. 사냥에 나선 인물들이 기마궁술에 얼마나 빼어났는지 알리는 가장 좋은 방법이었기 때문일 것이다. 〈무용총〉 사냥장면의 주인공은 전형적인 파르티안 샷으로 달아나는 자색 사슴을 사냥한다. 앞만 보며 내달리는 말 위에서 몸을 90° 가깝게 뒤로 틀면서 활을 힘껏 당겨 살을 놓으려는 순간이 스냅사진처럼 화면에 잘 묘사되어 있다. 말이 내달리는 방향과 한 쌍의 자색 사슴이 달아나는 방향이 달라 사냥터의 속도감과 긴장감이 한껏 높아진 상태이다.

〈덕흥리벽화분〉 사냥도의 기마 사냥꾼도 달리는 말 위에서 몸을 틀어 활로 사슴을 겨냥한다. 사슴은 이미 목을 꿰뚫은 화살로 고통을 받는 상태이다. 주목되는 것은 말이 달리는 방향과 사슴이 뛰어 달아나는 방향이 같다는 사실이다. 기마 사냥꾼이 사슴에 쫓기는 듯한 형국이다. 기마 사냥꾼은 말을 타고 달리다가 뒤따라 달려오는 사슴을 향해 화살을 날리려 하고 말은 달리는 와중에도 고개를 틀어 주인의 화살이 사슴을 제대로 맞히는지 보려는 듯하다.

이 장면을 해학적인 표현으로 해석하기도 한다. 그러나 제대로 묘사된 파르티안 샷이 아닌 것은 확실하다. 말은 어떤 경우에도 달리면서 뒤를 돌아보는 일이 없는 까닭이다. 화가가 기마사냥에 대해 제대로 알지 못하거나 그림에 사용한 모본(模本, 본보기 밑그림)이 사실을 제대로 반영한 것이

고구려 각궁(무용총).

고구려 철제 화살촉(연천 무등리2보루 출토), 국립중앙박물관.

아니어서 일어난 일로 보아야 할 듯하다.

고구려에서 사냥은 제사에 쓰일 희생짐승을 준비하는 과정, 곧 제의 절차의 일부이기도 하였다. 고구려인에게 사냥으로 획득한 희생짐승은 살아 있건, 죽었건 사람과 하늘 사이를 잇는 교통수단이었다. 하늘과 사람 사이의 의사소통이 있어야 할 때, 고구려 사람들은 희생 제물을 마련하기 위한 사냥에 나서야 했다.

도보사냥이건 기마사냥이건 백발백중 활쏘기 능력이 뒷받침되어야 하는 사냥에서도 제일 포획하기 어려운 동물이 새였다. 꿩이건 기러기건 날아가는 새를 화살 한 발로 맞히는 사람이야말로 명궁이었다. 아마도 주몽 정도의 신궁이 아니면 어려운 일이다.

주몽이 이별할 때 차마 떠나지 못하니 어머니가 말하기를 "너는 어미 때문에 걱정하지 마라." 하고 오곡 종자를 싸 주어 보내었다. 주몽이 살아서 이별하는 마음이 애절하여 보리 종자를 잊어버리고 왔다. 주몽이 큰 나무 밑에서 쉬는데 비둘기 한 쌍이 날아왔다. 주몽이 "아마도 신모(神母)께서 보리 종자를 보내신 것이리라." 하고, 활을 쏘아 한 화살에 모두 떨어뜨려 목구멍을 벌려 보리 종자를 얻고 나서 물을 뿜으니 비둘기가 다시 소생하여 날아갔다.

-『동국이상국집』권3, 「동명왕편 병서」.

그러나 화살이 닿지 못할 정도로 높이 날아가는 새는 어떻게 잡을 것인가? 특정한 시기에 날아들고 떠나는 철새들은 새그물로는 잡기 어렵다. 새그물이나 화살을 대신하는 무엇이 있어야 하지 않을까? 살아 움직이는 화살을 쓰는 것은 어떨까?

〈안악1호분〉 벽화에는 사냥매로 꿩을 사냥하는 장면이 묘사되었다. 화면에는 머리에 챙이 넓은 패랭이를 쓴 기마 인물이 등장한다. 그는 빠르게 달리는 말 위에서 허리를 굽혀 몸을 앞으로 내밀면서 오른손으로는 챙의 한쪽 끝을 잡고 있다. 눈으로는 창공으로 날려 보낸 매를 뒤쫓고 있다. 사냥감이 된 까투리가 산봉우리 위를 향해 급히 날아간다. 그 뒤를 쫓는 매는 활짝 폈던 두 날개의 폭을 순간적으로 오므려 더 빨리 창공으로 치솟으려 한다. 매가 몸 뒤로 두 발을 빼낸 듯하나 깃털에 가려 보이지 않는다. 이제 다음 순간이면 매의 날카로운 발톱이 까투리의 목덜미에 박히리라.

〈장천1호분〉「백희기악도」동쪽의 커다란 과일나무 아래에도 매사냥 장면이 묘사되었다. 누런 바탕 검은 점무늬의

매사냥(장천1호분).

매사냥(삼실총).

소매 좁은 저고리와 녹색 바탕 검은 점무늬 통 좁은 바지 차림의 매사냥꾼이 걸어간다. 그의 오른쪽 팔뚝에 두른 검은 바탕 홍선무늬 토시 위에는 부리가 날카로운 사냥매가 앉아 있다. 매사냥꾼 왼쪽 키 작은 나무 너머로 까투리 한 마리가 머리를 약간 숙인 채 급히 날아간다. 사냥매 한 마리가 날개를 좌우로 크게 펼친 채 그 뒤를 쫓고 있다. 매는 두 다리를 뒤로 가지런히 젖혔다. 달아나는 까투리를 위에서 막 덮치려는 순간이다.

〈삼실총〉 벽화의 매사냥꾼은 왼쪽 팔뚝에 황색 바탕 검은 줄무늬의 토시를 두르고 그 위에 사냥매를 앉혔다. 사냥매의 목에는 세 줄 띠가 묘사되어 길든 맹금이라는 사실을 알게 한다. 매사냥꾼은 부지런히 말을 달리다가 한순간 매를 날아올린다. 주인의 팔뚝에서 날아오른 사냥매가 두 날개를 크게 펼치고 두 다리는 뒤로 젖힌 채 달아나는 까투리를 쫓는다. 까투리는 날개를 크게 퍼덕이며 급히 창공으로 솟구치는 중이다. 까투리의 급한 날갯짓에서 죽기 살기로 달아나는 생명의 절박함이 묻어 나온다.

고분벽화에서 매사냥은 일반 사냥과 구분되는 공간에 그려졌다. 이것은 고구려 사람들의 사냥에서 매사냥이 지니는 비중도 만만치 않았음을 의미한다. 무리를 이루어 진행되는 일반 사냥보다 매사냥은 사냥매와 매사냥꾼이 단출하게 진행한다. 그런데도 두 사냥 사이에 화면상의 비중은 크게 차이 나지 않는다. 매사냥의 무게감을 확인시켜 주는 부분이다.

매사냥의 주 대상은 꿩이나 오리 같은 야생의 새다. 이런 야생의 새를 하늘에 올리는 제의에 희생 제물로 쓰고 식탁에도 올린다면 이보다 좋은 일은 없을 것이다. 실제 기러기나 고니는 한국이나 일본에서 국가 제사에 올리는 귀한 제물 가운데 하나였다. 꿩은 왕의 식탁에 올라가는 중요한 식재료이기도 했다.

> 신라 태종무열왕의 식탁에는 늘 꿩이 여러 마리 올라갔다(왕은 하루에 쌀 서 말과 꿩 아홉 마리를 잡수셨는데 경신년(庚申年) 백제를 멸망시킨 후에는 점심은 그만두고 아침과 저녁만 하였다. 그래도 계산하여 보면 하루에 쌀이 여섯 말, 술이 여섯 말, 그리고 꿩이 열 마리였다.
>
> - 『삼국유사』 권1, 「기이」 1.

백제의 아신왕이나 신라의 진평왕은 매사냥을 즐긴 왕으로 잘 알려졌다. 특히 진평왕은 사냥 나가기를 지나치게 좋아하다가 충신 김후직이 죽어서도 이를 말리려 애쓴 일화로 유명하다. 고구려에도 매사냥에 매력을 느낀 왕이 있을수 있으나 기록으로는 전하지 않는다. 매사냥은 민간에서도 널리 행해져 백제의 법왕은 왕명으로 이를 금지하기도한다.

지금 왕께서는 날마다 미친 사냥꾼과 더불어 매와 개를 풀어 꿩과 토끼들을 쫓아 산과 들을 빨리 달리기를 스스로 그치지 못합니다. 노자(老子)는 '말 달리며 사냥하는 것은 사람의 마음을 미치게 한다'고 하였고, 『서경(書經)』에 '안으로 여색을 일삼든지밖으로 사냥을 일삼든지, 이 중에 하나가 있어도 혹 망하지 아니함이 없다.' 하였습니다. 이로 보면, 안으로 마음을 방탕히 하면밖으로는 나라가 망하게 되니, 반성하지 않을 수 없습니다. 왕께서는 이를 생각하십시오"라고 하였다. 왕이 따르지 않았다.

-『삼국사기』 권45, 「열전」 5.

그가 한성의 별궁에서 태어났을 때 신비로운 광채가 밤을 밝혔다. 그가 장성하자 의지와 기풍이 호방하였으며, 매사냥과 말타기를 좋아하였다.

-『삼국사기』 권25, 「백제본기」 3, 아신왕 1년 11월.

다른 날에 왕이 먼 길을 떠나 반쯤 갔을 때 멀리서 소리가 나는데, "가지 마시오!" 하는 것 같았다. 왕이 돌아보며 "소리가 어디에서 나는가?"라고 물었다. 시종하던 사람이 "저것은 이찬 후직의 무덤입니다"라고 하면서 후직이 죽을 때 한 말을 전하였다. 왕이 눈물을 줄줄 흘리며 "그대의 충성스러운 간함은 죽어서도 잊지 않으니, 나를 깊이 아끼는구나. 끝내 고치지 않는다면 살아서나 죽어서나 무슨 낯이 있겠는가?"라고 하였다. 마침내 다시는 사냥을 나가지 않았다.

- 『삼국사기』 권45, 『열전』 5.

원년 겨울 12월에 살생을 금하고, 민가에서 기르는 매와 새매를 놓아 주고, 고기 잡고 사냥하는 도구들을 태워 버리라는 명령을 내렸다.

- 『삼국사기』 권27, 『백제본기』 5, 법왕 원년 12월.

고대 동아시아에서 사냥매를 선물하는 것은 국가 사이의 우호를 다지고 왕과 백성 사이를 가깝게 하는 일이었다. 숙신은 고구려에 흰 매를 보냈고, 백제는 신라와 일본에 매를 보냈다. 통일신라에서는 당나라에 사냥매에 쓰이는 도구와 매와 관련된 장식물 16종을 선물로 보냈다.

9년(869) 가을 7월에 왕자 소판 김윤(金胤) 등을 당나라에 보내 은혜에 감사하였다. (중략) 매 모양 금제 사슬을 돌려 매달아 무늬를 아로새긴 붉은 칼 전대 20부(副), 새로운 양식의 매 모양 금제 사슬을 돌려 매달아 무늬를 아로새긴 오색 칼 전대 30부, 매 모양 은제 사슬을 돌려 매달아 무늬를 아로새긴 붉은 칼 전대 20부, 새로운 양식의 매 모양 은제 사슬을 돌려 매달아 무늬를 아로새긴 오색 칼 전대 30부, 새매 모양 금제 사슬을 돌려 매달아 무늬를 아로새긴 붉은 칼 전대 20부, 새로운 양식의 새매 모양 은제 사슬을 돌려 매달아 무늬를 아로새긴 붉은 칼 전대 30부, 새매 모양 은제 사슬을 돌려 매달아 무늬를 아로새긴 붉은 칼 전대 20부, 새로운 양식의 새매 모양 은제 사슬을 돌려 매달아 무늬를 아로새긴 오색 칼 전대 30부, 금꽃 모양 매방울 2백 과(顆), 금 꽃 모양 새매방울 2백과, 금으로 새겨 넣은 매 꼬리통 50쌍(雙), 금으로 새겨 넣은 새매 고리통 50쌍, 은으로 새겨 넣은 매 꼬리통 50쌍, 은으로 새겨 넣은 새매 꼬리통 50쌍, 매 장식 붉은 아롱무늬 가죽 1백 쌍, 새매 장식 붉은 아롱무늬 가죽 1백 쌍, 보석을 박아 넣은 금 바늘통 30구(具), 금 꽃을 새긴 은 바늘통 30구, 바늘 1천5백 개 등을 받들어 올렸다.

- 『삼국사기』 권11, 「신라본기」 5, 경문왕 9년 7월.

한국의 사냥매는 고구려 영역이었던 지금의 함경도와 평안도 산골짝에서 붙잡아 훈련한 송골매를 으뜸으로 쳤다. 매의 다리에는 오늘날 젓갈끈이라고 불리는 가죽끈을 매 움직이는 것을 통제했다. 꽁지깃이나 발목에는 매방울을 달아 매가 어디로 날아가는지 가늠했다. 매 꽁지에는 주인 이름을 새긴 얇은 뼈를 달아 두기도 했는데, 이를 시치미라고 한다. 고구려 매사냥의 전통은 남북국시대로 이어지고, 고려와 조선에도 영향을 끼쳤다. 더욱이 고구려 매사냥의 전통은 현대에도 계승, 유지되고 있다.

5장
한류,
K-Culture의 원형

2018 평창 동계올림픽 개막식과 폐막식에는 고구려의 춤, 벽화의 사신과 '인두조'부터 'K-Pop', 한국 ICT를 기반으로 한 각종 'Smart-Show'가 다 선보였다. 압권은 겨울 강추위를 이겨낸 수백 명 자원 봉사자들의 집단 춤과 합창이었다. 행사 진행 시간 내내 강약 완급을 조절하며 춤추면서 고전부터 현대까지, 아리랑부터 강남스타일까지 수십 곡의 노래를 불렀다.

이와 마찬가지로 고구려의 동맹은 축제마당이었다. 제의와 판결, 놀이가 한 마당에서 이루어졌다. 한쪽에서는 국가 중대사를 놓고 회의가 열리고 다른 한쪽에서는 시장판이 벌어져 온갖 물건이 선보이고 거래되었다. 시장 곁에서

2018 평창동계올림픽 개막식 장면: 고구려 고분벽화의 인두조와 무용수(사진, 연합뉴스).

는 놀이판이 벌어졌다. 동맹은 고구려 사람들의 한 해 삶을 뭉뚱그려 정리하며 내일을 기약하는 자리였다. 어우러지고 섞이며 감사와 격려를 나누는 자리였다.

고구려 사람들의 온갖 놀이, 춤과 노래, 재주와 운동은 700년 동안 계속된 고구려 역사, 문화의 동력원, 생명샘이었다. 동맹축제 때의 춤과 노래가 나라 안을 하나로 묶었고, 일상 속의 놀이와 운동이 오늘을 넘어 내일을 보게 했다. 경당의 아이들은 글 읽는 틈틈이 활을 쏘며 내일을 위해 스스로를 다그쳤고, 골짝 밭 갈던 젊은이들은 수박희로 몸을 단련하며 고구려군의 항오에서 뽑혀 나와 큰 사람 될 날을 꿈꿨다.

고구려의 음악은 비류국의 북과 나팔로 고취악의 기본을 갖추는 데서 시작된다. 명궁 주몽이 졸본 땅 한 귀퉁이에 고구려라는 새 나라의 씨앗을 심자 곧바로 나라의 위의(威儀)를 보여 주고 전사들의 사기를 돋우는 고취악도 준비되었던 셈이다. 중국의 한나라도 고구려에 고취기인을 보내 고취악이 발전할 수 있도록 도왔다. 고구려 기마전사들이 남으로 말발굽을 돌려 낙랑에 이르자, 당시 중국 한 군현에서 사용되던 악기들과 음악을 만나게 되었고 이것으로 인해 고구려 음악이 더 풍성해지게 된다. 〈안악3호분〉 대행렬에 등장하는 고취악대는 4세기 중반 100명 정도의 악사로 악대를 꾸릴 수 있었던 고구려 고취악의 당시 상황과 수준을 잘 보여 준다.

이후 고구려의 관현악은 중국 위·진과의 교류를 계기로 이전보다 활성화되었다. 위·진시기에 선호된 완함 연주는 동아시아에 불교 신앙이 퍼지면서 불교 음악의 주요한 부분이 되어 더 유행하게 되었다. 〈안악3호분〉 실내악 연주 장면에 처음 등장하는 완함이 5세기 고구려 고분벽화에서 주로 하늘세계 사람들이 연주하는 악기로 모습을 보이는 것도 이런 흐름과 관련이 깊다. 또한 5세기 고분벽화에는 현금이 연주되는 장면도 자주 보이게 된다. 관현악도 고구려 음악에서 주요한 갈래로 자리 잡게 되었음을 알 수 있다.

관현악이 퍼지고 선호되면서 고구려의 춤은 세련미를 더하게 된다. 긴소매를 너풀거리면서 팔과 다리를 부드럽게 굽혔다 펴 새의 날갯짓을 떠올리게 하는 고구려의 긴소매 춤은 동아시아 여러 나라에 알려졌다. 이 춤은 주로 완함이나 거문고 연주에 맞추어 춤사위가 펼쳐졌다. 5세기 고분벽화에 자주 묘사되는 춤사위도 긴소매 춤이다.

고구려가 동아시아 4강의 한 나라가 되고 동북아시아의 패권을 잡은 나라가 된 5세기에는 서아시아와 중국의 다양한 문물이 고구려에 소개되고 수용된다. 서역의 음악과 춤, 노래가 고구려에 받아들여져 고구려 문화의 일부가 되는 것도 이 시기이다. 물론 불교문화 일부가 된 서역문화가 고구려에 들어오기 시작하는 시기는 4세기 전반부터이다.

서역에서 기원한 호선무는 고구려에 전해진 뒤 고구려

문화의 한 요소로 재창조되어 중국과 일본에 알려졌다. '장보악'이나 '길고' 같은 무악도 본래 서역의 것이다. 이것이 고구려 음악으로 소화되어 신라를 거쳐 일본으로 전해진 까닭에 일본에서는 고구려 음악으로 분류되었다. 〈장천1호분〉「백희기악도」에 보이는 원숭이가면 놀이도 외래문화가 고구려에 수용되어 소화되는 과정을 보여 준다. 벽화가 제작되던 시기에 고구려 땅에는 원숭이가 살지 않았다!

5세기 고구려 고분벽화에는 중앙아시아나 중국, 심지어 서아시아에서 유래한 문화요소가 자주 선보인다. 아직 고구려 사람에게는 낯선 외래의 것 그대로 벽화에 묘사된 경우도 있고, 고구려의 손맛이나 눈길이 더해진 상태로 표현된 사례도 있다. 그러나 어떤 것이든 시간이 흐르면 고구려 것이라는 느낌을 받도록 수정되고 새로워진다. 수용, 소화, 재창조라는 고구려식 문화 소화법이 적용된 뒤의 모습인 까닭이다. 그렇게 고구려 문화의 한 부분이 된 것이다.

고구려의 악기, 춤, 노래, 놀이 가운데 고유의 것도 많으나 외래의 것도 적지 않은 것은 고구려 사회가 바깥 세계의 사람과 문화에 개방적이었기 때문이다. 고구려 사회는 늘 열려 있어 새로운 것이 들어와 자리 잡는 데에 어려움이 없었다. 다만 시간이 지나면 고구려 색이 더해지고 고구려 맛이 녹아들어 가야 했다. 고구려 것이 되어야 했다. 고구려 문화의 개별 요소에서 개성과 보편성을 동시에 찾을 수 있는 것도 이 때문이다.

고구려 문화의 각 요소에는 전통성과 창조성, 개성과 보편성, 지역성과 세계성 등등 서로 다른 가치와 성격이 공존하는 경우가 많다. 이런 서로 다른 성향이 갈등과 마찰을 일으키지 않고 잘 어우러지고 녹아들면 예상한 것보다 높은 시너지 효과를 낼 수 있다. 작은 마당의 것이 큰 마당에서도 받아들여져 누구나 기뻐하며 자기의 것으로 삼을 수 있다.

올림픽 개막식에서도 선보인 'K-Pop'은 외래의 것에 한국의 흥과 신명이 더해 만들어진 현대 한국의 새로운 창조물 가운데 하나이다. 호선무가 고구려 고유의 춤이 아님에도 고구려를 대표하는 춤의 하나가 된 것과 비슷하다. K-Drama 역시 한국의 탈춤놀이나 판소리 마당에서 비롯된 것이 아니다. 그러나 한국의 역사를 콘텐츠로 삼은 '주몽'이나 '대장금' 시리즈는 아시아를 흔들고 유럽과 중남미에서도 호응을 받은 대표적인 K-Drama 작품이다. 역사 콘텐츠가 현대의 드라마 기법과 만나 새로운 창조물로 거듭났고 국제적으로 받아들여진 경우이다. 서역 악기로 중국에서 개량된 완함이 고구려의 긴소매 춤 반주 악기로 널리 쓰이고, 춤과 연주 모두 이 동아시아에서 크게 인기를 끌었던 것과 비교될 수 있지 않을까?

태권도는 고구려에서 기원하여 현대 한국으로 이어지고, 고구려 사람에게서 현대 한국 사람에게로 전해져 세계라는 큰 무대에서 호응을 받는 운동 종목의 하나다. 태권도의 기원으로 알려진 수박희라는 격투기를 발전시킨 나라는 고구려뿐이 아니다. 수박희는 고대 및 중세 동아시아 여러 나라에서 유행한 몸싸움 기술이다. 중국은 이 격투기를 바탕으로 손기술에 무게를 둔 쿵푸를, 일본은 가라테를 창안하고 계승시켰다. 한국은 발기술 중심의 택견, 태권으로 발전시켜 전 세계에 보급했다.

활쏘기에 숨겨진 높은 집중력과 섬세한 감각 역시 흥과 신명이 바탕에 깔렸다. 흥과 신명은 춤과 노래뿐 아니라 놀이와 운동, 종교와 신앙, 예술 등등 고구려 문화 산물 전반에 보이는 정신적 씨줄이고 날줄이다. 명궁 주몽을 시조로 삼는 고구려 사람들이 아이 때부터 글 읽기와 활쏘기를 함께 배웠음은 잘 알려진 사실이다. 오늘날 한국의 양궁이 수십 년째 올림픽과 세계선수권을 제패하면서 국제 스포츠계의 불가사의가 된 것도 시작은 고구려가 아닐까?

고구려의 사냥매가 뛰어나다고 동아시아 여러 나라에서 이를 얻거나 구하려고 애썼다는 기록은 남아 있지 않다. 그러나 고구려의 후신을 자처했던 고려와 그 뒤를 이은 조선은 이웃 나라들의 사냥매 요청에 내내 시달렸다. 고구려 땅에서 나던 빼어난 사냥매 때문이다.

　수십 년 동안 계속된 전쟁 끝에 고려를 제압한 원나라는 곧바로 고려에 사냥매를, 그것도 매 중의 매라는 송골매를 보내 달라고 한다. 고려는 할 수 없이 사냥매 전담 기관인 '응방(鷹坊)'을 설치하여 오늘날의 함경도와 평안도 일대에서 사냥매를 구해오게 한다. 조선시대에는 명나라뿐 아니라 일본에서도 사냥매 요청이 들어와 관리들이 골머리를 앓게 된다. 중국이나 일본에도 사냥매는 있으나 한국의 사냥매만큼 꿩이며 기러기 사냥에 능하지는 않았던 까닭이다. 옛 고구려 땅, 함경도와 평안도에서 나는 송골매는 귀하고 가치도 높아 조선시대에 이 매를 나라에 바친 사람에게는 상으로 벼슬도 주었다. 사냥매가 고구려 사람들의 후손들에게 산으로 들로 훈련할 매를 구하러 다니게 만든 셈이다.

　오늘날 한류의 범주에는 드라마와 음악뿐 아니라 화장품(K-Beauty), 영화, E-Sports를 비롯한 각종 놀이, 채식 위주의 한식 음식문화도 포함되거나, 되고 있다. 한옥이며 온돌과 같은 주거문화, 한복을 중심으로 한 의복문화, 전통과 현대가 어우러진 미술문화도 오래지 않아 한류의 한 가지로 인식될 가능성이 크다. 물론 한류의 시작은 고구려의 수박희에서 비롯된 태권도다.

오늘날 한국문화의 바탕을 이루는 의식주와 놀이문화가 제 모습을 갖추어 드러나기 시작하는 시기는 삼국시대이다. 삼국 가운데 가장 먼저 문화의 틀을 짜고 그 안에 내용을 풍부하게 채워 넣은 나라는 고구려다. 그런 고구려 문화의 성격과 내용을 당대에 찍은 영상물처럼 보여 주는 유적이 고분벽화다. 고분벽화에 묘사된 고구려 사람의 놀이와 의식주에서 고구려 문화와 현대 한국문화 사이에 한류 원형의 성립과 계승, 발전이란 역사의 길이 놓여 있음을 확인할 수 있다. 이처럼 고구려 사람의 음악, 놀이, 운동은 한류 'K-Culture'의 첫걸음이었다.

고구려는
어떤 나라인가?

고구려 역사

기원전 1세기 중엽, 부여에서 한 무리의 사람들이 남쪽으로 내려와 비류수 유역에 이르렀다. 졸본부여의 왕은 이 무리를 이끌고 온 인물이 부여왕실 출신이며, 뛰어난 활 솜씨로 '주몽'이라는 별명을 얻은 바로 그 사람이라는 사실을 알게 되었다. 왕은 주몽을 왕녀 소서노와 결혼시키면서 주몽 일행이 졸본천 근처에 자리를 잡는 것을 허락하였다. 오래지 않아 주몽은 졸본 왕의 자리에 오른다.

'큰 나국'이라 불리던 구려 땅의 다섯 세력이 졸본의 '주몽왕'을 새 나라의 왕으로 추대하였다. 나라 이름은 고구려! 주몽 왕은 한 해 한 번씩 온 나라가 하나로 어우러지는 큰 모임, 큰 만남의 장, '동맹제'를 구상하고 열었다. 늦가을 정기적으로 개최되는 '동맹' 때에는 고구려의 모든 귀족과 대

기마궁술을 보이는 기사(무용총)

인이 한자리에 모여 나라의 중대사를 의논하고 결정하였다.

주몽왕의 뒤를 이은 유리명왕(琉璃明王)은 기원 3년 졸본을 떠나 '국내'로 서울을 옮겼다. 방어에도 적합하고 압록강을 이용한 교통상의 이점도 안고 있는 국내성을 서울로 삼은 뒤 고구려는 다시금 적극적인 대외정복에 나선다. 대무신왕(大武神王)은 즉위하자 시조 주몽을 모시는 동명왕묘(東明王廟)를 세워 민심을 하나로 모으고 동부여 원정군을 일으킨다. 호동왕자의 활약으로 남방의 낙랑국이 정복된 것도 대무신왕 때의 일이다.

6대 태조왕(太祖王)은 대외정복활동을 더욱 강력하게 추진하여 고구려군이 동쪽으로는 개마고원을 넘어 동옥저와 북옥저로 나가게 했다. 서쪽으로는 현도군과 요동군의 도시들에 말발굽이 미치게 한다. 태조왕 대부터는 계루부 고씨가 왕위를 잇게 된다.

2세기 말에는 정복전쟁 등과 관련하여 국가로부터 자주 부역에 동원되거나, 공납물을 마련하느라 살기 어려워진 사람들, 천재지변 등으로 농사를 망쳐 유랑 걸식하게 된 사람들이 많아졌다. 고국천왕은 봄에 곡식을 빌려주었다가 한 해의 추수가 끝나면 갚게 하는 '진대법'의 시행을 명한다.

3세기에 중국이 다시 분열되자 동천왕(東川王)은 요동으로의 진출을 모색하였다. 중무장한 철기(鐵騎) 5천을 동원할 수 있을 정도로 강력한 나라가 되었으니 요동 정복도 시도할 만하다는 생각이 들었던 까닭이다. 242년 고구려는 서안평(西安平)을 공격하지만, 오히려 위(魏)의 장수 관구검(毌丘儉)의 역공을 받아 국내성과 환도산성이 함락된다. 동천왕과 귀족들은 동해안의 북옥저까지 달아나야 했다.

317년 서진(西晉)이 멸망하고 북중국이 크게 혼란스러워졌다. 5호(胡)16국(國)시대가 시작된 것이다. 미천왕(美川王)은 이 틈을 타 낙랑과 대방을 정복하고 송화강(松花江) 유역의 부여도 병합하였다. 미천왕 시대에 이르러 한반도 서북의 곡창지대와 송화강 유역의 대평원이 모두 고구려의 영역이 되었다.

342년 전연의 모용황이 크게 군대를 일으켜 고구려를 공격해 왔다. 고국원왕은 부여를 지키는 데에는 성공하지만, 국내성을 지키는 데에는 실패한다. 고구려는 서쪽이 막히자 남쪽으로 영역을 넓혀 나가기로 하였다. 그러나 369년 현재의 황해도 남부까지 내려갔던 고구려군은 북쪽으로 올라오던 백제군과 맞닥뜨린다. 백제의 북방 정벌군은 고구려군을 패주시키며 평양성까지 치달아 올라온다. 진두에 나서 이를 막던 고국원왕은 백제군의 화살에 맞아 전사하고 만다.

고국원왕의 뒤를 이어 왕위에 오른 소수림왕은 시대와 국력에 걸맞은 옷을 만들어 입히지 않으면 안 된다고 판단하였다. 서방의 문화와 철학, 종교가 하나로 버무려진 불교가 372년 고구려에 공식적으로 수용되었다. 나라 운영을 책임질 관료를 양성하기 위한 고급교육기관인 '태학'도 세워졌다. 왕조의 통치제도를 법률적으로 정비한 율령이 반포된 것도 소수림왕 초기의 일이다. 소수림왕의 뒤를 이은 고국양왕은 나라 사람들에게 불교를 잘 믿어 복을 받으라고

철기가 호위하는 행렬(덕흥리벽화분).

기마전투(삼실총).

하면서 왕실의 조상신들을 모신 사당을 정비하게 하였다. 귀족 가문들이 더는 천손(天孫)을 자처하지 못하게 한 것도 이 무렵의 일이다.

18세의 나이로 왕위에 오른 고국양왕의 아들 담덕왕자, 광개토대왕은 곧바로 군사를 이끌고 백제 공격에 나선다. 한강 하류의 요새 관미성을 함락시킨 데 이어 한성마저 포위하자 백제 아신왕은 '앞으로 길이 고구려를 섬기겠다'는 맹세를 하고 많은 인질을 넘겨준다. 400년 광개토왕의 군대는 가야와 왜 연합군을 궤멸시키고 가락국의 본거지(김해)를 쑥밭으로 만든다. 뒤이어 요하 동쪽과 서쪽을 차지하고 있던 후연에 대한 정벌을 시작한다.

22년에 걸친 재위기간 동안 광개토왕은 고구려를 동아시아의 진정한 강자로 여겨지게 하였다. 광개토왕 시대의 고구려군은 서북으로는 대흥안령산맥 동쪽 거란사람들의 유목지대에 이르렀고 서로는 요하를 넘었다. 동으로는 동만주의 삼림지대를 지났고 남으로는 한강과 낙동강에 다다랐다.

이 시대에 고구려군이 사용한 철제 무기들은 주변 경쟁국 병사들이 쓰던 것보다 여러 면에서 질이 좋고 우수했다. 한강변 구의동 보루에서 발굴된 고구려군의 화살촉과 도끼는 초강(炒鋼)을 소재로 만들어졌으며, 탄소 함량이 0.86%에

달하는 고탄강(高炭鋼)으로 오늘날의 공구강 수준에 맞먹는 강도를 지닌 것으로 밝혀졌다.

413년 왕위에 오른 장수왕은 427년 평양으로 고구려의 수도를 옮겼다. 436년, 북위군과 고구려군이 북연의 수도 용성(화룡성)에서 마주치는 사태가 일어났다. 이때, 북연왕 풍홍의 구원 요청을 받아들여 용성을 향해 진군했던 2만의 고구려군은 북위군보다 먼저 성안으로 들어가 왕과 귀족, 일반인들로 구성된 대규모 망명행렬을 이끌고 성을 나왔다. 고구려군의 위세에 압도된 북위군은 이 행렬을 저지하지 않았다. 장수왕 시대에 동아시아에는 고구려, 유연, 남조, 북조로 이루어진 4강 중심의 국제질서가 자리 잡게 되었다. 동북아시아는 고구려의 세력권으로 국제적 공인을 받았다.

장수왕의 시대에도 고구려의 영역은 계속 확장되었다. 동몽골과 만주의 경계지대에서 목축생활을 하던 지두우 땅의 동부가 고구려에 합쳐졌고, 한강 이남의 경기지역 일부가 고구려 영토로 편입되었다. 백제는 한강유역을 빼앗기고 공주(웅진)로 수도를 옮겼다.

동아시아 4강 체제 성립 이후, 영토 확장을 위한 정복전쟁이 멈추자 고구려에서는 중앙과 지방의 고위관직을 두고

광개토왕릉비(중국 지린성 지안, 1920년대).

광개토왕릉비 탁본 1면.

지배세력 안에서 갈등이 일었다. 귀족들 사이의 다툼은 결국 왕위계승에도 영향을 주었다. 수도 평양에서만 2천여 명의 사상자를 내는 왕위계승전쟁이 일어났고, 유사한 현상이 왕위계승 때마다 되풀이되었다.

평원왕이 즉위할 즈음 고구려의 귀족들은 세력의 강약에 따라 합의를 통해 최고위직인 대대로를 맡는 자를 정하고 관직도 나누는 귀족 연립체제에 합의하였다. 고구려는 일단 대내적 안정을 얻을 수 있게 되었고, 외부로부터의 압박에 적절히 대응할 여유도 가질 수 있게 되었다.

589년 수가 중국을 통일하자 고구려를 압박하기 시작했다. 결국, 두 나라는 여러 차례 전쟁을 치른다. 전쟁 패배의 후유증으로 수가 멸망하자 뒤를 이은 당도 동방에 눈을 돌렸다. 고구려는 연개소문의 집권 이후 645년부터 당나라와 전쟁과 화의를 거듭하며 충돌한다.

660년 백제가 멸망하자 신라군이 당군을 위한 군량을 싣고 남쪽으로부터 북쪽의 평양을 향할 수 있게 되었다. 668년 9월 마침내 평양성이 포위되었다. 1개월 뒤 보장왕은 연개소문의 아들 남산으로 하여금 성에서 나가 적장에게 항복의 예를 올리게 한다. 700년에 걸친 고구려의 역사가 마침표를 찍은 것이다.

고구려 사회의 신분과 제도

고구려는 혼강과 압록강 유역의 유력한 나국들이 모여 나라가 되었다. 건국 전부터 고구려 사회는 '가(加)'로 불리는 지배층과 '민'으로 일컫는 피지배층으로 나뉘어 있었다. 가는 다시 대가(大加)와 소가(小加)로, 민은 호민(豪民)과 하호(下戶)로 나뉘었다. '가'는 머리에 절풍(折風)이라는 모자를 써 일반 백성과는 신분이 다르다는 사실을 나타냈다. 대가는 절풍에 새 깃을 꽂았고 소가는 절풍에 깃 장식을 할 수 없었다.

고구려가 주변의 크고 작은 나라들을 정복하여 나라의 크기를 키우면서 지배층의 수도 늘고 지배층 안에서도 위아래 구분이 더 나뉘었다. 나국이나 힘이 있던 소국의 지배자들은 고구려왕의 신하이면서 자신의 영토, 군대가 있고 사자, 조의, 선인 같은 신하가 있었다. 그러나 그렇지 않은 사람들은 국왕으로부터 상가, 대로, 패자, 주부, 우태라는 벼슬을 받는 중앙귀족이 되었다.

4세기에 들어서자 고구려는 나라의 영역이 더 넓어졌고 왕의 권력도 더욱 강해졌다. 귀족들의 수도 크게 늘었으며 벼슬 등급도 더 자세히 나뉘었다. 연장자를 뜻하는 '형(兄)', 심부름꾼의 명칭이던 '사자(使者)' 관등이 세분된 것도 이때의 일이다.

대형과 소형으로만 나뉘었던 형계 관등은 5세기에는 태대형, 위두대형, 대형, 소형과 제형으로 세분되었다. 대사자, 소사자로만 나뉘었던 사자계 관등도 태대사자, 대사자, 소사자, 상위사자로 구분되었다. 6세기경 고구려에는 1등급인 대대로부터 12등급인 선인까지 모두 12등급 정도의 관등이 존재했다.

　고대사회에서 관등은 신분의 한계를 정하는 수단인 동시에 대대로 계승되었다. 고구려에서도 마찬가지였다. 그런 까닭에 국가의 중대사는 1등급인 대대로부터 5등급인 위두대형까지의 귀족들이 관장했다. 신라 골품제에서 진골과 6두품 사이에 엄격한 경계선이 있었고 백제에서는 대성 8족이 고위 관직을 독차지했듯이 고구려에서도 6등급 이하 귀족들은 최상층 귀족의 세계에는 접근할 수 없었다.

　고구려는 주변의 작은 나라들을 정복하면 크기에 따라 성으로 삼거나 읍, 곡, 홀로 삼았다. 이때 왕, 주, 군, 후로 불렀던 그 땅의 지배자들은 고구려왕의 관리가 되어 그 땅에 남았다. 고구려왕의 권력이 더욱 강해진 뒤에는 성이나 읍의 지배자는 서울로 오고 중앙정부에서 태수, 재 등으로 임명된 관리들이 그 자리로 내려갔다.

　고구려가 제국의 수준에 이르는 5세기 즈음에는 지방 행정체제도 세분되고 관직 이름도 달라졌다. 6세기에는 이전의 5부에 해당하는 큰 행정단위의 행정 및 군사 책임자를 '욕살'이라 불렀다. 지방의 큰 성은 '처려근지', 중간 크기의 성은 '가라달', 작은 성은 '누초'가 행정을 책임졌다. 큰 성의 군사 책임자는 '대모달', 작은 성의 군사책임자는 '말객'이라 불렀다.

고구려는 건국 이후 국가의 중요한 정치적 문제는 5부 귀족을 대표하는 대가들과 왕실의 주요 인물들로 구성된 제가평의회에서 다루었다. 이 모임에서는 왕위계승, 주요 관직 등용 대상자 추천, 국가 반역자의 처벌 등의 문제가 논의되었다. 그러나 6세기 말 대대로 중심의 중앙집권 관료제도가 자리 잡자 제가평의회는 더는 열리지 않게 되었다.

6세기 말부터 고구려에서는 각각의 귀족집단을 대표하는 막리지들이 모여 대대로를 선출했고 이 대대로가 국정을 마음대로 했다. 대대로는 3년에 한 번씩 막리지 중심 귀족 회의를 통하여 선출되었다. 막리지들이 모인 귀족회의에서 대대로를 누구로 할지 합의가 이루어지지 않으면 귀족들 사이에 사병을 동원한 전투가 벌어졌다. 이때에는 왕도 궁문을 닫아걸고 결말을 기다려야 했다. 이렇듯 귀족들의 권한이 막강한 시기를 '귀족연립시대'라고 한다.

장방 안에 앉아 신하의 보고를 받는 귀족(안악3호분).

유수13군 태수의 유수자사 배례(덕흥리벽화분).

고구려 사람의 일생

한국인의 조상은 예맥족과 한족이다. 예맥족은 기원전 10세기 이전부터 만주 남부와 한반도 북부를 생활무대로 삼았고 한(韓)족은 주로 한반도 중부와 남부에 살았다. 예맥족이 고조선과 부여를 세웠고 한족이 세운 작은 나라들은 진이라고 불렸다. 부여 사람 가운데 압록강 유역에 정착한 사람들은 저들이 쌓은 '성'을 가리키는 '구려 사람'으로 일컫게 되었다. 고구려는 이들 구려 사람들이 힘은 모아 세운 부여계 나라이다.

목축을 주로 하고 수렵을 보조로 삼았던 부여 사람들과 달리 산간계곡과 그 사이의 좁은 들판이 삶의 터전이었던 고구려 사람들은 수렵과 농경으로 생계를 꾸렸다. 이런 까닭에 고구려 사람들은 매사에 강인하고 적극적이었다. 고구려 남자들이 중국의 한족으로부터 빠르고 거칠다는 평을 들었던 것도 이 때문이다.

고구려는 일부일처제 사회였지만 왕은 왕비 외에 여러 명의 후궁을 거느렸다. 상류 귀족 중에는 부인이나 첩을 둘 이상 거느리는 이도 있었다. 한 집에는 보통 부부와 그들의 자녀 두세 명이 함께 살았다. 혼인한 딸의 가족도 별채에서 지내는 경우가 많았다.

고구려에서는 자식의 부모에 대한 효도와 복종, 형제간에는 우애가 강조되었다. 어린 자녀들에 대한 기본 교육은 가정 내에서 이루어졌다. 혼인하기 전까지 사내아이들은 '경당'에 나가 독서와 활쏘기 등을 교육받았다.

　결혼은 부모나 친족들이 상대방의 부모나 친족들과 약속하는 방식으로 이루어졌다. 결혼식은 신랑이 저녁에 신부 집 문 앞에 와 자기 이름을 말하고 신부의 부모가 있는 곳을 향해 큰절한 뒤 신부와 함께 지내게 해 달라고 조르는 것으로 시작된다. 조르기를 그치지 않으면 신부의 부모는 신랑을 집 안으로 들인다. 이때 신랑은 준비해 온 돼지고기와 술을 들고 안으로 들어간다. 다른 예물은 없다. 신부 집에서 신랑 집으로부터 재물을 받기라도 하면, 이웃으로부터 딸을 노비로 파는 집이라며 흉잡히고 멸시당했다.

　한바탕 잔치를 치른 뒤 신랑은 신부와 함께 '서옥(婿屋)'으로 들어가 첫날밤을 보낸다. 서옥은 약혼한 다음 신부 집에서 별도로 지어 둔 작은 집이다. 결혼한 부부는 이곳에서 아이를 낳고, 아이가 다 자랄 때까지 살다가 친가로 돌아갔다. 처갓집 서옥에 머무르는 동안 남편은 사냥도 하고 부역도 나가면서 부지런히 처갓집 일을 돕는다.

　새 가정을 이루고 처가살이를 하는 관습은 한국 고유의

풍습이기도 하다. 고려시대에도 신혼 때부터 처가살이했고 조선시대에도 마찬가지였다. 신부가 아이를 낳을 때는 친정으로 돌아갈 뿐 아니라 아이가 태어나 돌 지날 때까지 친정에 머물렀다. 당연히 사위도 처가에 들어가 살았다. 18세기 후반까지 처가살이는 조선의 사대부 집안에서조차 당연시되었다. 처가살이하면서 처가의 제사를 잇는 사대부도 적지 않았다. 고구려에서는 결혼할 때에 신랑·신부의 수의(壽衣)도 만드는 관습이 있었다. 함께 늙고 세상도 함께 뜨자는 뜻, 곧 오래오래 부부로 살자는 의미를 담은 아름다운 관습이다.

고구려에서는 형이 죽으면 아우가 형수와 조카들을 자기 가족으로 받아들여 돌보았다. 이를 형수를 아내로 삼는다 하여 '형사취수제'라 하였다. 환경이 척박하고 기근과 전쟁이 잦은 곳에서는 형제가 여럿이라도 가문의 대를 잇기가 쉽지 않다. 형사취수제는 이런 사회에서 자연스럽게 나타나는 관습이라 할 수 있다. 고국천왕의 왕비 우씨가 왕이 죽자 시동생 연우(산상왕)의 아내가 되어 2대에 걸쳐 왕비 노릇을 할 수 있었던 것도 이 제도 덕이다.

일반 백성들은 농사와 길쌈으로 대표되는 생산 활동으로 많은 시간을 보냈다. 산간지방이 많았던 만큼 고구려에서는 논농사보다 밭농사가 활발하였다. 세금으로도 밭농사 작물인 조를 내는 것이 일반적이었다. 농민들 대다수는 자신의 소규모 농토를 갖고 대대로 농업에 종사하였다. 하지만 농토가 없거나 농사지을 땅을 빌리지 못한 사람들은 도시와 시골을 오가면서 소금과 같은 생필품을 팔거나 장터에서 수공품을 매매하며 먹고 살았다. 그런 재주도 없는 사람들은 남의 집에 머슴으로 들어가 생계를 이었다.

필요로 하는 생필품은 스스로 만들어 썼다. 삼을 심어서 채취하여 베를 짰고 뽕나무를 심고 누에를 쳐 비단을 짜는 일은 주로 여자가 맡았다. 실을 잣고 베를 짜서 만든 옷감은 대부분 국가에 세금으로 내고 남은 것으로 가족 옷을 만들어 입었다.

농사일이 뜸한 농한기에 백성들은 국가나 마을 단위로 실시하는 저수지나 도로 보수, 공공건물 수리, 성 쌓기 등에 동원되었다. 농한기가 아니라도 전쟁이 일어나면 전투병을 지원하고 보조하는 일은 일반 백성들의 몫이었다. 고구려의 평민들은 집마다 1년에 좁쌀 5석을 세금으로 냈다. 물론 세금을 얼마나 낼지는 빈부에 따라 상, 중, 하로 등급이 나누어졌다. 이외에 집마다 베 5필을 별도로 냈다. 수공업이나 광업에 종사하는 사람은 생산하는 물건으로 세금을 냈

고구려인 부부(각저총)

고구려의 집 모양 토기, 국립중앙박물관.

철제 쟁기와 쇠삽날(환런 오녀산성 출토),
중국 랴오닝성박물관.

다. 잣, 호두와 같은 과일이나 수달피 같은 짐승 가죽도 따로 정한 기준에 따라 특별세로 냈다.

사람이 죽으면 집안에 빈소를 만들어 놓고 3년이 지나기를 기다렸다. 이를 빈장(殯葬)이라고 한다. 3년 뒤에는 날을 잡아 장사를 지냈다. 부모와 남편의 상일 때에는 3년 동안 상복을 입었고 형제 사이면 석 달 동안 입었다. 장례가 끝나면 죽은 이가 살았을 때 쓰던 의복, 노리개, 수레 등을 무덤 곁에 두어 장례에 참석했던 이들이 가져가게 했다.

처음 상을 치를 때는 눈물을 흘리며 곡을 한다. 그러나 빈장이 끝나고 장례를 치를 때는 풍악을 울리며 춤과 노래로 죽은 이의 영혼이 기쁜 마음으로 저세상으로 갈 수 있게 하였다. 근래까지도 이런 관습이 남아 있어 상가에 가면 밤새워 노래를 부르고 춤을 추며 노는 것을 예의로 여긴다. 이역시 고구려 시대 이래의 오랜 관습이다.

고구려의 성과 집

1) 성

고구려 사람들은 돌이 많은 산간지대에 주로 살았다. 이런 까닭에 산과 평지가 맞닿는 지점에 돌로 쌓는 석성을 주로 만들었다. 산간지대의 길목을 따라 특유의 공법으로 단단하게 쌓은 고구려 산성들은 말 그대로 난공불락이다. 외부의 침략자들에게 고구려의 성은 평안도 영변의 철옹성처럼 부술 수 없는 '쇠솥'처럼 여겨졌다.

그리고 지형에 따라 다양한 형태로 산성을 쌓았다. 산성들은 자연스럽게 서로 건너보며 지켜 주는 자리에 있다. 고구려 사람들은 삼면(三面)이 높은 산이나 절벽으로 막혀 자연방어가 가능하고, 다른 한 면(주로 남쪽)은 경사가 완만하여 출입이 비교적 용이한 곳에 산성을 쌓았다. 이러한 성은 2개 이상의 골짜기를 포함하여 오래도록 포위되어도 물 걱정은 하지 않아도 되었다.

성의 성벽은 가장 아랫부분 커다란 네모꼴 바윗돌을 쌓고, 그 위에 앞이 약간 넓고 뒤가 좁은 옥수수알 모양의 돌을 바깥에 놓고, 베틀의 북처럼 양쪽 끝이 뾰족한 돌을 안쪽에 끼워 넣어 서로 쐐기처럼 맞물리게 쌓였다. 성벽 아래는 폭이 넓고 위로 갈수록 좁아지게 조금씩 들여쌓았다. 이렇게 쌓은 성벽은 견고하여 외부의 큰 충격도 견딜 수 있다. 성벽 구간별로 책임자를 정하고 그 사실을 성돌에 새기게 해 부실공사로 성벽이 무너지는 일이 없게 하였다.

성벽을 쌓는 과정에는 일정 구간마다 '치(雉)'를 설치하였다. 치는 성벽에 접근한 적을 옆에서 공격할 수 있도록 직각으로 튀어나오게 만든 시설이다. 성문 둘레의 성벽은 둥글게 앞으로 나와 성문을 감싸도록 옹성을 쌓았다. 옹성이 있으면 성문 방어전투가 쉽다. 성벽 위는 요철 형태로 마무리하여 성가퀴에 몸을 숨기고 적을 공격할 수 있다. 성벽 바깥에는 깊고 넓게 도랑을 파고 물을 채운 해자를 만들어 적이 곧바로 성벽에 접근하기 어렵게 하였다. 평양성 둘레의 대동강과 보통강처럼 강이 천연 해자의 역할을 하기도 한다.

2) 집

고구려의 집은 귀족과 일반 백성의 것 사이에 차이가 있었다. 귀족 저택은 사랑채와 안채로 이루어졌다. 부엌, 고깃간, 방앗간, 다락창고, 외양간, 마구간, 차고와 같이 살림살이와 관련된 부속 건물들은 대부분 안채 좌우에 배치된다. 안채에는 이외에도 제사를 지내는 신묘(神廟), 혼인한 딸

백암성(중국 랴오닝성 등탑).

의 가족이 머무는 서옥(婿屋) 등이 있다. 안채의 넓은 뜰 한 편에는 정원과 연못이 마련되는 것이 일반적이었다. 귀족 저택 건물들의 지붕은 기와로 덮었다.

기와집의 지붕 형태는 부속건물일 때는 맞배지붕, 주요 건물인 경우는 우진각지붕이 일반적이었다. 기와지붕의 양 끝을 장식하는 치미(鴟尾)가 건물의 격을 나타내는 방법으로 사용되었다. 기와무늬로는 승문(繩文)과 격자무늬가 많았으 나 불교가 전해진 이후에는 연꽃무늬로 장식된 막새기와도 등장한다. 건축물의 기초나 무덤 칸 통로의 바닥에는 전(塼) 이 사용되었다. 전의 형태는 방형, 장방형, 삼각형, 부채꼴 등 다양하다. 문양이 없는 것이 대부분이지만 화려한 연꽃 무늬를 넣은 것도 만들어져 사용되었다. 저택 안에서는 신 발을 벗고 올라앉는 평상이나 좌상이 주로 사용되었다. 귀 족들은 휘장, 두꺼운 깔개와 같은 방한용 실내용품과 따뜻 한 의복의 도움을 받아 긴 겨울 추위를 이겨 냈다.

반면 일반 백성들은 짚이나 너와로 지붕을 덮은 한 칸이 나 두 칸짜리 'ㅡ'자형 초가에 살았다. 일반 백성의 가옥에 는 방바닥의 한쪽 벽에 붙여 'ㅡ'자 혹은 'ㄱ'자 꼴 쪽구들 온돌 고래를 만들었다. 한쪽 끝 아궁이에서 불을 때면 열기 와 온기가 고래를 타고 지나다가 다른 쪽 끝에 설치된 굴뚝

부뚜막과 온돌(아차산보루 복원 모형), 서울대학교박물관.

을 통해 빠져나간다. 고구려 때에는 방안 일부만 덥히는 쪽
구들 온돌이 주로 설치되었다.

고구려 사람의 옷과 음식

1) 옷

공식 모임에 비단에 수놓은 의복을 입고 금은으로 장식한다. 대
가와 주부는 머리에 책을 쓴다. (중국의) 책과 비슷하나 뒤로 늘
어뜨리는 부분이 없다. 소가는 절풍을 쓰며 모양이 고깔과 같다.

-『삼국지』 권30, 「위서」 30.

고구려 사람들은 남녀가 모두 저고리와 바지를 기본 차림으로 삼았다. 저고리는 아랫단이 엉덩이에 이르는 긴 것으로 초기에는 옷깃을 왼쪽으로 여미는 '왼쪽 여밈(左衽)'이 일반적이었다. 왼쪽 여밈은 수렵이나 목축 등으로 말미암아 활을 즐겨 쓰는 민족들이 입는 저고리 깃 마감 방식이다. 저고리 소매의 너비는 신분에 따라 달랐다. 귀족이 입은 저고리의 소매가 평민의 것보다 넓었다. 저고리의 깃과 섶, 도련, 소매 끝에는 의복 바탕과는 다른 선(襈)이라는 불리는 긴 띠를 대어 실용과 장식의 효과를 냈다.

바지는 통의 너비로 신분의 높고 낮음을 가릴 수 있었다. 신분이 높은 사람은 대구고(大口袴)라 하여 통 넓은 바지를, 낮은 사람은 궁고(窮袴)라 불린 통 좁은 바지를 입었다. 그러나 무용수처럼 직업상 필요하거나 귀족 집안의 시종 같은 경우에는 통 넓은 바지를 입어도 문제가 되지 않았다.

저고리와 바지 위에 두루마기를 덧입기도 하였다. 두루마기는 추위를 막기 위해 개발된 옷이어서 길이가 발목에 이를 정도로 길었다. 후에 두루마기는 의례용으로 쓰임새가 바뀌어 귀족층이 즐겨 입는 덧옷이 되었다. 저고리나 두루마기의 허리쯤에는 천이나 가죽으로 만든 띠를 매었다. 띠에는 금이나 은, 철제 장식을 매달았다.

고구려 전기의 수도였던 환인(졸본)과 집안(국내성)지역에서는 비교적 밝고 단순한 색상의 바탕천에 점무늬, 마름모무늬, 꽃무늬를 간결하게 반복하여 장식한 옷이 선호되었다. 후기의 수도인 평양지역에서는 더 다양하고 화려한 색상의 바탕천에 구름무늬, 물결무늬, 넝쿨무늬, 각종 기하무늬 등을 두세 가지씩 섞은 복잡하고 화려하게 장식한 옷이 유행하였다. 고유색이 강하였던 환인 및 집안 지역과 중국 등 외래문화의 수용과 소화에 적극적이었던 평양지역 문화전통의 차이에서 비롯된 현상이다.

고구려 남자들은 결혼하면 머리 위 한가운데로 모아 방망이 모양으로 묶는 곧은 상투를 기본으로 삼았다. 상투 위에는 신분과 지위에 따라 구분되는 다양한 형태의 모자를 썼다. 고분벽화에는 건(巾), 절풍(折風), 조우관(鳥羽冠), 책(幘), 라관(羅冠) 등 여러 종류의 남성용 모자가 등장한다.

건(巾)은 수건과 같은 형태의 천으로 머리를 싸고 뒤에서 묶는 방식의 초보적인 모자를 킨다. 절풍은 정수리 부분이 위가 뾰족한 세모꼴이다. 절풍의 좌우에 새 깃을 한 개씩 꽂거나, 정수리 부분에 새 깃 여러 개를 한꺼번에 꽂은 것을 조우관(鳥羽冠)이라고 한다. 신분이나 지위의 높낮이에 따라 모자에 꽂는 깃의 수가 달랐다. 신분이 높으면 금이나 은으

모자로 신분과 지위를 나타낸 고구려 남자들(사진의 표시는 해당 장면이 그려진 벽화고분).

안악3호분 쌍영총

수산리벽화분 동암리벽화분

덕흥리벽화분 수산리벽화분

무용총

쌍영총

동암리벽화분

개마총

삼실총

덕흥리벽화분

동암리벽화분

덕흥리벽화분

무용총

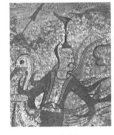

통구사신총

안악3호분

감신총

안악3호분

삼실총

고구려 여자들의 머리 모양과 머리 장식(사진의 표시는 해당 장면이 그려진 벽화고분).

천왕지신총

안악3호분

안악3호분

안악3호분

안악3호분

안악3호분

덕흥리벽화분   감신총

각저총   삼실총

수산리벽화분   삼실총   쌍영총

수산리벽화분   무용총

장천1호분   삼실총

무용총   수산리벽화분   덕흥리벽화분

로 만든 새 깃으로 절풍을 장식하기도 했다.

책(幘)은 문관이나 무관의 의례용 모자로 주로 사용되었다. 앞부분이 모자 테보다 한 단 높고, 앞부분보다 더 높은 뒷부분이 두 가닥으로 갈라지면서 앞으로 구부러진 형태의 책과 뒤 운두가 뾰족하게 솟은 책 두 종류가 있었다. 뒤 운두가 솟은 책은 주로 무사들이 썼다. 책에 사용된 천의 종류나, 색깔로 신분의 차이를 나타냈다.

나관(羅冠)은 신분과 지위가 높은 인물만이 쓰던 모자이다. 뒤 운두가 솟은 책 형태의 내관과 발이 성긴 '나(羅)'라는 비단으로 짠 외관으로 이루어졌다. 고구려에서 왕은 백색, 대신은 청색, 그다음 신분의 귀족은 붉은색 비단으로 짠 나관을 썼다.

고구려 여자들은 바지 위에 치마를 덧입는 것이 일반적이었다. 치마는 주름을 잡고 단에 선을 댄 주름치마가 대부분이었다. 치마 길이는 정강이까지 오는 것에서 발을 덮을 정도로 긴 것까지 여러 가지가 있었다. 여자도 겉옷으로 두루마기를 걸쳤는데, 소매 끝과 깃, 아랫단에 선을 댔고 길이는 저고리보다 조금 길었다. 띠는 검은색, 흰색, 붉은색, 자주색 등 여러 가지였다. 띠에 장식물을 매달기도 하였다.

여자들은 결혼하기 전에는 머리를 뒤로 길게 땋아 내렸

새 깃 장식 절풍을 머리에 쓴 기사(무용총).

다. 그러나 시집가면 머리를 올려 둥글게 묶은 뒤 쪽지는 올린머리를 하였다. 여염집 부녀자들은 단순히 얹은머리를 하는 것이 일반적이었다. 하지만 상급귀족 및 왕실 부녀들은 한 가닥이나 여러 가닥으로 고리를 틀어 올리는 고리 튼 머리로 멋을 냈다.

　신발은 가죽신인 '화(靴)와 혜(鞋)', 짚풀 등을 재료로 만든

귀부인(수산리벽화분).　　　　　　　　시녀(무용총).

신 '이(履)'가 주로 사용되었다. 이런 신발들은 모두 신발 코
가 도드라졌는데, 고구려 사람들이 코가 도드라진 버선을
즐겨 신었던 까닭이다. 화는 신발의 목이 발목 조금 위까지
올라가는 짧은 것이 많았으며 흰색과 검은색이 있었다. 신
발의 목이 올라가지 않고 신발 코만 도드라진 이(履)는 흰색,
붉은색, 검은색이 있었다. 이 외에 기병이 덧신는 금속제 전

투용 신발도 있었다. 벽화에도 보이는 이런 신발은 바닥에 날카로운 못들이 여러 개 거꾸로 박혀 기병에게 접근하는 보병을 발로 차 상처를 입힐 수 있었다.

2) 음식

고구려 사람들은 조와 콩을 비롯하여 밀, 보리, 수수, 기장 등을 주식으로 삼았다. 주로 밭농사로 수확하는 곡식이다. 고구려의 영토가 한반도 중부로 확대된 뒤에는 밭농사와 논농사로 거둔 쌀도 주식 재료가 되었다.

고구려에서는 하천과 바다에서 잡아들이는 물고기와 자라 등도 음식 재료로 사용되었다. 가축으로 기르는 소, 돼지, 닭, 개, 사냥으로 얻는 멧돼지, 노루, 꿩과 같은 짐승들은 육식 재료로 쓰였다. 상추와 같은 일부 채소류도 재배되었다. 이 외에 다양한 종류의 산나물, 도토리를 비롯한 견과류, 마를 비롯한 뿌리식물, 느릅나무 껍질과 같은 구황식물(救荒植物)들도 음식재료로 쓰였다. 음식의 조리와 보관에 필수적이던 소금은 주로 동해안에서 생산, 보급되었다.

고구려 사람들은 조나 보리, 수수 등의 곡식을 방아로 찧고 맷돌로 가루를 내어 시루에 쪄 먹었다. 심발과 같은 토기를 이용하여 죽처럼 끓여 먹기도 했다. 고구려 유적에서 시루가 빈번히 출토되는 것은 고구려 사람들이 부뚜막의 확에 얹은 쇠솥 위에 시루를 걸고 뜨거운 증기로 음식을 쪄 냈기 때문이다. 고두밥에 가까운 쪄낸 음식과 짝을 이룬 것이 국이다. 고구려 일반 백성들은 발, 완 및 대부완에 담은 밥과 국, 소금에 절인 채소, 콩을 발효시킨 장을 반찬으로 삼아 식사를 했다.

고구려에서도 경제적으로 상당한 여유가 있는 왕실이나 귀족 집안에서는 멧돼지나 노루 고기를 소금에 절인 뒤 훈제하여 고리에 걸어 두거나 특정한 장소에 보관했다. 맥적(貊炙)이라는 고기요리는 간장과 같이 맛을 낼 수 있는 부가 재료를 더해서 불에 구워 손님에게 대접했을 것으로 추정된다. 맥적도 일반 민가에서는 맛보기 어려운 음식이었을 것이다. 온달 이야기에서 알 수 있듯이 경작할 밭 한 뙈기도 없는 집안에서는 하급 귀족가문이라 할지라도 평범한 백성처럼 식사하기가 쉽지 않았다. 흉년으로 날품팔이도 어려워지면 산에 올라가 느릅나무 껍질을 벗겨와 가루를 내어 쪄먹을 수밖에 없었다.

귀족 집에서는 부엌에서 조리가 끝나면 하녀가 음식을 그릇에 담아 소반에 받쳐 들고 안채나 사랑채로 가져가 상차림을 했다. 주인과 손님의 상은 따로 차렸으며, 상마다 음

음식 조리와 상차리기(안악3호분).

쇠솥과 시루(서울 구의동 보루 출토), 서울대학교박물관.

식을 따로 놓았다. 상차림에 사용된 소반은 다리가 안으로 휘어든 낮은 것이어서 상을 받는 사람이 바닥이나, 평상이나 좌상 등 어디에 앉아 있더라도 무릎 앞에 놓을 수 있었다. 일자로 곧추 내려오는 다리가 긴 소반은 평상에 걸터앉은 사람이 그 자세로 식사하기에 불편하지 않게 만들어진 상이다. 때에 따라 쟁반처럼 다리가 없는 그릇 받침도 상차림에 사용되었다. 부엌에서 안채나 사랑채로 가는 음식상은 모두 한 사람이 들고 갈 수 있는 크기로 만들어졌다.

고구려의 과학기술과 예술

1) 과학기술

고구려 사람들은 해신과 달신의 아들 주몽이 세운 나라에 산다는 믿음과 자부심을 지니고 있었다. 별자리에 대한 신앙이 강했고 별자리 관측을 열심히 하였다. 지속적인 천문관측에 힘입어 4세기에는 290개의 별자리, 1467개의 별로 이루어진 정교한 천문도를 제작하였다. 조선시대까지 평양에는 5세기경 축조된 고구려의 천문대가 남아 있었다. 고구려의 천문도는 조선시대에 석각 '천상열차분야지도'로 재현되었다.

일본에서 고마자(高麗尺, 35cm)로 알려진 '고구려자'는 고구려에 독자적인 도량형 제도가 있었음을 알게 한다. 고구려의 건축 유적들에는 고구려자가 표준 척도로 사용되었다는 사실을 확인시켜 준다. 표준 척도의 사용으로 말미암아 고구려의 성, 건물, 무덤은 안정감과 균형감을 갖춘 건축물로 축조될 수 있었다.

고구려 사람들이 토목건축 기술을 매우 높은 수준으로 끌어올렸다는 사실은 현재 남아 있는 고구려의 성과 무덤들을 통해서도 확인할 수 있다. 고구려의 성들은 '난공불락'으로 여겨질 정도로 튼튼했다. 돌무지무덤이나 흙무지돌방무덤들도 시간의 흐름에 따른 구조물 전체의 무게 변화, 계절 및 기후환경 변화에 따른 온습도의 차이 등이 정밀하게 계산된 상태로 축조되었다. 고구려의 성과 무덤들이 인공적인 파괴의 손길이 닿지 않은 경우, 지금도 원형을 유지하고 있는 것도 이 때문이다.

고구려의 금속 제련기술은 청동기시대 이래의 금속기술을 이어받은 것이다. 기원전 3세기경부터 압록강과 독로강 일대의 고구려 사람들은 발달한 철 제련기술을 바탕으로 강철제 도구를 만들어 사용하였다. 풍부한 철광석 산지들은

천상열차분야지도 복원도(김일권).

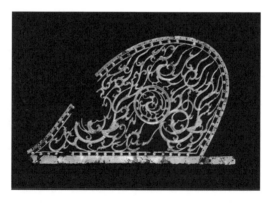

삼족오 장식 금동관식(진파리7호분 출토), 조선중앙력사박물관.

고구려에서 우수한 강철제품을 대량 생산하는 데에 큰 도움이 되었다. 6세기 고구려 유적에서 발견된 강철제 무기들은 녹을 닦아 내면 지금도 사용이 가능할 정도로 단단하다.

고구려 금속기술자들이 개발한 금은 제련술 및 빼어난 아말감 도금법은 매우 아름다우면서도 단단한 금은제 및 금동제 장식품들이 생산될 수 있게 하였다. 특히 금 제련술은 불로장생의 단약 제조를 목표로 하는 연단술(煉丹術)과도 관계가 깊어 중국에도 널리 알려졌다. 5세기 중국에 알려진 고구려 의약재 11종 가운데에는 잘 정련되어 안전하게 복용할 수 있는 고구려산 금가루도 포함되어 있다. 또한, 금은, 금동 장식 제품과 기술은 신라로도 전해져 아름다운 신라 금동제 장식품의 시대를 열 수 있게 하였다.

잘 제련된 금가루를 포함한 의약재 외에도 고구려의 발달된 의약 처방, 침술 등은 중국과 일본에도 잘 알려졌다. 7세기경 고구려의 학문승에게 침술을 배우고자 애쓴 일본의 승려 이야기가 역사서에 전한다. 8세기 만들어진 중국 의약서에는 고구려 명의의 처방이 소개되었다.

2) 예술

고구려의 회화는 주로 고분벽화로 남아 전한다. 고분벽화는 내용과 주제에 의해 3시기로 나뉜다. 3세기 중엽부터 5세기 초까지 제작된 고분벽화는 초기 작품으로 공통주제는 생활풍속이다. 죽은 자의 삶을 벽화로 재현해 내는 데에 초점을 두고 제작되었다. 돌방 벽에 백회를 바른 다음, 그 위에 그림을 그렸다.

5세기 중엽부터 말기에 걸쳐 그려진 제2기 벽화는 생활풍속, 장식무늬, 사신 등이 서로 어우러진 예가 많다. 백회가 마르기 전에 그림을 그리는 프레스코법과 마른 다음 그리는 세코법으로 제작된 사례들이 확인된다. 장식무늬 고분벽화는 5세기 중엽에 많이 제작되는데, 대부분 연꽃을 소재로 삼은 것이다. 2기 고분벽화에는 불교행사와 관련된 것 외에 5세기 고구려의 동서교류 양상을 드러내는 것도 보인다. 인물화의 발달이 두드러진 것도 이 시기 벽화의 특징 가운데 하나이다.

6세기 초부터 7세기 전반에 이르는 제3기 벽화의 주제는 사신이다. 벽화는 돌방 벽면에 얇게 호분을 바른 뒤 그 위에 그린다. 국내성이 있는 집안과 수도인 평양 사이에 묘사기법과 색채 구성상의 차별성이 뚜렷이 보인다. 〈강서대묘〉 벽화에서 배경을 일체 생략함으로써 공간적 깊이를 더한 고구려식 사신 표현의 백미를 볼 수 있다.

고구려의 조각과 관련된 유물은 불상류를 제외하면 거의 남아 있지 않다. 금동불, 석불, 니불(泥佛) 등은 초기에는 북중국의 영향을 보여 준다. 그러나 점차 원만한 얼굴, 여유 있는 표정에 당당하고 힘 있는 자세가 잘 어우러진 고구려식 불상으로 바뀌어 간다.

고구려의 공예작품은 주로 고분 출토유물과 벽화를 통해 내용과 특징을 파악할 수 있다. 공예품 가운데 눈길을 끄는 것은 관모(冠帽)이다. 지금까지 알려진 10여 개의 금동관은 대부분 중앙 상부는 삼엽문투조(三葉文透彫)이며, 관모 좌우를 새 깃 모양 입식(立飾)으로 장식하고 있다. 이와 같은 형식이 신라와 가야의 금동관에 영향을 주었다. 고구려 고분에서 출토된 가는 고리 귀걸이와 굵은 고리 귀걸이는 신라 및 가야의 귀걸이에 직접 영향을 준 작품들이다. 제작 시기상 고구려가 출발점이라고 할 수 있다.

이 외에 경주 〈호우총〉에서 출토된 '청동호우', 집안 〈칠성산96호분〉에서 출토된 '솥과 초두' 등은 실용적이면서도 아름다운 선과 장식이 더해진 것으로 신라의 금속공예에 직접 영향을 준 고구려 공예품이다. 집안과 평양 일대의 유

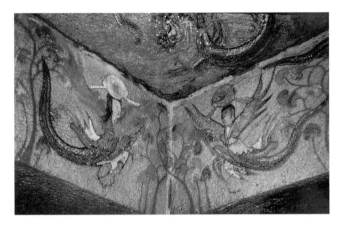

해신과 달신(오회분4호묘).

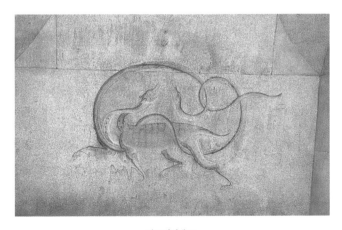

현무(강서대묘).

적에서 출토되는 둥근 고리 큰 칼을 비롯한 화살촉, 창, 갑
옷과 투구, 말 갑옷과 수레 장식 등 각종 무기와 무장, 마구
류도 고구려 공예의 수준을 알게 하는 귀중한 유물들이다.

고구려의 종교와 신앙

　고구려 사람들은 조상신과 천제(天帝), 해와 달, 각종 별자
리의 신들, 강과 바다를 관장하는 신들을 신앙했다. 고구려
에서 주요한 제사 대상이던 부여신은 시조왕 주몽의 어머
니 하백녀 유화다. 수신 하백의 딸 유화는 지모신(地母神)이
자 수신(水神)이었다. 주몽 왕이 신격화된 등고신은 천제의
아들인 해신을 가리킨다. 국가의 제천행사인 동맹 때에는
산속 동굴에서 수신(隧神)을 모셔왔다.

　고구려가 크게 성장하여 동북아시아의 패권을 쥐게 되자
고구려 사람들은 자기 나라가 이웃 중국이나 내륙아시아
초원 지대 유목제국과 구분되는 독자적인 천하의 중심으로
여기게 되었다. 자연히 시조 주몽에 대한 숭배심도 높아져
주몽을 신으로 우러르게 되었다. 5세기에는 고구려의 큰 성
마다 시조 주몽신과 시조의 어머니 유화신을 모시는 사당
들이 세워졌다. 고구려 백성들 사이에는 마을과 나라에 어

불교승려의 설법을 듣는 고구려 귀족(무용총).

러움이 있으면 주몽신의 사당에 가서 제사하는 관습도 생겨났다.

고구려 사람들은 사람이 죽으면 그의 영혼이 조상신이 계시는 하늘로 돌아간다고 믿었다. 그런 까닭에 별과 별자리는 고구려 사람들에게는 친숙한 신앙대상이었다. 별자리에서 유래한 선인과 옥녀, 기이한 새와 짐승들이 신앙대상이 되었다. 별자리를 형상화한 청룡, 백호, 주작, 현무 같은 방위별 수호신도 신으로 믿어졌다.

372년 고구려에 불교가 공인되자 여래, 보살, 천인들이 고구려 사람들의 새로운 신앙대상이 되었다. 불교와 함께 고구려에 전해진 서아시아 및 인도신화의 주인공들도 신앙 대상에 더해졌다. 연꽃은 고구려 사람들의 불교 신앙을 나타내는 상징처럼 여겨져 불교사원뿐 아니라 무덤벽화의 주요한 장식 제재가 되기도 하였다. 5세기의 고구려 사람들에게 연꽃은 깨달음의 상징이자 불교의 낙원인 정토를 나타내는 표지였다.

6세기 이후 고구려에서는 신선신앙에서 비롯된 도교가 널리 믿어지게 되었다. 국가에서는 중국 당나라에서 보낸 도사들에게 사원을 도관(道觀)으로 제공하였다. 이후 고구려에서 도교와 불교의 갈등이 심해지자 일부 불교 승려들은 남쪽의 백제, 신라로 떠나기도 하였다.

도교가 널리 퍼지면서 고구려에서는 별자리의 신들과 문명을 발전시켰다고 믿어지던 신들이 더욱 무게감을 지니게 되었다. 6세기 고분벽화에 해와 달, 각종 별자리가 더욱 적극적으로 표현되고 해신, 달신, 불의 신, 농사의 신, 대장장이 신, 숫돌의 신, 수레바퀴의 신들이 묘사되는 것도 이런 까닭이다.

고구려에서 유교는 국가 체제를 정비하고 유지하는 데에

신묘년명 금동여래입상, 국립중앙박물관.

도움이 된다고 여겨졌던 관념체계였다. 그래서 유교와 교육은 밀접한 관련을 지니고 있었다. 고구려의 지방 교육기관인 경당에서는 다양한 종류의 역사서와 오경(五經)과 『문선(文選)』 등 유교교육과 관련된 서적들이 읽혔다. 유교 지식은 무덤 터를 선택하고 장사 날을 정하는 등 상장례와 관련하여서도 중요시되었다. 고구려에서 상을 당하면 가족이나 형제, 자녀가 일정한 기간 상복을 입는 것이 관례화된 것도 유교의 영향에서 비롯되었다.

참고문헌

• 『三國史記』,『三國遺事』,『東國李相國集』,『海東繹史』,『漢書』,『後漢書』,『三國志』,
『隋書』,『舊唐書』,『新唐書』,『通典』,『文獻通考』,『樂書』

• 김경화, 「백희잡기를 통해 살펴본 고대의 축제」, 『역사와현실』 87, 2013.
• 김성혜, 「고구려의 음악과 무용」, 『삼국시대음악사연구』, 민속원, 2009.
• 김학주, 『중국 고대의 가무희』, 명문당, 2001.
• 박진욱·김종혁·주영헌·장상렬·정찬영, 『덕흥리고구려벽화무덤』, 과학백과사전출판사,
1981(高寬敏 日譯, 『德興里高句麗壁畫古墳』, 朝鮮畫報社 編, 講談社, 1986).
• 사회과학원고고학연구실 편, 『미천왕무덤』, 과학원출판사, 1966.
• 서영대, 「한국 고대의 제천의례」, 『한국사시민강좌』 45, 2009.
• 송방송, 『한국 고대 음악사 연구』, 일지사, 1985.
• 송지원, 「고구려의 국가전례와 음악」, 『東洋音樂』 28, 2006.
• 송혜진, 「고구려 고분벽화에 표현된 북(鼓)의 유형: 행렬악의 연주형태에 기하여」, 『東
洋音樂』 28, 2006.
• 이두현, 『한국의 가면극』, 일지사, 1992.
• 이준성, 「고구려 국중대회(國中大會) 동맹(東盟)의 구성과 축제성」, 『역사와현실』 87,
2012.
• 李晋源, 「壁畫를 통해서 본 高句麗 音樂과 樂器」, 『高句麗研究』 17, 2004.
• 이혜구, 「高句麗樂과 西域樂」, 『韓國音樂研究』, 國民音樂研究會, 1957.
• 田耕旭, 「壁畫를 通해서 본 高句麗 놀이문화(演戲文化)」, 『高句麗研究』 17, 2004.
• 전경욱, 『한국의 전통연희』, 학고재, 2004.

• 전덕재, 「고구려의 놀이문화」, 『고고자료에서 찾은 고구려인의 삶과 문화』, 고구려연
  구재단, 2006.

　　——「한국 고대 서역문화의 수용에 대한 고찰-백희잡기의 수용을 중심으로」, 『역사
　　　　와경계』 58, 2006.

　　——「고대 일본의 高麗樂에 대한 기초 연구」, 『동북아역사논총』 20, 2008.

　　——「한국과 일본의 고대의 가무 狛犬과 新羅狛에 대한 고찰」, 『한국 고대사 연구
　　　　의 현단계(석문 이기동교수 정년기념논총)』, 주류성, 2009.

　　——「古代의 百戲雜技와 舞樂」, 『韓國古代史研究』 65, 2012.

　　——「고대 한중일 문화교류에 대한 고찰-舞樂蘇莫遮와 蘇志摩利, 吉簡을 중심으
　　　　로」, 『일본학연구』 51, 2017.

• 전미선, 「고구려 고분벽화의 놀이문화」, 『韓國古代史研究』 43, 2006.

• 전호태, 『고분벽화로 본 고구려 이야기』, 풀빛, 1999.

　　——『고구려 고분벽화 연구』, 사계절, 2000.

　　——『고구려 고분벽화의 세계』, 서울대출판부, 2004.

　　——『벽화여, 고구려를 말하라』, 사계절, 2004.

　　——『고구려 고분벽화 읽기』, 서울대학교출판부, 2008.

　　——『고구려 벽화고분』, 돌베개, 2016.

　　——『고구려 생활문화사 연구』, 서울대출판문화원, 2016.

• 전호태 외, 『고구려 무덤벽화—국립중앙박물관 모사도』, 국립중앙박물관, 2006.

• 조선유적유물도감편집위원회 편, 『조선유적유물도감』 5, 고구려편 3, 외국문종합출판
  사, 1990; 『북한의 문화재와 문화유적』 I, 서울대학교출판부, 2000.

- 조선유적유물도감편집위원회 편,『조선유적유물도감』6, 고구려편 4, 외국문종합출판사, 1990;『북한의 문화재와 문화유적』Ⅱ, 서울대학교출판부, 2000.
- 주재걸,「고구려 사람들의 예술활동에 관한 연구—음악, 무용을 중심으로」,『고고민속론문집』18, 과학백과사전출판사, 1983.
- 주재근,「고구려의 현악기에 대한 연구:『삼국사기』악지의 고구려 음악을 중심으로」,『東洋音樂』28, 2006.
- 하지홍·임인호,『한국의 토종개』, 대원사, 1993.

- 吉林省文物工作隊·集安縣文物保管所(陳相偉.方起東),「集安長川一號壁畵墓」,『東北考古與歷史』1輯, 1982.
- 吉林省文物工作隊(李殿福),「吉林集安五塊墳四號墓」,『考古學報』, 1984年 1期.
- 吉林省博物館輯安考古隊(方起東),「吉林輯安麻線溝一號壁畵墓」,『考古』, 1964年 10期.
- 李殿福,「集安洞溝三室墓壁畵著錄補正」,『考古與文物』, 1981年 3期.
- 王承禮.韓淑華,「吉林輯安通溝第十二號高句麗墓」,『考古』, 1964年 2期.
- 梅原末治.藤田亮策 編,『朝鮮古文化綜鑑』卷四, 養德社, 1966.
- 朝鮮總督府,『朝鮮古蹟圖譜』二(關野貞 外), 名著出版社, 1915.
- 朝鮮畵報社編輯部 編,『高句麗古墳壁畵』, 講談社, 1985.
- 池內宏.梅原末治,『通溝』卷下, 日滿文化協會, 1940.

이형석 퓨전 판타지 장편소설
WISHBOOKS FUSION FANTASY STORY

스킬의 제왕

스킬의 왕제 10

이형석 퓨전 판타지 장편소설

초판 1쇄 찍은 날 | 2018년 5월 18일
초판 1쇄 펴낸 날 | 2018년 5월 25일

지은이 | 이형석
펴낸이 | 예경원

기획 | 위시북스
편집책임 | 이규재
편집 | 이즈플러스

펴낸곳 | 예원북스
등록번호 | 제396-2012-000132호
등록일자 | 2012. 7. 25
KFN | 제1-262호

주소 | 경기도 고양시 일산동구 호수로 646-24 위너스21 II 빌딩 206A호 (우)10401
전화 | 031-819-9431 팩스 | 031-817-9432
E-mail | yewonbooks@naver.com

ISBN 979-11-6098-946-5 04810
      979-11-6098-466-8 (set)

이형석 퓨전 판타지 장편소설
WISHBOOKS FUSION FANTASY STORY

스킬의 제왕

10

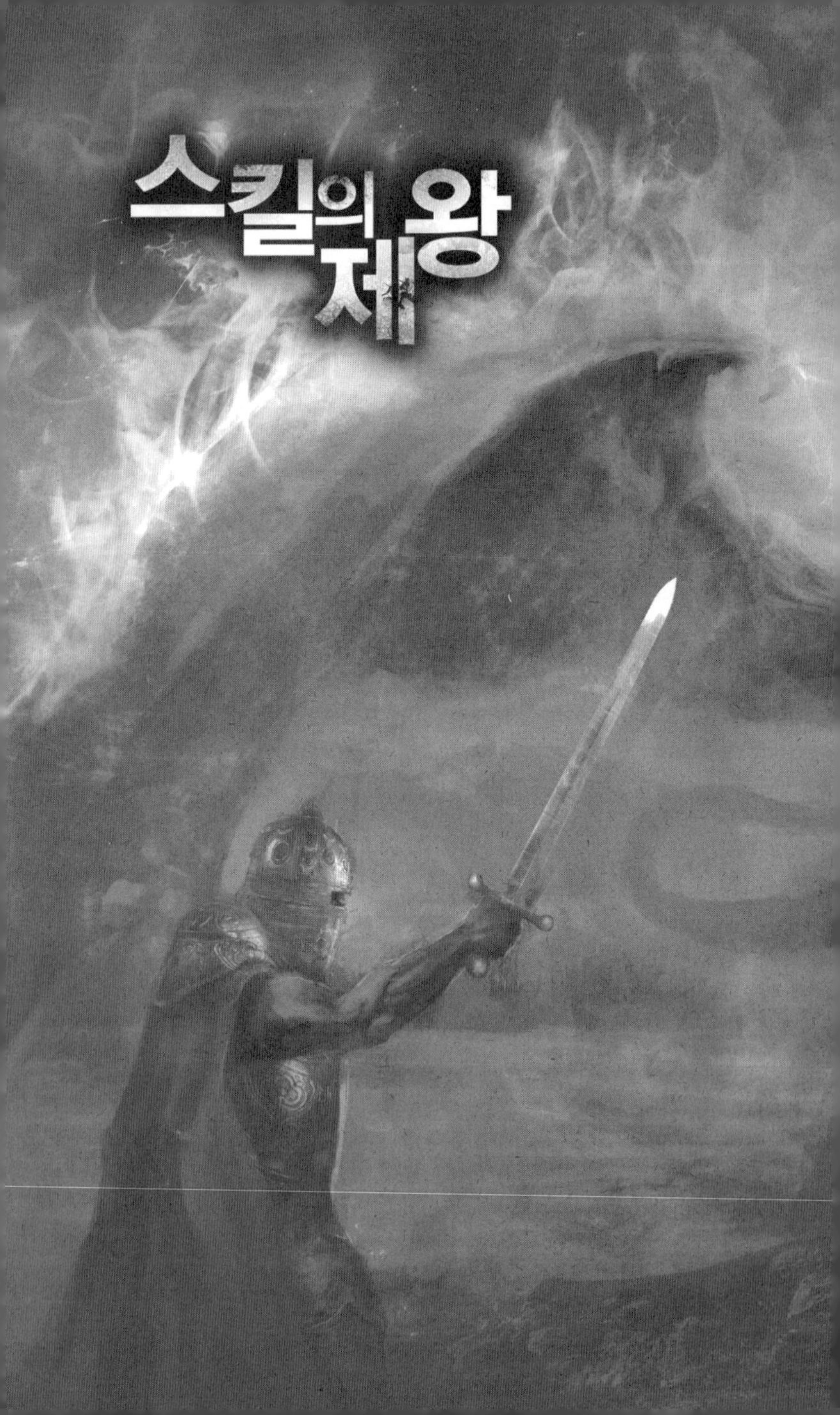
스킬의 제왕

CONTENTS

81장
결정

"차…… 차원 마법?!"

위그나타르는 눈앞에 펼쳐지는 광경을 바라보며 믿을 수 없다는 듯 자신도 모르게 소리쳤다. 다행히 실험실 안에 있는 두 사람은 요란한 전투 소리 때문에 그의 존재를 알아차리지 못했다.

"저 마법은……."

"그래, 나르 디 마우그의 마법이다."

"어떻게 저자가 백금룡의 마법을 쓸 수 있는 거지? 저건 신조차도……."

검귀는 놀란 표정으로 중얼거리는 위그나타르의 모습이 재밌다는 듯 말했다.

"맞아. 신조차도 할 수 없는 마법이지. 하지만 완전히 불가능한 것도 아니야. 왜냐면 그는 불멸회와 여명회를 통합하면서 창조력을 얻었거든."

[크아아아아……!!!]

나르 디 마우그의 몸이 비명과 함께 꿈틀거리고 있었다. 검귀는 용의 심장을 움켜쥐고 흡수하는 무열을 바라봤다.

"물론, 창조력을 얻었다고 백금룡과 같은 마법을 쓸 수 있다는 것은 아니다."

"강무열이 쓰는 창조 마법은 나르 디 마우그의 것과는 다르다. 그가 쓰는 것은 차원을 창조하는 거창한 용의 창조 마법이 아니라 단순한 검의 연성 마법에 불과하거든. 아무리 그가 대단하다 할지라도 인간의 육체는 결국 한계가 있는 법. 용의 마력만큼 광대한 마력은 담을 수 없지."

"……."

"하지만 그래서 재밌는 거지. 발상의 전환이랄까. 백금룡의 파편으로 만든 검의 여행자를 재료로 새로운 검의 연성 마법을 만든다. 그 정도는 아주 쉬운 일이지. 다만……."

누가 생각이나 할 수 있었을까.

"그 단순한 마법의 재료가 백금룡의 심장이라는 것이 유효한 것이지."

그 어떤 공격 마법도 통하지 않는 나르 디 마우그에게 결정적인 타격을 줄 수 있는 마법이 공격이 아닌 생산 스킬일 줄이야.

위그나타르는 할 말을 잃고 말았다. 이유야 어쨌든 인간의 몸으로 용의 마법을 쓴다는 것 자체가 말이 되지 않기 때문이었다.

"그다지 놀라운 일도 아니다. 신은 용의 창조 마법을 쓸 순 없지만 이 세계를 만든 존재가 신인걸. 락슈무가 나르 디 마우그보다 훨씬 더 상위의 창조 마법을 쓸 수 있는 것은 당연한 이치다."

"그럼 어째서 신은 인간이 신과 같은 힘을 얻을 수 있도록 놔둔 거지?"

"글쎄. 어쩌면 그것 역시 히든 피스(Hidden Piece)일지 모르지. 신조차 건들 수 없는 어떤 것. 그리고 그건 너희들에게도 분명 적용되는 일일 거다."

"우리에게?"

"그럼. 이 땅은 결코 인간의 것이 아니니까."

"……."

검귀의 알 수 없는 말에 위그나타르는 살짝 인상을 구겼다.

각각의 종족은 저마다의 차원이 있다. 드워프가 사는 아이언바르나 자신들이 머무는 엘븐하임처럼 인간들은 이곳 세븐쓰론에 있다.

그러나 눈앞에 남자는 그 절대적인 규칙을 부정하고 있

었다.

"그리고 인간이 용의 마법을 쓰는 건 완전히 불가능한 일은 아니다. 강무열은 마법회를 통합하면서 얻게 되었지만······ 실제로 토착인 중에도 용의 마법을 쓰던 인간들이 있었잖아?"

"그럴 리가······."

"수백 년 전에 사라진 일족이긴 하지만."

"······!!!"

위그나타르는 검귀의 말에 입을 다물지 못했다.

"디곤(Diggon)."

남부 일대에 존재하던 그들은 세븐 쓰론의 역사를 기억하는 노인들조차 이제는 잊어버릴 만큼 너무나도 오래전 멸족한 고대의 종족이었다.

'어떻게 저자가 그 이름을 알고 있지······?'

"그들의 수장이었던 여왕, 밀리아나는 용의 힘을 자신의 검에 담아 사용했다지? 뭐······ 이제는 볼 수 없겠지만."

마치, 그는 추억을 떠올리는 것처럼 나지막하게 말했다. 위그나타르조차 만나보지 못한 디곤 일족의 여왕을 마치 오랜 친우처럼 불렀다.

"아직 끝난 게 아니라 해야 할 일이 남긴 했지만."

검귀는 복면 속에서 눈빛을 빛냈다.

'절대(絶對)란 건 없다. 네가 지금 권좌에 오를 수 있게 된 것

역시. 그리고 용도 신도…… 마찬가지.'

그는 턱을 괴고 기대한다는 얼굴로 아래를 내려다보았다.

자칫 잘못하면 차원 전체가 휘말릴 수 있을 엄청난 싸움임에도 불구하고 여유로워 보이는 그를 보며 위그나타르는 혀를 찰 수밖에 없었다.

'강무열. 우연 속에 튀어나온 변수가 어디까지 할 수 있는지 지켜보마.'

[이…… 버러지 같은 놈이……!!!]

나르 디 마우그는 자신의 심장에서 흘러나오는 핏물을 바라보며 악에 받친 듯 외쳤다.

하지만 무열은 심장을 움켜쥔 손을 놓지 않았다.

콰아악……!!

오히려 그는 꽂아 넣은 검에 힘을 더 주었다. 비늘 틈 사이로 뜨거운 피가 무열의 얼굴을 덮쳤다. 마법검의 날이 부러질 듯 위태롭게 꺾였다.

구겨지듯 밀어 넣은 검이 서서히 피부를 뚫고 살점을 갈라 심장을 향해 다가갔다.

[크아아아아아ーーー!!!]

비명과도 같은 나르 디 마우그의 포효와 함께 그가 사정없이 요동치기 시작했다.

"말도 안 돼……."

그 모습을 바라보고 있는 정민지는 지금까지 한 번도 상상하지 못했던 백금룡의 고통에 찬 모습에 넋을 잃고 말았다.

그녀에게 있어서 나르 디 마우그는 절대적인 공포였다. 실험실에서 인간을 재료 삼아 만행을 저질렀던, 그 끔찍했던 시간을 떠올리면 지금 같은 모습은 절대로 상상하지 못했을 것이다.

[조금만 더!!]

쿤겐의 외침이 무열의 귀를 때렸다.

내색하지 않았지만 창조 마법을 시전한 순간, 무열의 몸 안을 채웠던 막대한 마력이 일순간 산화되듯 타버렸다.

가까스로 단단한 육체를 뚫는 데까지는 성공했지만 나르 디 마우그 심장까지 도달하기 위해서는 아직도 험난했다.

[진정해. 우리가 줄 수 있는 힘도 한계가 있다. 더 이상 쏟아붓다간 우리가 정령계로 다시 돌아가야 할지도 몰라.]

막둔이 무열에게 자신의 뇌력을 전부 쏟아붓는 쿤겐을 말렸다.

[닥쳐. 이제 막 계약을 맺은 네가 알 리가 없다. 강무열이란 인간이 얼마나 지독한 녀석인지.]

하지만 막툰의 만류에도 불구하고 오히려 쿤겐은 그에게 호통쳤다.

[……뭐?]

어처구니가 없다는 반응이었지만 그 대답 대신 느껴지는 차가운 한기가 나르 디 마우그 혈관을 타고 흐르며 그의 몸을 얼어붙게 만들기 시작했다.

[에테랄, 당신까지……!]

[싫지만 쿤겐의 말대로야. 잔소리를 할 생각이라면 그 힘까지 저 녀석에게 줘. 미우나 고우나 우리의 계약자니까.]

[그렇기 때문에 이런 말을 하는 거잖나! 계약자를 죽게 만들 셈이야? 마력까지 모두 소진한 상태도 모자라서 정령왕 셋의 힘까지?]

[안 죽어.]

정령왕들 중에 언제나 냉정한 그녀조차 막툰에게 아무렇지 않게 말하자 그는 할 말을 잃고 말았다.

[그런 녀석이거든. 우리의 계약자는.]

저적…… 쩌저저저적……!!

그때였다. 나르 디 마우그의 육체를 뚫고 무열의 검이 끝내 그의 심장에 도달했다.

[크르르아아아아악———!!!]

거대한 육체가 꿈틀거렸다. 나르 디 마우그의 입가에서 붉은 피가 주르륵 흘러내렸다.

세븐 쓰론 대륙에 존재하는 드래곤의 레어는 세 개.

골드 드래곤 에누마 엘라시, 레드 드래곤인 퓌톤, 마지막으로 그린 드래곤인 크루아흐.

필드에 존재하는 보스 몬스터들 중에 가히 최상급이라고 과언이 아닐 것이다.

단단한 비늘은 마법이 통하지 않았으며 두꺼운 껍질은 그 어떤 검도 들어가지 않았다.

대륙을 군림하던 절대적 존재.

하지만 결국 이들도 인간의 손에 무너졌다.

그 단단한 외피에 비해 드래곤의 내부는 너무나도 연약했다. 뼈와 근육으로 되어 있는 육체는 결국 동물의 그것과 다르지 않았으며 결국 심장이 멈추면 죽는다는 것은 똑같았다.

내부에서의 폭발.

이강호는 외부에서 드래곤을 공격하는 것 대신 모든 수단을 사용하여 그들의 행동을 제약하고 강력한 폭발로 드래곤의 심장을 일격에 터뜨렸다.

심장 안까지 도달할 수 있는 유일한 통로. 드래곤의 입을 통해서.

그것이 드래곤의 유일한 약점.

[이런…… 바보 같은…….]

나르 디 마우그는 자신의 육체가 망가져 가고 있음을 알면서도 이렇다 할 방법을 찾지 못했다.

억겁의 시간 동안 수많은 연구 끝에 생태계의 육체를 버리고 영체화하여 모든 마법과 모든 검을 막을 수 있는 힘을 얻었다.

그리고 그것에 따른 자만이 곧 눈앞의 죽음으로 이어지고 있었다.

그 힘이 이토록 아무런 기능을 발휘하지 못하고 뚫리면 이처럼 무력한 존재가 될 수 있다는 것을 단 한 번도 상상하지 못했다.

'이강호는 드래곤의 심장을 폭약과 마력탄으로 터뜨려 버렸다. 덕분에 용 사냥에 성공했지만 그 때문에 세 마리의 용을 잡는 동안 단 한 번도 드래곤 하트(Dragon Heart)를 얻지 못했지.'

하지만 무열은 다르다. 이제 전생(前生)과 현생(現生)을 통틀어서 드래곤의 심장을 얻은 유일한 존재였다.

타앙……!!

심장에 박아 넣은 검의 여행자의 날이 끝내 힘을 버티지 못하고 부러졌다.

꽈아악———!!!

하지만 무열은 아랑곳하지 않고 그 즉시 움켜쥔 나르 디 마우그의 심장을 있는 힘껏 잡아 뜯었다.

더 이상 비명도 몸부림도 치지 못한 채 백금룡은 그저 맥없이 쓰러지고 말았다.

그때였다. 나르 디 마우그의 사체에서 새하얀 빛이 쏟아지기 시작했다. 애초에 육체가 존재하지 않은 영체였던 녀석의 몸이 타고 남은 재처럼 가루가 되어 부서지기 시작했다.

"……!!!"

[드래곤의 심장을 획득하였습니다.]
[검의 여행자를 연성(鍊成)할 수 있습니다.]

파스스슥……!!!!
사라지는 파편 속에서 검의 여행자가 나르 디 마우그의 시체에서 흘러나온 빛을 흡수하기 시작했다.

[연성을 시작합니다.]

붉은 메시지창과 함께 피를 뒤집어쓴 무열의 앞에 부러진 날이 검의 여행자가 천천히 공중으로 떠올랐다.

[퀘스트명 : 혈맹(血盟)의 길]
[퀘스트가 변경되었습니다.]

[난이도 : S-??급]

무열은 쏟아지는 새하얀 빛과 함께 나타난 붉은 창을 바라보며 회심의 미소를 지었다.

"……!!!"

그때였다. 퀘스트를 알리는 붉은색 창이 갑자기 흔들렸다. 그와 동시에 잔상이 뒤엉키더니 무열의 눈앞에 검은색 메시지창이 나타났다.

[퀘스트명 : 검 살해자(Sword Slayer)]

'검은색……?'

지금까지는 볼 수 없었던 것이었다.

무열은 서서히 떠오르는 은빛에 가까운 푸른 광채를 띠는 검에 손을 가져갔다.

창조 마법으로 재탄생한 나르 디 마우그의 드래곤 하트로 만들어진 검. 어쩌면 이것은 락슈무가 만든 규율에 존재하지 않는 것일지 모른다.

눈앞에 존재하지만 존재하지 않는 것. 신이 창조하지 않은 유일무이한 무구.

분명, 자신과 마찬가지로 어긋난 것임이 틀림없었다.

꽈악.

무열은 그 검을 있는 힘껏 쥐었다.

[히든 피스 발견!!]

검은색의 메시지창이 마치 웃는 것처럼 기묘하게 흐트러지며 글씨를 만들어냈다. 처음에는 알아보기 힘들었지만 진흙처럼 흘러내리는 글씨는 마치 악마의 그것처럼 음산하게 보였다.

'히든…… 피스?'

생각지도 못한 발견에 무열조차 놀라지 않을 수 없었다.

빛 속에서 검은 글씨는 더욱더 선명하게 보였다.

마치.

그 빛에 격렬하게 반(反)하는 듯이.

[블레이더(Blader) – 스킬러(Skiller)]
[직업을 선택할 수 있습니다.]

그 어떤 설명도 없었다.

하지만 무열은 지금까지 보았던 어떤 직업과도 다른 것임을 직감했다.

어쩌면…….

이 히든 피스야말로 락슈무가 만든 것이 아닐지도 모른다는 생각이 들었다.

꿀꺽.

무열은 자신도 모르게 마른침을 삼켰다.

[전직하시겠습니까?]

자신의 앞에 떠 있는 창을 그는 흔들리는 눈동자로 주시했다.

그리고 얼마의 시간이 흘렀을까.

천천히 올라가는 그의 입꼬리.

무열은 무언가 생각하는 듯 잠시 뜸을 들였다. 그러고는 마치 누군가에게 들으라고 하는 것처럼 한 글자, 한 글자 또박또박 힘을 주어 말했다.

"거절한다."

'히든 피스(Hidden Piece)……?!'

정민지는 눈앞에 생성된 검은 메시지창을 바라보며 놀라지 않을 수 없었다.

그녀 역시 실험실에서 나르 디 마우그의 힘을 얻으며 팬텀

(Phantom)이라는 직업을 가지게 됐지만 그건 히든 피스가 아니었다.

세븐 쓰론을 살아가는 사람이라면 누구나 등급이 올라가면서 직업에 대한 열망 역시 커진다.

권좌(權座)에 오르기 위해서 필요한 것은 그 누가 뭐라고 해도 절대적으로 힘이었다. 그리고 그 힘은 직업에서 나온다고 해도 과언이 아니었다.

누가 더 희귀한 직업을 얻느냐, 그리고 그에 따른 스킬을 찾느냐에 따라 강해지니, 히든 피스가 가지는 무게를 따로 설명하는 것은 정말로 바보 같은 짓일 것이다.

그런데…… 그 중요함을 가볍게 무시해 버리는 일이 생기고 만 것이다.

"거절한다."

정민지는 자신의 귀를 의심했다. 히든 피스로 얻을 수 있는 히든 클래스는 정말 천운이 아니고서는 만날 수도 없는 일이었다.

"뭐?!"

하지만 그런 행운을 지금 아무렇지 않게 차버렸으니 그녀조차 무열의 행동을 이해할 수 없었다.

"지금 당신이 뭘 한지 알고나 있는 거야?"

정민지는 단숨에 그에게 달려와서는 사라지는 검은 메시지

창을 바라보며 소리쳤다.

"생각도 안 하고 행동하는 사람이 있나? 너는 내가 그렇게 머저리로 보여?"

"아니…… 그게 아니라."

"아니면 네가 얻고 싶었던 건가? 히든 피스는 쉽게 볼 수 있는 게 아니니까."

아무렇지 않게 말하는 무열을 보며 정민지는 기가 차다는 표정으로 대답했다.

"난 그런 속물이 아니거든? 그리고 어차피 이제 와서 얻어 봐야…… 당신을 감당할 수도 없을 것 같고."

정민지는 뒷머리를 흐트러뜨리며 낮은 한숨을 내쉬었다. 그녀 역시 권좌를 노리던 강자 중 하나였다.

하지만 무열이 나르 디 마우그의 심장을 뽑았을 때 직감했다. 이미 자신의 영역을 벗어난 자라는 것을.

"싸가지는 없지만 인정할 수밖에 없을 것 같네. 솔직히 이젠 권좌에 당신이 아니라 다른 사람이 앉는 게 상상이 안 가니까."

그녀의 말에 무열은 피식 웃었다.

"그런데 왜 거절했지? 좋은 기회잖아. 히든 피스가 없어도 충분히 권좌에 오를 수 있다고 자신해서인 거야?"

"아니."

세븐 쓰론의 모든 사람이 권좌(權座)에 집중하고 있었지만 이미 무열에게 있어서는 그 자리가 끝이 아니었다.

"히든 피스로는 부족하니까."

"그걸로도 부족하다고……?"

"그래, 앞으로 싸워야 할 녀석은 말이지."

이젠.

종족 전쟁 역시 끝이 아니다.

"……그게 무슨?"

무열은 정민지의 물음에 더 이상 대답을 하지 않았다.

신(神).

그의 머릿속에 목표는 새로이 정립되었다.

'검은 히든 피스. 신의 영역에 도달하려던 나르 디 마우그로 인한 변수일지 모른다. 하지만 그걸로는 안 돼.'

함구하는 그의 모습에서 그녀의 궁금증은 커졌지만 한번 입을 다물면 더 이상 그의 입에서 어떠한 말도 나오지 않는다는 걸 알기에 그저 고개를 저으며 묻는 것을 포기할 수밖에 없었다.

'무엇이 되었든 히든 피스라는 것은 결국 규율 안에 적용되는 것이니까.'

무열은 나르 디 마우그의 사체를 살피면서 생각했다. 그는 이제 사라졌지만 여전히 그의 마력은 공기 중에 떠돌고 있었다.

　무열이 공기를 뜨듯 그 마력의 가루들을 한 움큼 쥐었다가
놓았다.

　'하지만 이 힘이 있다면…… 할 수 있다.'

　나르 디 마우그의 심장으로 검을 연성하면서 불현듯 떠오
른 계획.

　꽈악.

　그는 자신의 검을 쥐었다. 백금룡의 심장을 먹은 검은 더 이
상 자신이 알고 있던 마법검이 아니었다.

　[검 살해자(Sword Slayer)]
　검이 굶주려 있다.
　등급 : ???
　분류 : 검
　내구 : ???
　효과 : ???

　아이템 창을 봤지만 검 이외에는 이렇다 할 정보조차 나와
있지 않았다. 게다가 다른 상태창과 달리 검 살해자의 설명창
은 조금 전 히든 피스의 것과 마찬가지로 검은색이었다.

　어찌 보면 음산하기까지 한 느낌.

분류 이외의 모든 것이 물음표인 상황에서 단 한 줄로 적혀 있는 설명.

'검이 굶주려 있다라…….'

무열은 눈을 흘기며 검은 날을 살폈다.

백금룡의 심장 때문인지는 모르겠지만 칠흑 같은 검날의 옆면엔 물결처럼 하얀 줄 하나가 요동치고 있었다.

처음 검을 봤을 때의 찬란했던 푸른 광채는 사라진 지 오래였다.

"재밌군."

촤악———!!

무열이 망설임 없이 자신의 팔을 그었다.

"무, 무슨 짓이야?!"

날카로운 날은 거침없이 그의 살을 가르고 붉은 피를 머금었다.

그 순간, 검날에 그려진 흰 선이 수면 위에 돌을 던진 것처럼 퍼지더니 점차 검은 날을 감쌌다. 그와 동시에 검날에 푸른빛이 번뜩였다가 사라졌다.

"……!!"

정민지는 그 광경에 놀란 듯 눈을 동그랗게 떴다.

하지만 빛은 찰나에 가까울 정도로 짧게 끝났고 검날을 뒤덮었던 은빛 역시 사라졌다. 검날은 다시 새카매졌다.

"내 피로는 부족한가?"

무열은 마치 검에게 말을 거는 것처럼 낮은 목소리로 말했다.

더 강한 상대.

고민하지 않아도 답은 간단하게 나왔다.

그는 피식 웃으며 검을 집어넣으며 생각했다.

'곧 네가 원하는 녀석의 피를 먹여주마.'

"눈을 붙여두는 게 좋을 거다."

"상처는? 괜찮아?"

무열은 정민지의 물음에 대답 대신 붕대를 감은 팔을 보여주었다.

"검상 정도는 쉽게 낫는다. 너의 드래곤 스킨이 단단하긴 하지만 앞으로의 전투를 위해서 붕대법을 익혀두는 게 좋을 거다."

"앞으로의 싸움? 됐어. 전에도 말했지만 당신을 이길 자신이 없으니까. 그리고 알라이즈는 걱정하지 마. 내가 돕지 않으면 어차피 불가능한 상황이란 걸 알 테니까. 애초에 그는 권좌에 오를 그릇도 아니었고."

"배워둬라."

"……뭐?"

무열의 말에 정민지는 고개를 들었다.

"필요할 거다."

"…… ."

아무런 이유도 없이 말했음에도 불구하고 무열의 말은 이상하리만치 거부하기 어려웠다.

머뭇거리는 정민지를 두고 그는 무덤덤한 표정으로 자리에서 일어났다.

"자고 있어라. 배는 내일이 돼야 올 테니까. 뭣하면 사원을 한 번 더 뒤지든가. 드래곤 본 말고 쓸 만한 것들이 아직 더 있을지 알아?"

무열은 턱을 살짝 들어 올리며 옆에 세워놓은 커다란 뼈를 가리켰다.

드래곤 본은 세븐 쓰론에서 얻을 수 있는 재료 중에서도 최상급에 속하는 것이다.

육체가 존재하지 않고 영체로 형태를 유지하던 나르 디 마우그였지만 신기하게도 척추만큼은 남아 있었다.

"어딜 가려고?"

아무렇지 않게 무열이 대답했다.

"왜? 볼일을 보러 가는 데까지 따라올 만한 사이는 아니잖아?"

정민지가 인상을 구기며 말했다.

"……꺼져."

[잘도 여자에게 그런 말을 하는군.]

"여자?"

무열은 쿤겐의 말에 피식 웃었다.

"그녀의 진짜 모습을 봤으면 그런 말이 나오지 않을걸."

용족을 이끌고 인간군 수천 명을 죽였던 정민지의 모습은 상상도 하기 싫었다. 그녀는 전생에서 무열이 속했던 검병2부 대를 몰살시켰던 장본인이었으니까.

'전쟁의 이유에서 선과 악을 논하는 건 바보 같은 짓이지. 살기 위해서 싸우는 것뿐. 나 역시 손에 피를 묻혔으니까.'

그렇다고 무열은 그녀를 이해하려고도 하지 않았다.

'바보 같은 짓이지.'

[그런데 어째서 나온 거지? 볼일을 보기엔 너무 멀리 온 거 아냐?]

쿤겐의 말에 무열은 천천히 고개를 끄덕였다.

"인기척이 있어서."

[……뭐?]

정령왕인 그조차도 알지 못했다. 무열이 발걸음을 멈추고서 주위를 한 바퀴 훑어보았다.

"백금룡 때문에 소란스러웠지만 내가 여기 온 진짜 이유는 따로 있으니까. 얽히게 하고 싶지 않거든. 귀찮아지는 건 질색이라."

그러고는 나직이 말했다.

"이제 그만 지켜보고 나오지?"

차아앙———!!!!

무열이 검을 뽑았다. 검집에서 뿜어져 나오는 날카로운 파공성이 숲의 한가운데에서 울려 퍼졌다.

"네가 말한 대로 이 검의 진짜 끝을 완성했으니까."

그가 한곳을 응시했다.

"검귀(劍鬼)."

저벅— 저벅— 저벅—

어둠 속에서 나타나는 한 인영.

악수를 청하듯 손을 들어 무열에게 건네는 남자를 바라보며 무열이 말했다.

"넌 뭐지?"

무안한 듯 거절당한 손을 쥐었다 펴고선 검귀가 피식 웃었다.

"정말로 백금룡을 죽일 수 있을 것이라고는 생각 못 했는데 말이야. 정민지의 힘을 이용하다니. 제법이야."

"알고 있었지? 이 검이 나르 디 마우그의 파편으로 만들어졌다는 걸."

검귀는 가볍게 어깨를 으쓱했다.

"그다지 어려운 일은 아니야. 네가 블레이더에 대해서 알고 있듯이. 나 역시 조금 알고 있는 것뿐."

"그러기엔 너무 많은 걸 알고 있는 것 같은데. 조금이 아니라 과할 정도로."

무열은 천천히 앞으로 걸어갔다.

"거기까지. 그 이상 오는 건 그다지 좋지 않아. 서로에게 말이지."

"……."

한순간이지만 날카로운 살기가 그의 몸을 관통하는 것 같았다.

검귀의 등엔 커다란 대검이 달려 있었다. 검을 뽑지 않았지만 순수한 기만으로 이 정도의 살기를 만들 수 있다는 건 놀라운 일이었다.

'쌍검이 아니다?'

전생에 그가 알고 있는 검귀는 분명 쌍검을 사용하는 검사였다. 물론, 그의 진짜 모습을 제대로 본 사람은 없었다. 그저 소문만 무성할 뿐.

게다가 검귀가 썼다는 쌍검은 지금 카토 치츠카가 가지고 있었다.

'저자도 내가 바꾼 미래에 의해 달라진 건가. 아니면 내가 그에 대해서 알지 못하는 걸까.'

알 수 없는 일이다. 회귀를 한 지금 유일하게 무열의 생각에서 벗어나는 존재가 바로 검귀였다.

"한 가지 묻지. 왜 히든 클래스를 선택하지 않았지?"

무열은 검귀를 바라보며 낮은 한숨을 내쉬었다.

"너도 똑같은 질문인가? 뭔가 대단한 녀석이라 생각했는데 사원 안에서 자고 있을 여자랑 수준이 똑같군."

"……."

"좋다. 날 여기까지 데려온 것은 너다. 너 역시 분명 이유가 있었을 터."

그는 천천히 검을 들어 검귀의 눈높이에 맞추었다.

"한 가지 의문이 들었거든."

그러고는 말 대신 생각했다.

'과연 이 검은 이 세계의 규율에 벗어난 것일까.'

침묵이 이어졌지만 검귀는 마치 무열의 생각을 읽기라도 한 것처럼 고개를 끄덕였다.

'신이 만든 것이 아닌 백금룡의 창조 마법으로 인해 만들어

진 검. 만약 이 검이 락슈무가 만든 것이 아닌 새로이 창조된 것이라면…….'

두근……!! 두근……!!

심장이 거칠게 뛰기 시작했다. 처음 회귀를 하고 3거점에서 눈을 떴을 때 느꼈던 두근거림이 다시 샘솟는 기분이었다.

긴장감이 흥분으로 바뀌고 그 흥분이 설렘으로 바뀌었던 그날처럼.

역사를 바꾸기로 마음먹었던 그때의 자신으로 돌아가 무열은 이제 역사가 아닌 미래를 바꿀 수 있는 방법을 찾았다.

"그래서 네가 내린 결정이 뭐지?"

복면 안에 눈동자가 반짝거리는 것 같았다.

검을 쥔 손에 땀이 맺혔다.

무열은 나지막한 목소리로 말했다.

"내가 직접 창조한다."

바로.

신을 죽일 수 있는 직업을.

"대장, 이제 곧 도착입니다."

촤아아아악---!!!!

파도를 가르며 유려하게 순항하는 함선의 뱃머리 위에 서 있던 무열은 쿠샨의 말에 고개를 끄덕였다.

"무슨 생각을 그렇게 하십니까?"

"아무것도."

"약속의 땅에서 무사히 돌아오셔서 다행입니다."

위그(Ygg)에 있던 바이칼 가르나드가 42거점으로 연락을 취함과 동시에 쿠샨은 지체하지 않고 바로 이곳으로 배를 몰았다.

바이칼의 직업인 염화령(念火令)의 고유 스킬인 정신감응은 거리와 상관없이 지정된 사람에게 의사를 전할 수 있었다.

"바이칼이 진아륜과 함께 새로운 단체를 만들었다고 하더 군요."

"그래?"

"네, 이클립스라는 정보 단체라고 합니다. 진아륜의 갈까마 귀도 새롭게 편성되었고요."

"흑익(黑翼)까지 만들었나. 생각보다 빠른걸. 둘이 죽이 잘 맞나 보군."

아무렇지 않게 말하는 무열의 말에 쿠샨은 놀란 얼굴로 물었다.

"알고 계셨습니까?"

그의 물음에 무열은 가볍게 웃을 뿐이었다.

'권좌에 오르면 끝난다고 생각할 수도 있지만 이클립스가 필요한 이유는 이후에 있을 종족 전쟁을 대비함이다.'

세븐 쓰론에 징집된 인류 중에 99%는 의외로 평범한 삶을 영위하고 있었다.

전투와는 무관한 사람이 대부분이었기 때문에 현실에서 익혔었던 생산 스킬을 사용해서 생활했다.

나머지 1%가 세계를 움직인다.

그리고 그 1%의 1% 정도만 이곳엔 인간 이외에 다른 종족들이 존재한다는 것을 안다.

'바이칼 가르나드 역시 그중에 하나일 것이다. 정보를 수집하는 데에 있어서는 낚시꾼인 칸 라흐만과 견주어도 손색이 없는 자니까.'

무열의 언질도 있었지만 본능적으로 그는 만일의 사태에 대비하려 하는 것이다. 무엇인지 명확하지는 않지만 어렴풋하게 느껴지는 일말의 불안감에 말이다.

'이것으로 충분한 걸까.'

그는 약속에 땅에서 얻은 검 살해자를 바라보며 생각했다.

"직업을 창조한다? 재밌는 발상이군. 반신의 반열에 오를 수 있는 힘을 가지고 있으면서도 너는 아직 부족하다고 여기는 건가."

"반신이란 결국 반쪽짜리일 뿐이니까. 온전한 것을 이기기 위해서는 그 이상이 되어야지."

검귀는 무열의 말에 천천히 고개를 끄덕였다.

"그게 네가 싸우는 방식인가."

그러고는 뭔가 생각난 듯 그를 바라봤다.

"이봐."

그는 떠나려는 무열의 등을 바라보며 말했다.

"규율은 깨지라고 존재하는 것이다."

알 수 없는 그의 말에 무열이 뒤를 돌아 바라봤지만 이미 그 자리에 그는 없었다.

"열쇠는 인간이다."

공기에 스며들어 있는 것처럼 그의 목소리가 무열의 귓가에 흘러가 듯 스쳤다.

"그리고 그건 너희들의 몫이지."

"……."

자신을 그곳으로 이끌었던 검귀를 결국 만나게 되었지만 오히려 의문만 증폭될 뿐이었다.

'도대체 정체가 뭘까. 나와 같은 회귀자?'

그럴 가능성이 없는 것은 아니지만 확률은 희박했다. 만약 그가 자신과 같이 미래를 아는 회귀자였다면 자신보다 훨씬 더 빠르게 권좌에 오를 수도 있었을 테니까.

'전생에서 이미 그는 종족 전쟁에서 장군들을 암살할 정도로 뛰어난 실력자였으니까.'

하지만 그는 권좌에는 관심조차 없어 보였다. 자신보다 더 많이 알고 있음에도.

"……."

혼자서 고민해 봐야 답이 나오지는 않는다.

'언젠가 다시 만나겠지.'

그리고 그렇게 되기 위해서는 앞으로 나아가는 수밖에 없다.

"이제 진짜 시작인가."

지금까지의 모든 것은 바로 앞으로 자신을 기다릴 대전쟁을 위한 것이었다. 하지만 막상 그것이 손에 잡힐 만큼 가까워지자 아무리 무열이라 할지라도 떨릴 수밖에 없었다.

"후우……."

"왜 그렇게 한숨을 쉬지? 이제 성도로 돌아가 권좌에 오르기만 하면 끝인데."

정민지는 뱃머리로 걸어 나오며 무열에게 말했다.

"너, 날 돕겠다고 했지?"

"그래, 뭐 이제 와서 딱히 할 일이 있을지는 모르겠지만."

"돌아가는 즉시 알라이즈 크리드를 내게 불러와라. 그리고 네가 통합한 용족의 수장들 역시."

그녀는 무열의 말에 고개를 갸웃거렸다.

"알라이즈는 그렇다 쳐도 용족의 수장들까지? 네가 확실한 사람이란 건 알겠지만 꼭 그렇게까지 할 필요가 있을까?"

"그리고 알라이즈에게 부족을 다시 재편하라고 전해. 자세한 사항은 바이칼을 통해서 알리겠다. 단순히 전문을 보내서는 그가 움직이지 않을 테니까. 네가 직접 가도록 해."

"붉은 부족까지?"

"그래, 그들의 힘이 필요할 테니까."

무열의 말에 정민지는 인상을 구기며 되물었다.

"도대체 뭘 할 생각이야? 나의 용족과 알라이즈의 부족까지 모두 동원을 하려고 하다니. 당신…… 꼭 전쟁이라도 할 것처럼."

더 이상 대륙에 그에게 맞설 강자는 없었다. 말 그대로 전국을 통일했다고 해도 과언이 아닌 이 시점에서 또다시 전투를 준비하다니……. 그녀로서는 이해가 가지 않았다.

"권좌에 오르기 전에 해야 할 일이 있다."

"그게 뭐지?"

무열은 저 멀리 보이기 시작하는 트라멜을 응시하며 낮은 목소리로 말했다.

"용 길들이기."

"돌아오신 것을 환영합니다."

쿠샨은 그 별명대로 얼굴에 미소를 가득 띠고서 말했다.

"저는 즉시 42거점으로 가서 대장께서 명령하신 일을 처리하도록 하겠습니다."

"그래, 부탁해. 그곳에 아마 최은별이 있지? 보름 안에 내가 말한 재료들을 가지고 돌아오라고 전하고."

"투덜대기는 하겠지만 그녀라면 무슨 임무든 완수해 낼 겁니다."

무열은 고개를 끄덕였다. 성도를 탈환하는 과정에서 유물을 발동시켜 역전의 발판을 마련한 그녀의 실력을 더 이상 믿어 의심치 않았다.

"대장!!"

항구에 내리자마자 기다렸다는 듯 트라멜의 사람들이 무열을 향해 달려들었다.

"괜찮으세요?"

"약속의 땅에 가셨다면서요. 어떻게 저희들에게 한마디도 없이……."

"너무합니다."

쉴 새 없이 들려오는 목소리에 무열은 난감한지 어색하게 웃었다.

"환영받는군, 당신."

정민지는 그런 무열의 모습이 부러운 듯 말했다.

"시킨 일을 끝내고 돌아와라. 네 자리를 마련해 둘 테니까."

"내 자리?"

"날 돕겠다고 하지 않았나? 그렇다면 너 역시 트라멜에 있어야지."

"……."

무열의 말에 그녀는 피식 웃고 말았다.

"정말 알 수 없는 남자네."

그녀는 자신의 얼굴을 가리고 있던 가면을 한번 만지고서는 돌아섰다.

"그래, 받은 만큼 해줘야지. 남부로 다녀오겠어. 오래 걸리진 않을 거야."

후드드득……!!

작은 날개가 달린 독수리만 한 소룡(小龍)이 날갯짓을 하더니 천천히 그녀의 손등 위로 올라섰다.

"이미 알라이즈 크리드에게 내 말이 전해졌을 테니까."

무열은 그녀를 향해 고개를 끄덕였다.

얼마 전까지만 하더라도 서로에게 검을 겨누던 사이였다. 마음을 바꾸었다고 해서 당장에 무열 이외에 다른 사람들까지 친해질 수 있을 리 없었다.

최혁수를 비롯해 트라멜의 사람들은 무열과 함께 있는 그녀를 경계할 수밖에 없었다.

그건 정민지 역시 마찬가지. 하지만 그녀는 사람들의 틈을 빠져나오며 나지막하게 말했다.

"곧 돌아오지."

"칸 라흐만의 소식은?"

"대장이 귀환하시기 삼 일 전에 연락이 왔었습니다. 지금 남부 일대 최남단에 있다고 해요. 창 일가의 지원을 받아서 조사 중이라고 하던데요."

"어떤 조사?"

"리앙제 때의 일 기억하시죠? 검은 덩굴이요. 그게 남부에서도 발견되었다고 해요."

최혁수의 말에 무열은 천천히 고개를 끄덕였다.

오랜만에 트라멜에 돌아왔지만 여유롭게 쉴 수 있는 시간은 없었다. 무열은 갑옷을 풀며 산더미처럼 쌓여 있는 부재중 올라온 보고를 구두로 들었다.

'악마족……. 시작된 건가.'

확실히 전생의 종족 전쟁과는 확연히 다른 미래가 시작되었다.

'각 차원의 종족들이 자신들의 권좌가 정해지고 난 뒤 락슈무가 강제로 차원문을 열어 전쟁을 벌였던 그때와 달리 지금은 모든 종족이 스스로 움직여 세븐 쓰론으로 모이고 있다.'

방법도 시기도 다르지만 전생과 다르지 않은 것은 있었다.

'결국 전쟁은 시작될 것이라는 것.'

무열은 천천히 고개를 끄덕였다.

"그리고 마법회에서 폴세티아의 단서를 찾았다고 해요. 계속해서 마법서를 완성할 수 있도록 진행하겠다고 알려왔습니다."

"그래."

"그리고 타투르에서 현재 남부에 있던 외지인들이 안전하게 모일 수 있도록 자유군이 지원을 할 예정이랍니다. 남부에서도 이미 트라멜에 대한 소문이 자자하니까요."

이질적인 목소리가 들렸다. 고개를 돌리자 훤칠한 키에 옅은 갈색으로 염색을 한 이십 대의 남자가 가죽으로 된 갑옷을 입고 서 있었다.

"이신우라고 합니다. 타투르에서 찾으셨다고 들었습니다만."

"아아…… 이렇게 보게 되는군. 반갑다."

"저야말로."

바람술사 이신우.

전생에서 유일하게 바람의 상급 정령을 다루었던 정령술사였다.

'잘된 일이야. 전에 안슈만에게 부탁을 하고 난 뒤에 보지 못했는데 이런 식으로 전력이 강화되는 것은 좋은 일이지.'

무열은 그를 바라보며 물었다.

"그런데 형도 있지 않나?"

그의 말에 이신우는 머리를 긁적이며 말했다.

"형은 타투르에 남겠다고 했습니다. 고집이 워낙 세기도 하고…… 남의 밑에 들어가는 걸 썩 내켜 하지 않아서요."

"으흠, 그렇군."

고개를 끄덕였지만 못내 아쉬웠다.

'흑괴(黑怪)라고 불렸던 이대범의 괴력이 있다면 더 좋을 텐데……. 뭐, 그는 종족 전쟁이 시작되면 굳이 말하지 않아도 스스로 움직일 테니까. 훈련을 빨리 시키고 싶지만 시기가 늦더라도 쉽게 죽을 위인은 아니니.'

"정령술을 다룰 수 있으시다고 들었습니다만……?"

"그래, 어디까지 익혔지?"

"지금…… 상급 정령과의 계약이 자꾸 불발되어 중급 정령에서 머물고 있습니다."

"내가 도와주지. 사미아드가 있다면 좋았을 테지만 그의 행방을 알 수 없으니 말이야. 그래도 상급 정령이라면 다른 정령왕들도 길을 터주는 것 정도는 할 수 있겠지."

이신우는 무열의 말에 반색을 했다.

"자, 잘 부탁드립니다."

오랜만에 거점으로 돌아와서일까, 모든 게 순조롭게 진행되고 있는 상황 덕분일까. 무열은 팽팽하게 당겨져 있던 긴장감이 조금은 풀어지는 기분이었다.

그때였다.

콰아아앙———!!!

갑자기 회의실의 문이 열렸다.

"보…… 보고드립니다!!"

그 여유로움은 고작 몇 초에 지나지 않았고 다급한 병사의 목소리만이 홀을 채웠다.

"무슨 일이지?"

"지, 지금 하늘에서……."

허겁지겁 뛰어온 병사의 말은 끝까지 이어지지 못했다.

저벅— 저벅— 저벅—

그 대신 들려오는 발소리.

"……!!!"

"……!!!"

병사를 지나쳐 누군가가 회의실 안으로 들어오고 있었다.

마치 공기를 밟는 것처럼 발소리는 거의 들리지 않았다. 길게 늘어뜨린 로브의 움직임만이 그가 걷고 있다는 것을 보여줄 뿐이었다.

새하얀 로브를 머리까지 덮고 얼굴을 가린 모습이었음에도 불구하고 그의 움직임 하나하나는 마치 신성한 뭔가가 담겨있는 듯 보였다.

꿀꺽.

그를 바라보는 사람들은 모두가 내로라하는 강자였음에도 불구하고 자신도 모르게 마른침을 삼켰다.

본능적으로 느껴지는 강함.

그건 단순한 무력의 높낮음이 아닌 본질적인 무게감이었다.

"반갑다."

무열은 자신의 앞에 선 남자를 바라봤다.

그가 남자를 본 순간, 조금 전 자신의 생각을 수정해야 한다는 생각이 들었다.

모든 종족이 움직였던 게 아니다. 지금까지 단 한 번도 세븐 쓰론에 모습을 드러내지 않았던 종족이 있었다.

무열의 눈동자가 흔들렸다. 하지만 다른 사람들이 느낀 강함에 대한 두려움이 아닌 그를 향한 분노였다.

차가운 목소리는 여전히 평정심을 유지하고 있었다.

그가 말했다.

"……네피림(Nephilim)."

절대로 잊을 수 없는 마지막 종족의 이름을.

82장
전쟁 선포

"네피림이 어째서 인간의 땅에 온 거지?"

무열은 차갑게 그를 바라보며 말했다. 새하얀 로브 뒤로 나 있는 커다란 백색의 날개.

"처…… 천사?"

최혁수는 신기한 듯 눈을 동그랗게 뜨고서 그 날개를 바라 봤다.

"네피림이다. 하지만 그런 고귀한 이름으로 부를 만한 녀석 들이 아니다. 그저 천계에 사는 종족일 뿐이지. 그 이상도 그 이하도 아냐. 엘프나 드워프처럼 말이다."

"……"

악마나 마족과 달리 종교의 영향 탓으로 종족 전쟁이 발발 한 뒤에도 인간군은 네피림과의 전쟁을 꺼려 했었다.

'신의 사도, 신의 사자, 신의 자손……'

라엘 스탈렌이 살아 있던 당시 교단은 별의별 이명으로 네피림을 찬양했다. 인간군을 승리로 이끌어줄 지원군이라 믿었다.

'우습게도 네피림이 지상에 내려왔을 때 녀석들이 가장 먼저 한 것은 성도를 파괴하는 일이었지만.'

디바인 히페리온(Divine Hyperion).

절대로 사라지지 않을 것이라고 믿어 의심치 않았던 성도를 한순간에 날려 버린 재앙은 10개의 재해보다도 훨씬 더 빠르게, 훨씬 더 많은 사람을 죽였다.

하늘에서 떨어지는 낙뢰를 네피림은 정화라는 이름하의 '신벌'이라 칭했다. 그리고 그 신벌은 신을 믿었던 자들을 향해 내리꽂혔다.

'그 덕분에 이강호가 라엘 스탈렌을 처단할 수 있었지만……. 너무나 많은 피해를 입었지.'

힘의 균형이 깨진 상태에서도 포스나인의 강물이 붉게 변했을 정도니 그 치열함은 굳이 말하지 않아도 충분할 것이다.

"인간이지만 거침없군."

"다시 한번 묻겠다. 네피림이 왜 인간의 땅에 발을 들여놓았지?"

"세븐 쓰론은 인간의 땅이 아니다."

로브가 살짝 움직였다. 중저음의 목소리가 울렸다.

무열은 그런 그를 바라보며 차가운 눈빛으로 다시 한번 말했다.

쿵—

세로로 세운 검 살해자가 바닥을 찍었다.

단 한 동작이었음에도 불구하고 모두의 시선이 일순간 검 끝에 쏠렸다.

"하지만 이곳은 나의 땅이지. 멋대로 이곳에 들어온 이유가 뭐냐."

"……."

침묵이 흘렀다. 두 사람의 모습을 지켜보는 주위의 사람들이 오히려 더 긴장이 역력한 얼굴이었다.

"그래, 내 소개가 늦었군."

"알고 있다."

"……?"

검을 바닥에 찍고서 턱을 괸 채로 무열은 고개를 내리깔았다.

타국의 사신이 온다 하더라도 이렇게 거만한 태도를 취하지 않았던 그였기 때문에 사람들은 의아할 수밖에 없었다.

"역천사(Virtus), 바이트람."

순간, 무열이 그의 이름을 말하자 감정이 없어 보이던 얼굴에 처음으로 묘한 일렁임이 생겼다.

'귀찮은 녀석이 왔군.'

전생에서 검귀에게 살해당했던 3명 중 하나.

창왕(槍王) 필립 로엔이 바이트람이 이끄는 천계 부대인 타이론(Tyron)에게 대패하여 전멸의 위기에 놓였을 때 검귀가 없었다면 아마 그는 분명 목숨을 잃었을 것이다.

그는 전투의 귀재였다.

'아니, 전투라고 할 것도 없지. 저자의 싸움은.'

왜소한 모습으로 보이지만 결코 저 모습에 속으면 안 된다.

무열은 직각으로 떨어지는 로브를 바라보며 생각했다.

'로브 안에 숨겨진 또 다른 두 개의 팔.'

즉, 바이트람의 팔은 모두 네 개.

두 자루의 검과 두 개의 방패를 쓰는 그는 '공방일체(攻防一體)'라는 말이 어울리는 자였다.

"마족과 악마족이 세븐 쓰론을 노리고 있다. 천계는 이에 따라 세븐 쓰론에 사는 모든 인간을 보호하고자 친히 문을 열기로 결정하였다."

"그래서?"

"곧 있을 대전쟁에서 그대가 인간군을 이끌고 우리를 지원하여 마족과 악마족을 막기를 제안한다."

그의 말이 끝남과 동시에 회의실에 있던 사람들은 경악을 금치 못했다.

"그게 무슨 말이지?"

"대장, 그건 토착인들의 문제죠. 권좌에 오르고 나면 우린 끝 아니에요?"

"북부 7왕국과 함께 우릴 도운 토착인이 많다. 함부로 나눌 수 있는 문제가 아니야."

윤선미는 최혁수의 말에 오르도 창을 힐끔 쳐다보고는 말했다.

혼란에 빠진 그들과 달리 무열의 얼굴은 담담했다.

"어떻게 우리를 도울 거지? 영혼샘은 존재하지 않는다. 그곳을 관리하던 교단이 사라졌거든. 세븐 쓰론에서 네피림의 힘을 쓰려면 영혼샘이 있어야 할 텐데."

"많은 것을 알고 있군. 하지만 그건 큰 문제가 되지 않는다. 엘븐하임에서 영혼샘을 가져올 것이니까."

네피림과 엘프는 동맹 관계.

종족 전쟁의 처음은 마족과 악마족, 네피림과 엘프, 그리고 드워프와 인간의 동맹으로 인한 3파전으로 이어졌다.

'전생(前生)에선 엑소디아로 인해 피해를 입었던 엘프들은 큰 힘을 내지 못했다. 하지만 지금은 엑소디아가 일어나기도 전.'

다섯 종족 중 가장 강한 힘을 가진 네피림에, 온전한 힘을 유지하는 엘프의 조합은 결코 쉽지 않은 상대였다.

'전략의 입장에서 본다면 저들의 힘을 빌려 악마족과 마족

부터 먼저 처리해야 하겠지.'

하지만, 중요한 문제가 아직 남아 있었다.

"네피림이 인간의 적이 아니라는 건 어떻게 증명할 거지?"

"충분히 오해할 수 있다고 본다. 하지만 우리는 인간에게 위해를 가할 생각이 없다. 그건 엘프 역시 마찬가지. 그대들이 호의를 베푼다면 우리 역시 최선을 다할 것이다."

"그래?"

"엘프가 인간의 땅에서 영혼샘의 힘을 증가시키기 위해 정화라는 허울 좋은 말로 수십 개의 마을에 독을 풀고 사람들을 죽였다. 그런데도?"

"……유감으로 생각하나 그건 엘븐하임에서 단독으로 행한 것이 아니다. 교단의 인간들 역시 그 정화에 가담했을 터인데."

"그렇군."

순순히 인정하는 무열의 모습에 최혁수는 오히려 의심하고 있었다.

"엘븐하임에 있는 영혼샘을 이곳으론 어떻게 옮길 생각이지? 마족이나 악마족과 달리 엘프는 터널을 만들 수 없다. 그렇다고 아이언바르의 드워프들이 도와줄 리도 없고."

"걱정 마라. 그 방법은 네피림 쪽에서 해결할 것이다."

"천공성(天空城)을 소환해서 말이지."

그 순간, 바이트람의 얼굴이 딱딱하게 굳어졌다.

"……."

"네 말대로다. 네피림은 세븐 쓰론뿐만 아니라 모든 차원으로 이동할 수 있는 힘을 가졌지. 애초에 자신의 차원에 거점을 삼은 종족들과 달리 거점 자체가 움직이니까."

무열은 차갑게 입꼬리를 올렸다.

"세븐 쓰론에서 천공성을 소환하기 위해서 필요한 것이 뭘까?"

그의 물음에도 불구하고 바이트람은 아무런 대답을 하지 않았다.

"인간의 영혼."

"……!!"

"……!!"

무열의 말이 끝남과 동시에 모든 사람은 눈을 동그랗게 뜬 채로 바이트람을 바라봤다.

"그걸…… 어떻게."

"네피림이 엘프와 연을 맺어둔 것처럼 나 역시 아이언바르와 꽤 깊은 관계가 있거든."

물론, 사실이면서도 거짓말이었다.

아이언바르의 왕인 트로비욘은 거암군주 막툰과의 계약으로 인해 무열에게 충성을 맹세했으나 네피림과 엘프와의 관계를 말한 적은 없다.

전생에서 종족 전쟁이 처음 열렸을 때 네피림들이 성도를 파괴하고 수많은 인간군의 영혼을 수집하여 자신의 천공성을 소환하는 것을 보았다.

엘프의 여왕인 퓌렐 갈라드 티누비엘이 라엘 스탈렌을 꼬드겨 인간의 마을을 소거하던 이유 역시 이 때문이었다.

"인간을 지켜? 훗……."

무열은 차갑게 비웃었다.

신의 사자를 소환하고 신에게 선택을 받을 수 있다는 감언이설로 블루로어의 신도들은 자신이 제물이 될 것이라는 상상도 하지 못한 채 스스로 그들을 도왔다.

"편안하게 인간을 제물로 삼기 위해 온 것이 아니고?"

"도와주기 위해 온 사람에게 말을 함부로 하는군. 아직 권좌에 오르지 못했다지? 아직 이곳엔 강자들이 남아 있다. 네피림과 엘프가 지원한다면 강무열, 당신의 자리도 바뀔 수 있다는 걸 모르는가? 아니, 강자가 아닌 길거리의 거지도 우리의 힘이라면 권좌에 앉힐 수 있다."

"마지막은 협박인가. 너희들이 무슨 생각인지 이미 알고 있다. 종족 전쟁? 무엇이 되었든 상관없다. 우리는 우리의 힘으로 설 것이다."

물러섬이 없다.

마족과 악마족, 그리고 엘프와 드워프.

그들 역시 인간과 마찬가지로 하나의 차원에서 살아가는 종족이다. 어쩌면 그들 역시 진실을 알게 된다면 신에게 반기를 들지도 모른다.

하지만 네피림은 다르다. 그들은 오직 신을 따르며 신을 위해 움직인다.

무열은 바이트람을 향해 말했다.

"적어도 동맹을 위함이라면 로브 안의 검은 내려놓고 와야 맞지 않을까?"

"……!!!"

"가증스럽게 정의로운 척하며 뒤에 숨겨놓은 두 팔에 쥔 검으로 우리의 등을 찌르겠지."

바이트람의 눈썹이 씰룩거렸다.

"꺼져라. 나의 땅엔 네 녀석의 깃털조차 놓을 곳이 없다."

"건방진……!!"

빠득.

무열의 말에 그의 얼굴이 악귀처럼 일그러졌다. 로브 안에서 흘러나오는 음산한 기가 주위를 차갑게 만들었다.

"그래, 틀어진 역사 중에 바로잡을 건 다시 바로잡아야지."

그때였다.

무열은 고민하지 않았다.

파앗———!!!

그곳에 있던 모두가 무열의 변화를 눈치채지 못했다.

느낄 수도 없을 정도의 속도.

바닥에 꽂았던 검 살해자가 반원을 그리며 무열의 손목에서 회전했다.

바이트람의 눈동자가 흔들리며 그 검의 궤도를 좇았다.

검 끝이 위를 향하자 무열이 나머지 손으로 검의 손잡이를 잡았다.

공기마저 갈라 버린 날카로운 검격이 역천사를 향해 그어졌다.

그 순간.

"가소롭군."

그의 얼굴이 웃음으로 일그러졌다.

분명 빠른 속도였다.

주위의 모든 사람이 반응을 하지 못했지만 그는 달랐다.

바이트람의 로브가 펄럭이며 숨어 있던 네 개의 팔이 모습을 드러냈다.

뒤쪽 팔에 매여 있는 두 개의 둥근 방패.

팔을 엑스 자로 교차시키며 바이트람이 무열의 검을 막았다.

자신 있었다. 인간 따위가 신의 방패를 뚫을 수 있을 리가 없으니까.

서걱.

"……어?"

바이트람은 자신의 귀에 들리는 알 수 없는 소리에 이해할 수 없다는 표정을 지었다.

두부를 자르는 것처럼 매끈한 소리.

"……!!!"

무열의 공격조차 반응한 그였지만 그 소리가 자신의 방패를 가르고 두 팔을 잘라 버리는 검이 만들어내는 소리라는 것을 인지하는 데는 생각보다 오랜 시간 걸렸다.

툭.

철푸덕……!!

잘린 팔이 바닥에 떨어져 피를 흩뿌리고 나서도 그는 현실을 인정할 수 없는지 고개를 들지 못했다.

촤아아악———!!!

두 개의 손목 위로 무언가 떨어졌다.

그건, 바이트람의 머리였다.

현실을 부정하는 듯 눈조차 감지 못한 채 구르는 역천사의 머리를 바라보며 무열은 차가운 목소리로 말했다.

"교섭 따윈 없다."

검 살해자의 날이 바이트람의 피를 머금자 기쁜 듯 파르르 떨렸다.

너무나 갑작스럽게 벌어진 충격적인 사건에 사람들은 할 말을 잃고 말았다.

"신의 개 따위에게."

83장
용 길들이기

"괜찮을까요?"

"무엇이?"

강찬석은 조심히 무열에게 말했다.

"그…… 네피림이란 종족을 죽인 것 말입니다. 아무리 적이라고는 하지만…… 확증이 없는 상태에서 그렇게 독단으로 결정하시는 건……."

그러다가 자신이 한 말을 황급히 주워 담으며 손사래를 쳤다.

"아, 물론. 대장의 결정을 의심하거나 하는 것은 절대 아닙니다. 단지…… 사람들이 불안해하고 있어서 말이죠."

"충분히 그럴 수 있다. 곧 모든 걸 설명할 거다."

"알겠습니다."

트라멜을 거닐며 무열은 생각했다.

'이제 주사위는 던져졌다. 나의 독단이라 생각할 수 있겠지만 바뀌지 않고 바꿀 수도 없는 적에게 일말의 기대를 거는 건 정말 우스운 일이다.'

"아저씨!! 아, 아니…… 영주님!!"

그때였다. 그리운 목소리가 들렸다.

무열이 고개를 돌리자 있는 힘껏 달려오는 한 사람이 있었다. 그 모습에 그는 가볍게 미소를 지었다.

"리앙제."

오랜만의 재회에서 그녀는 자신도 모르게 무열을 반기다 화들짝 놀라며 입을 가렸다.

"상관없다. 넌 그렇게 불러도 돼."

무열은 그 모습에 피식 웃으며 대답했다.

"아직도 익숙하지가 않아서. 영주님이라고 불러야 하는데…… 너무 오랜만에 봐서 그런 거라구요!! 도대체 얼마 만에 트라멜로 돌아오신 거예요?"

리앙제는 무열을 향해 뾰로통한 목소리로 말했다.

"할 일이 있었으니까."

"알고 있어요. 필립 아저씨가 돌아오시고 나서 얘기 들었거든요."

그녀는 그 말을 끝으로 잠시 머뭇거렸다.

대륙(大陸)의 통일(統一).

그것은 곧, 권좌에 오른다는 것을 의미하는 것이었고 외지인에게 있어서 그것이 무엇을 뜻하는지 리앙제는 잘 알고 있었다.

"참!! 이것 보세요."

리앙제가 문을 열고 손짓을 하자 그제야 생각에 빠져 있었던 무열은 자신도 모르게 이끌리듯 공방의 입구에 왔다는 것을 깨달았다.

"전에 영주님께서 말하셨던 거 있잖아요, 속성부대. 이거라면 속성석을 연금술이 없어도 가공할 수 있어요."

그녀는 공방 안에 있는 큐브를 가리키며 말했다.

"이게 뭐지?"

"상아탑에서 지옹 슈와 함께 만들었어요. 아직 대량생산 단계는 아니지만…… 5각석까지는 가공이 가능하거든요."

뒤에 있던 강찬석이 리앙제의 큐브를 바라보며 고개를 끄덕였다.

"지옹 슈의 공학 설계도 대단하지만 리앙제의 인챈팅이 없었다면 불가능했을 겁니다. 트라멜에 있는 사람 중에 두 아이만큼 뛰어난 생산 스킬을 가진 자도 없습니다."

그는 자랑스럽게 자신의 도끼를 꺼내었다.

"이것도 리앙제가 인챈팅을 해주었죠."

도끼의 날이 화염을 머금은 것처럼 옅은 붉은색을 띠고 있었다.

무열은 약속의 땅에 가기 전에 배 안에서 쿠샨이 했던 말을 떠올렸다.

광산에서 채굴되는 광물 중에 최상급인 6각석들은 이미 상아탑으로 보내지고 있다고 했다.

그가 명령을 하지 않아도 이미 저들은 능동적으로 움직이고 있었다. 시켜서 하는 것이 아닌 스스로 생각해서 한다는 것은 엄청난 차이가 있다.

'그래, 말할 때가 되었다.'

강찬석이 말할 때만 하더라도 무열은 권좌에 오른 뒤에 종족 전쟁에 대해서 말하겠다고 생각했었다. 그러나 신기하게도 눈앞에 작은 소녀를 보며 앞으로 있을 잔혹한 전쟁에 대해 알릴 결심이 생긴 것이다. 각자의 위치에서 싸우고 있다는 것을 깨달았으니까.

"강찬석."

"네, 말씀하십시오."

"모두 모이게 해."

무열의 말에 강찬석은 그가 하고자 하는 것이 무엇인지 직감했다. 알고 싶은 욕망보다 알 수 없는 불안감이 더 컸다. 하지만 강찬석은 기다렸다는 듯 대답했다.

"알겠습니다."

결국은 넘어야 할 벽이었으니까.

지금껏 그래 왔듯이 누군가 대신 해주길 기다리다가는 지고 만다는 걸 잘 알고 있었기 때문이다.

✿

"……종족 전쟁?"

"그래, 세븐 쓰론은 인간이 권좌에 오르는 것으로 끝이 아니라는 말이다."

무열은 담담히 말했다. 하지만 그의 담담한 목소리와는 정반대로 그곳에 있는 사람들은 경악에 찬 표정이었다.

"사실입니까?"

"하지만……."

믿을 수 없는 진실과의 조우. 그러나 무열의 우려와는 달리 주저앉거나 패닉에 빠지진 않았다.

"앞으로 다섯 종족과 싸워야 한다는 말이군요."

"정보가 너무 부족합니다. 마족과 악마족은 저번에 상대해 본 적이 있지만……."

"다섯이 아니라 넷이야. 대장의 말 잊었어? 드워프는 우리에게 협력할 거라고 했잖아."

"하지만 이미 드워프들은 악마족에게 피해를 입었다고 했잖아. 아이언바르와 연결되어 있는 통로로 얼마나 전력이 움직일 수 있는지 모르는 상황이야."

최혁수를 비롯해서 라캉 베자스, 필립 로엔 등은 무열의 충격적인 말에도 이미 현실을 인지하고 다음 계획을 세우고 있었다.

무열은 그들의 모습에 옅은 미소를 지었다.

'확실히 전쟁을 경험했던 자들이라 다르구나. 내가 너무 섣부른 걱정을 했던 거야.'

자신은 이미 세븐 쓰론에서 더할 나위 없는 최강자였지만 전쟁은 혼자서 짊어질 수 없는 것이다.

'전생(前生)과는 다를 거다.'

그는 확신했다. 무슨 일이 있어도 현실로 돌아가리라고.

"칸 라흐만이 전했던 대로 대장께서 드워프와 조우를 했고 교단은 그보다 더 빨리 엘프와 손을 잡았었죠. 게다가 트라멜은 악마족에게 위협을 받은 적도 있습니다."

라캉 베자스는 턱을 쓸어 넘기며 말했다.

"그렇다면……."

모두가 그의 말에 집중했다.

"종족 전쟁은 이미 시작되었다고 해도 과언이 아니겠군요."

끄덕.

무열은 그의 말에 동의했다.

"맞아. 그렇기 때문에 우리도 준비해야 할 것이 많다. 지금까지 내가 너희들에게 내렸던 것도 모두 이 종족 전쟁을 위함이었다."

여명회와 불멸회.

속성석 광산에서 만들어지는 속성 무기, 42거점에서 만들어지는 함선과 윤선미가 독자적으로 만들고 있는 마법부대를 비롯해, 남부 5대 부족 중 전투가 가장 뛰어난 타샤이 부족을 필두로 하여 남부의 잔여 부족의 통합. 또한, 남부에 타샤이 부족이 있다면 북부에는 비궁족이 있었다.

강건우가 이끄는 비궁족은 이미 크고 작은 부족들을 통합하여 북부 7왕국의 위용에도 절대로 꿀리지 않을 만큼 성장했다.

'하지만 이걸로는 부족하다.'

무열은 눈을 흘겼다.

"바이칼, 내 말 듣고 있겠지?"

-그래, 갑자기 소집이라서 뭔가 했는데 이런 일이 있을 줄이야. 한시도 편할 날이 없군.

그의 말이 끝남과 동시에 푸른색 메시지창이 나타났다. 작은 창에서 흘러나오는 목소리의 주인은 위그에서 무열의 말을 듣고 있던 바이칼이었다.

"아직 성도에 라시스의 정수가 보관되어 있지?"

ㅡ그래, 얘기한 대로 거점 상점에서 파는 봉인구로 봉인해 두고 전에 교단에서 썼던 제단에 두었다.

그의 대답에 무열은 고개를 끄덕였다.

"아직 칸 라흐만이 거기에 가진 않았고?"

ㅡ물론, 그랬으면 당신이 시킨 대로 정수를 그에게 주었겠지.

지금 상황에서 가장 먼저 해야 할 일은 빛의 라시스와 계약을 하는 것이었다.

살만의 해머에 잠들어 있던 그는 봉인이 해제되었음에도 불구하고 무열과의 계약을 거부했다. 그는 다른 정령왕들과 달리 가장 신에게 가까운 존재이기도 했다.

'단순히 라시스의 힘을 얻기 위해서만이 아니다. 진짜 문제는······.'

2대 광야(光夜) 중 나머지 하나.

어둠의 두아트의 행방을 아는 유일한 자가 바로 라시스였기 때문이다.

'그라면 방법을 알고 있을 것이다.'

대륙의 일반적인 정보를 수집하는 것이 이클립스라면 낚시꾼은 좀 더 숨겨진 깊은 무언가를 찾는 직업이었다.

하지만 단순히 낚시꾼이라는 직업 때문에 무열이 칸 라흐만을 기다리는 것이 아니다.

'불타는 징벌과 얼음발톱은 정령왕의 힘이 봉인된 채로 사용했었다. 하지만 유일하게 정령왕 본연의 힘을 쓴 사람이 바로 칸 라흐만이다.'

종족 전쟁 당시 그는 딱 한 번 라시스의 힘을 사용한 적이 있다.

정령술사도 아닌 그가 어떤 연유에서 빛의 힘을 쓸 수 있었는지는 무열도 알지 못한다.

'아니, 정령술사 할지라도 라시스는 그 힘을 빌려주지 않았다. 그 말은 곧, 2대 광야는 정령이지만 그 힘을 사용하는 데에 있어서는 정령력과는 관계가 없다는 뜻이다.'

칸 라흐만이라면 그 방법을 찾을 수 있을 것이다라고 무열은 생각했다.

'어둠의 힘. 두아트를 찾는 것은 종족 전쟁이 아닌 락슈무와의 전쟁에서 주요한 열쇠가 될 테니까.'

정령은 균열에서 탄생한 존재.

타락(墮落)의 힘을 가지고 있지만 그들은 원소의 힘과 융합하여 온전한 타락이라고 부를 순 없다.

그런 정령들 중에서 단 하나. 신에게 가장 가까운 정령이 라시스라면 순수한 타락에 가장 가까운 존재가 바로 두아트였기 때문이다.

[아쉽지만 칸 라흐만은 내가 만나보지 못한 사람이기 때문

에 연락을 취할 방법은 없다. 하지만 대신에 흑익들에게 전달을 해두지.]

"좋아. 만나게 되면 성도를 들렀다가 트라멜로 오라고 전해줘. 그리고 나에게 가장 먼저 알리고."

[물론이지. 그렇게 하겠다.]

"주군, 그럼 저희는 이제 뭘 해야 합니까?"

바이칼과 무열의 대화를 듣던 오르도 창이 조심스럽게 그에게 말했다.

메시지창이 사라지면서 성도와의 연결도 끊어졌다.

"지금 우리가 가장 먼저 해야 할 것은……."

무열은 천천히 입꼬리를 올리며 나지막한 목소리로 웃었다.

에누마 엘라시는 오랜만에 들리는 소란에 눈을 떴다. 얼마의 시간을 잠을 청한 걸까.

[…….]

단잠을 깨운 소리 때문에 그의 심기가 무척이나 불편했다.

수백 년 동안 항상 같은 시간에 일어나 따뜻한 햇살을 맞으며 하루를 시작했던 그였으나 오늘만큼은 달랐다. 문지기로 둔 미노타우르스의 비명이 그를 깨웠기 때문이다.

[내 눈이 틀리지 않다면 내 눈앞에 있는 게 인간일 텐데…… 오래 살고 볼 일이군. 나의 레어에 감히 인간이 발을 들여놓다니.]

푸우우우…….

숨을 내뱉자 커다란 콧구멍에서 일순간 세찬 바람이 내뿜어졌다.

[그것도 한두 명도 아니고 말이지.]

인간의 무리를 본 게 얼마 만인지 기억조차 나지 않았다. 아주 옛날에는 가끔 자신에게 도전하는 자들이 있었지만 그것도 한때. 수백 년이 지난 지금은 그조차도 발길이 끊어졌다.

결국 인간의 힘으로 어찌할 수 있는 존재가 아니라는 것을 그들도 깨달은 것이다.

자신의 위대함을.

미천한 인간은 자신들의 목숨을 대가로 치르고 나서야 알게 되었다.

그런데…….

"골드 드래곤(Gold Dragon), 에누마 엘라시."

지금 눈앞에 수백 년 동안이나 내려왔던 그 진리를 깨뜨리는 자가 있었다. 그것도 무척이나 무례하고 건방졌다.

그의 말투에서 강인함이 느껴졌다.

"거두절미하고 말하겠다. 가진 걸 다 내놓고 나를 따라라."

하지만 그만큼 황당했다. 자신에게 이런 식으로 말한 인간이 몇이나 되고 그들이 어떻게 죽었는지 알게 되면 절대로 이런 말을 내뱉지 못할 것이다.

쿵.

그때였다. 마치 아무렇지 않게 자신의 앞에 남자가 무언가를 지면에 박는 것이 아닌가.

말투부터 행동까지 이해할 수 없는 것투성이였다.

그에게 있어서는 그대로 발바닥으로 지그시 눌러 버리면 죽을 것 같은 개미 같은 존재가 인간이었다. 어처구니가 없는 에누마 엘라시는 콧방귀조차 뀔 가치가 없다는 듯 그걸 바라봤다.

아주 잠깐이지만 오랜만에 레어에 찾아온 이방인의 행동을 유흥거리로 생각했기 때문이다. 언제든 죽일 수 있으니까. 실컷 가지고 놀다가 귀찮아지면 죽여 버리면 그만이다.

[……!!!]

그 순간.

그는 자신의 눈을 의심했다. 믿을 수 없는 일이 지금 눈앞에 펼쳐졌기 때문이다.

눈앞의 인간이 들고 있던 것. 그건 다름 아닌 드래곤 본(Dragon Bone)이었다.

그것도 자신과는 비교도 할 수 없을 정도의 순도 높은 마력이 느껴지는 존재의 것이다.

세븐 쓰론에서 이런 힘을 가진 자는 단 하나뿐이었다.

터억.

무열은 박아 넣은 백금룡의 척추에 손을 얹어 기대며 눈앞에 있는 용을 향해 말했다.

"시간이 별로 없다. 너뿐만 아니라 나머지 두 마리에게도 전해라."

[지금…… 내가 꿈을 꾸는 건가. 아니지. 우리는 수면을 취할 때 꿈을 꾸지 않는다. 불완전한 인간이나 그렇지.]

에누마 엘라시는 눈앞에 서 있는 무열을 바라보며 말했다.

[네놈……. 그걸 어디서 구한 거지?]

그는 무열에게 관심이 가는 것이 아니었다. 그가 들고 있는 드래곤 본에서 눈을 뗄 수 없었다.

강렬하게 풍기는 힘은 두말할 것도 없이 나르 디 마우그의 것이었다.

하지만 백금룡 나르 디 마우그가 누구던가.

약속의 땅이라 명명하며 해역에 존재하는 섬들 중에 인간뿐만 아니라 그 어떤 종족도 그곳에 발을 들여놓는 것을 금(禁)했던 최강자.

그런 존재의 뼈가 이곳에 있다는 것은…… 더 이상 그를 현실에서 볼 수 없다는 것을 의미했다.

[인간 주제에 어떻게 그걸 가지고 있느냔 말이다!!]

콰아아아앙……!!!

쿠르르……!!

에누마 엘라시가 머물고 있는 거대한 레어가 그의 일갈에 흔들렸다.

"큭……!?"

무열의 뒤에 있던 강찬석과 최혁수, 그리고 윤선미는 고통에 찬 얼굴로 귀를 틀어막았다.

파아앗———!!

하지만 그 순간, 무열이 팔을 들어 올리자 투명한 장벽이 만들어지면서 요란했던 이명이 사라졌다.

차가운 냉기를 뿜어내는 투명한 벽은 다름 아닌 얼음이었다.

[성격은 여전하군. 너, 그 녀석 맞지? 헤츨링 시절에 후방에서 벌벌 떨던 꼬맹이.]

무열의 등 뒤로 에테랄의 모습이 흐릿하게 나타났다.

[……!!]

그녀의 등장에 에누마 엘라시의 눈이 동그랗게 커졌다. 흐릿하게 느껴지긴 했지만 다양한 기운이 섞여 있어서 드래곤인 그조차도 확신을 하지 못했었다.

[어째서 정령왕인 당신이…….]

뒤엉켜 있던 기운들이 재정립되자 그는 말을 잇지 못했다. 하나가 아니었기 때문이다.

에테랄을 중심으로 양옆으로 쿤겐과 막툰의 기운이 느껴지자 에누마 엘라시는 침묵하고 말았다.

[정령왕이 인간과 계약을 한 것도 모자라 하나가 아닌 셋……? 억겁의 시간을 살면서 괴상한 유희라도 생긴 건가? 아니면 저 인간에게 특별한 능력이라도 있다는 말인가?]

에누마 엘라시는 혼란스러운 듯 중얼거렸다.

[우습지만 녀석을 단순히 인간이라 부르기엔 어폐가 있지.]

쿤겐은 그에게 말했다.

[드래곤 본에 가려져서 잘 느끼지 못하는가 본데, 녀석을 잘 살펴봐라.]

에누마 엘라시는 무열을 주시했다. 짙게 풍기는 정령력이 그의 몸을 감싸고 있었다. 하지만 좀 더 자세히 살피자 몸 안에 갈무리되어 있는 마력이 느껴졌다.

[……!!]

게다가 상반된 힘인 암흑력까지 느껴지는 게 아닌가.

하지만 그가 놀란 것은 다른 이유였다.

[창조력……? 설마…….]

[그래, 그는 나르 디 마우그의 마력까지 흡수했다. 게다가

저 검은 백금룡의 심장으로 만들어진 것이지. 너의 비늘이 아무리 단단하다 하더라도 조심해야 할 거다. 두부 잘리듯 잘려나갈 테니까.]

[…….]

쿤겐의 말에 그는 할 말을 잃고 말았다.

저벅– 저벅– 저벅–

무열은 에누마 엘라시의 앞으로 다가갔다.

"납득하지 못하겠다면 얼마든 상대해 줄 수 있다. 지식을 탐구하고 지혜를 갈구하는 드래곤들이지만 수장을 뽑는 방식은 아주 간단하다지?"

절대적인 힘.

서로의 강함 앞에 질서가 정해지고 그중에 가장 강력한 자가 수장에 오른다. 지극히 원시적인 방법이라 그들과 어울리지 않아 보이지만 아이러니하게도 이것이 드래곤의 전통이었다.

콰아아아앙–––!!!!

무열의 주위로 맹렬한 기세가 폭발했다. 강찬석을 비롯한 나머지 사람들은 자신도 모르게 움찔하며 뒤로 물러서고 말았다.

레어를 통과하는 과정에서 몬스터들을 상대했지만 대부분은 그들이 처리했기 때문에 무열이 제대로 힘을 발휘하는 것은 처음이었다.

'과연⋯⋯.'

'어디까지 닿을 수 있을까.'

그와 동시에 그들은 기대하고 있었다. 무열이 타투르를 정복한 뒤에 혼자 여행을 하는 동안 그들 역시 가만히 있진 않았다.

강찬석은 오르도 창과 함께 무악부대를 이끌고 던전을 공략했고 최혁수는 진법을 연구했다. 윤선미 역시 여명회와 불멸회의 자문을 구해 마녀술을 강화시켰다.

스스로의 실력에 자신이 있었다. 그리고 그 힘은 성도 위그를 공략할 때 입증했다.

그렇기 때문에 더더욱 기대되는 것.

자신들의 힘이 강무열이란 존재에 어느 정도까지 도달했으며 혹은 그에 준할 수 있는가 하는 기대감.

지직⋯⋯ 지지직⋯⋯.

검 살해자에서 뿜어져 나오는 전격이 날카롭게 스파크를 일으켰다.

반대쪽 어깨부터 팔 한쪽을 뒤덮는 단단한 바위는 마치 갑옷처럼 그의 몸을 보호하고 있었다. 현신의 망토에서 흘러나오는 차가운 냉기는 그의 주위로 모든 접근을 불허하고 있었다.

무열은 세 명의 정령왕을 동시에 강림시켰다. 그 어떤 존재도 하지 못한 일.

'마우그의 심장을 연성하고 난 뒤에 창조력이 기하급수적으로 뛰어올랐다.'

그 결과가 바로 이것이었다.

꿀꺽.

세 사람은 자신도 모르게 마른침을 삼켰다.

"하……."

최혁수는 조금 전 일말의 기대를 했던 자신이 우스워졌다. 천재라 불리던 그조차도 헛웃음이 나오는 상황이었다.

"저런 건 못 이기지."

무열은 천천히 고개를 들었다. 골드 드래곤의 커다란 눈이 그를 바라보고 있었다.

"너의 힘이 필요하다."

무열은 에누마 엘라시를 향해 말했다.

[……]

"종족 전쟁이 시작된다."

[신이 또다시 쓸데없는 짓을 벌이는 건가.]

그는 지친 듯 말했다.

검무덤에서 발견했었던 벽화.

그건 미래를 예견하는 것이 아닌 과거의 역사를 남겼던 것이다.

에누마 엘라시의 말에 무열은 고개를 끄덕였다.

처음이 아니다. 역사가 되풀이되듯 종족 전쟁 역시 이전에도 존재했다.

"오르도 창에게 들었다. 네피림에 의해서 너희 드래곤들이 사라졌다는 것을. 백금룡 역시 신에게 반기를 들었다 패배했고."

[그는 위대한 용이다. 어떻게 인간에게 패배했는지 이해가 가지 않았는데…… 이제는 납득이 가는군.]

에누마 엘라시는 무열의 등 뒤에 있는 정령왕들의 모습을 보며 나직하게 말했다.

[이봐, 용. 뭔가 착각하고 있는 것 같은데. 나르 디 마우그를 죽인 건 온전히 저 녀석의 힘이다. 우리의 힘은 녀석의 피부를 뚫지 못했다.]

[맞아. 인정하고 싶지 않지만 백금룡의 비늘은 확실히 대단하더군.]

에테랄의 말에 에누마 엘라시는 쓴웃음을 지었다. 아무리 자신이라도 정령왕의 힘을 온전히 막을 수는 없었으니까.

나르 디 마우그가 자신보다 위대한 용이라는 건 두말할 것 없는 사실이었다.

[억겁의 시간이 지나면 피조물도 신에 가까워질 수도 있다

는 걸지도 모르지.]

그의 표정을 읽은 막툰은 나지막하게 말했다.

[신을 이길 수도 있고.]

에누마 엘라시는 기억하고 있다.

정령왕들이 신에게 반기를 들었던 전쟁.

신령 대전(神靈大戰).

그들은 패했고 선두에서 싸웠던 우레군주 쿤겐이 봉인이
되었다는 것을.

[당신들은…… 다시금 신과 싸우려 하는 건가.]

지금은 드래곤의 수장이라고 불리지만 그 당시의 에누마
엘라시는 아주 어리고 보잘것없던 헤츨링에 불과했다. 성년
이 채 되지 않았던 그의 눈에 비친 정령과 신의 싸움은 너무
나도 두려운 것이었다.

그 당시 용의 수장이었던 나르 디 마우그는 정령과의 싸움
을 보며 그 자신도 자신만의 방식으로 신에게 도전했었다. 하
지만 결국 그 누구도 신을 뛰어넘진 못했다.

"나는 종족 전쟁만으로 끝낼 생각 없다."

그런데 지금 누구보다 약하다고 생각했던 종족인 인간이
신에게 도전을 하겠다고 한다.

인간은 약하다.

몇백 년을 살면서 이 생각이 변한 적이 없었다.

하지만 에누마 엘라시는 지금 자신의 처지를 떠올리며 처음으로 어쩌면 신에게 도전할 수 있는 존재가 인간일지 모른다는 생각을 했다.

완벽한 패배.

지상에서 최강을 자랑했던 드래곤의 자존심을 무참히 짓밟은 게 인간임에도 불구하고 에누마 엘라시는 오히려 홀가분한 기분이었다.

"하지만 그 무엇이 되었든 눈앞에 있는 전쟁을 먼저 해결해야겠지. 그렇기 때문에 네가 필요하다. 그리고 남은 드래곤들 역시."

무열은 그를 향해 말했다.

"네피림을 비롯해서 마족 벨페골의 가신들이나 악마족의 수장인 백귀(百鬼) 아쉬케가 이끄는 가고일 부대 등 하늘을 날수 있는 능력을 가진 종족들이 있다. 하지만 우리는 다르지."

세븐 쓰론에서 비행 능력을 가진 클래스로는 마법사가 있었지만 하늘을 날면서 전투 마법을 사용하는 것은 극심한 집중력이 필요한 일이다. 그렇기 때문에 사실상 마법사들의 공중 전투는 거의 불가능이라고 봐야 했다.

'하늘을 제압하는 자가 승기를 잡는다.'

이건 변하지 않는 사실.

전생(前生)에서도 마법사가 아닌 비행 전투가 가능한 부대가 분명 존재했다.

바로, '비룡(飛龍)'.

라이딩 스킬(Riding Skill)을 습득한 사람들 중에 거점 상점에서 구입할 수 있는 최상위 몬스터가 바로 비룡이었다.

와이번과 그리폰도 있지만 그들보다 훨씬 더 강력한 체력과 비행 능력, 그리고 월등한 전투 능력으로 종족 전쟁에서 활약을 했다.

물론, 비룡은 성격도 포악하고 다루는 것도 결코 쉬운 일이 아니다. 하지만 인간은 포기하지 않았고, 결국 최초로 비룡을 다룬 남자가 나타났다.

'흑괴 이대범.'

타투르에서 트라멜로 온 바람술사인 이신우의 형이자 그는 전생에서 비검(飛劍)부대의 대장이었다.

태생적으로 타고난 무력은 단순히 힘만을 놓고 본다면 권사(拳士) 베이 신을 뛰어넘는다는 소문도 있었다.

그리고 그 소문을 확증하기라도 하는 듯 놀랍게도 그는 거점 상점이 아닌 야생의 비룡을 오직 힘으로 잡아 길들였다.

'검은 비룡.'

이대범의 이명인 흑괴(黑怪)도 그 때문에 만들어진 것이었다.

'그가 날 도우면 확실히 큰 도움이 될 텐데……. 언젠가 다

시 타투르로 가 그를 영입해야겠지.'

무열은 자신의 앞에 무릎을 꿇고 얼굴을 조아리는 골드 드래곤을 바라보며 생각했다.

'이대범은 비룡의 왕인 검은 비룡을 길들임으로써 거점 상점에서 살 수 있는 비룡을 컨트롤하는 능력을 얻었다.'

비룡은 포악하고 거칠지만 그만큼 압도적인 힘을 보이면 손쉽게 강자를 따른다.

'하지만 문제는 검은 비룡과 그를 다루던 이대범이 죽고 난 뒤에 비검부대는 날뛰는 비룡들에 의해서 와해되고 말았다.'

자신이 인정한 강자가 사라지고 난 뒤의 문제.

'만약을 대비해 이러한 사태가 벌어지지 않도록 안전장치를 두어야 한다.'

같은 종(種)이지만 검은 비룡보다 더 상위의 존재.

답은 나와 있었다. 누가 뭐라 해도 비룡보다 강한 존재는 용이었으니까. 그리고 그 용의 정점에 있는 것이 바로 세븐 쓰론에 존재하는 세 마리의 드래곤.

'이들을 모두 내 수하로 둔다면…….'

한 마리도 아닌 셋이었다.

전생(前生)과도 비교도 할 수 없는 규모의 비검부대를 만들 수 있을 것이다.

'네피림의 날개를 모두 부러뜨린다.'

푸우우우우……!!!

마치, 무열의 생각을 읽기라도 한 것처럼 에누마 엘라시는 커다란 입을 벌리고서 숨을 내쉬었다. 그의 날카로운 송곳니는 지금 당장에라도 녀석들을 집어 씹어 먹고 싶어 안달이 나 있는 것처럼 보였다.

"에누마 엘라시, 세븐 쓰론에 존재하는 모든 용에게 전해라."

용의 피를 이어받았다고 알려진 붉은 부족.

돌연변이라 불리는 용족.

비룡과 드레이크…….

오랜 세월을 살아온 만큼 대륙에는 드래곤의 피가 흐르는 존재가 많았다.

그들은 역사와 함께 자연스럽게 그들의 원류가 무엇이었는지 잊고 있었다.

레어(Lair)는 위험한 곳이지만 발을 들여놓지만 않으면 자신들의 삶과는 무관했으니까.

하지만 이제 그 오래전에 잊혀졌던 그들의 진짜 군림자가 다시 세상 밖으로 나타나게 되었다.

드래곤(Dragon).

전생(前生)에선 그저 사냥할 수밖에 없었던 몬스터였지만 현생(現生)에서는 그 무엇보다 든든한 지원군이 되어주었다.

그리고 그들의 등장은 종족 전쟁에 판도를 완전히 뒤집어 놓을 것이다.

차아앙———!!!

무열은 바닥에 꽂아두었던 검 살해자를 뽑으며 에누마 엘라시에게 말했다.

"전쟁을 시작한다."

84장
권좌에 오르다

시대는 격변하기 시작했다.

세븐 쓰론에 다른 차원의 종족들이 침입하기 시작했다는 사실이 수뇌부에게 알려지자 궁극의 적을 대비하기 위해 대륙의 모든 왕국과 부족들이 강무열의 아래에 모이기 시작했다.

북부 7왕국과 남부 5대 부족은 오랜 역사 동안 앙숙 같은 사이였으나 지금은 한 군주를 모심으로써 수백 년의 역사 속에서도 이루지 못한 통합을 이루었다.

그리고 바로, 오늘.

인류를 세븐 쓰론으로 징집한 락슈무가 그들에게 제안했던 권좌의 주인이 정해지는 날이었다.

"저게 엔라 부족의 마차군."

"보통의 카르곤보다도 훨씬 빠르죠. 속도는 족히 2배 이상.

원래는 운반용이지만 개조를 해서 저 안에 병사들도 탑승할 수 있게 만들었지요."

"부이족의 자금력이 없었다면 불가능한 일이라는 걸 잊지 말아주시길."

벤퀴스 번슈타인은 남부 일대에서 올라오는 커다란 마차를 보며 신기한 듯 바라봤다.

톱니바퀴가 맞물리면서 카르곤이나 말이 없어도 자동으로 움직이고 있는 직사각형의 마차.

심지어 전차를 조종하는 마부까지도 뒤에 있는 짐칸 안에 들어갈 수 있어 보호되었고, 작게 만들어 놓은 틈으로 밖을 바라볼 수 있는 모습이 마치 현대의 전차와 비슷해 보였다.

문화와 전통이 발달된 북부와 달리 미개하다고만 생각했던 남부는 오히려 마법에 의지하는 북부와 달리 자신의 신체를 단련하고 과학에 집중했다.

그 결과, 남부 5대 부족 중 엔라 일족과 부이족은 타투르를 통한 교역으로 막대한 부를 쌓았다.

야만적이라고만 치부했던 그들이었지만 적어도 두 부족만큼은 비단으로 되어 있는 로브와 함께 누가 봐도 대륙을 관통하는 상인의 모습을 하고 있었다.

"하지만 상아탑의 지원이 없었다면 이 정도로 빠른 시일 안에 대량으로 만들 수 없었을 거다."

자랑스럽게 어깨에 힘을 주는 두 사람을 향해 오르도 창이
말했다.

"남부에서는 마석을 가공할 수 있는 자가 몇 안 되니까. 마
차의 원동력인 마석을 구하기 어렵다. 하지만 그걸 여명회의
연금술로 가공해 주었으니까."

그의 말에 모든 사람이 고개를 끄덕일 수밖에 없었다.

마도 전차(魔道戰車).

운반용으로 만들어진 그것을 지옹 슈가 새로이 설계를 하
고 아티스 카레쉬가 연금술로 만든 외지인과 토착인의 최초
의 합작품이었다.

"정말 장관이네요. 이런 식으로 대륙 전체의 내로라하는 세
력이 모두 모일 줄이야."

"이유는 종족 전쟁이지만 사실 그에 못지않게 중요한 일이
있으니까요."

남부의 부족장들을 비롯해서 북부의 왕들까지.

절대로 모일 수 없는 이들이 한자리에 모인 이유는 단 하나
였다.

"드디어……."

"대륙의 주인이 결정되는 날이지."

"아니, 이미 정해져 있었지. 그저 다시 한번 확인하는 날
일 뿐."

오르도 창의 말에 벤퀴스 번슈타인은 쓴웃음을 지으며 말했다.

북부 7왕국 중 최강이었던 번슈타인가(家)였지만 무열의 압도적인 힘에 더 이상 최강을 논하는 것 자체가 우스운 일이라는 것을 느꼈다.

와아아아아아———!!!!!

그때였다.

위그(Ygg)를 뒤흔드는 엄청난 고함이 들렸다. 시민들의 외침과 동시에 모든 사람의 시선이 밖을 향했다.

성벽 위에서 내려다보는 풍경은 가히 장관이었다.

"엄청나군……."

중앙에는 북부 7왕국의 병력이 한자리에 모여 있었고, 오른쪽에는 남부 5대 부족의 병력이, 왼쪽에는 붉은 부족과 정민지의 용족이 대형을 맞춰 정렬해 있었다.

그 뒤로 여명회와 불멸회의 마법사들이 있었으며 필립 로엔이 이끄는 트라멜의 병력과 42거점의 함선이 강을 따라 호위를 하듯 닻을 내리고 기다렸다.

이곳에 모인 그들의 수는 족히 수천만을 우습게 뛰어넘었다.

"끝이 보이지 않는군."

이 엄청난 양의 사람들이 고함을 지르는 이유는 단 하나였다.

[크르르르르르……!!!]

상공에서 화염을 뿜어내며 선회하는 플레임 서펀트 위에 서 있는 남자.

강무열을 보기 위함이었다.

저벅— 저벅— 저벅—

서펀트의 머리 위에서 무열이 내려오자 광장 안에서 그를 기다리던 사람들이 일제히 무릎을 꿇었다.

"기다렸습니다."

전 교주, 아니, 다시 교단을 복원하고 시민들을 독려하며 이제는 무열을 적극적인 지지자가 된 현 교주 레미엘 주르가 화려한 법의(法衣)를 입고서 무열을 맞이했다.

무열은 천천히 그를 향해 고개를 끄덕였다. 성도에서부터 좁은 길을 지나 권좌가 있는 낡은 사원까진 더 이상 정돈되지 않은 지저분한 숲길이 아니었다.

"……."

고개를 들자 양쪽 기둥이 세워진 화려한 길이 놓여 있었다.

"시간이 좀 더 주어졌다면 더 멋지게 만들 수 있었을 텐데 아쉽군."

"지금으로도 충분하다. 겉치레는 중요한 게 아니니까."

트로비욘이 무열의 말에 코끝을 쓱 문지르며 멋쩍은 듯 웃었다.

그의 말대로였다. 사실 이런 외관은 중요하지 않았다. 오히려 그는 지금 당장에라도 무열이 자신에게 준 바위 심장(Stone Heart)으로 새로이 완성한 엔더러스를 보여주고 싶은 마음뿐이었다.

드워프의 긴 인생 속에서 평생의 역작이라고 불릴 정도로 완벽한 골렘이었다.

"악마족에게 일격을 가하는 전투에서 최전방에 서게 될 것은 다름 아닌 너의 골렘일 것이다."

그는 무열이 말했던 말을 떠올렸다.

악마족에게 침공을 받았다는 것은 거짓말이었지만 악마족과의 팽팽한 신경전을 벌이고 있는 것은 사실이었다.

언제 전쟁이 터져도 이상하지 않을 상황.

그런 와중에 모든 차원의 종족이 세븐 쓰론에 모인다는 것을 알게 된 트로비욘은 오히려 지금이 절호의 기회가 될 것이라 생각했다.

'카토 치츠카는…… 역시 오지 않은 건가.'

트로비욘이 만든 길을 걸으며 무열은 주위를 한번 살폈다.

설원 마을에 남기고 떠났던 카토 남매와 김호성.

노승현에게 세 사람에게 자신의 소식을 알리라고 했으나 결국 그들은 오지 않은 듯싶었다.

'오히려 노승현의 소식도 없고……. 흐음, 그들에게 무슨 일이 생긴 건 아니겠지.'

타락의 힘을 얻게 된 카토 치츠카에게 불멸회를 소개했으나 안티홈에서 온 보고에 따르면 그는 그곳엔 가지도 않은 듯했다.

'독자적으로 타락을 탐구하는 건 쉽지 않을 텐데……. 탐구를 떠나서 자신의 목숨이 위험할 수 있다는 걸 잘 알 텐데 무슨 생각인지…….'

고민에 빠져 있는 무열의 귀에 들려오는 사람들의 목소리.

"축하드립니다."

"드디어……."

"이 땅의 주인이 탄생하는 날입니다."

눈앞에 자신을 기다리는 권좌에 앞에 섰을 때 모든 사람이 환호를 질렀다.

"……."

끝내 여기까지 오고 말았다.

권좌는 깨끗하게 정돈되어 있었지만 여전히 오랜 풍파를 맞은 그대로였다.

무열은 천천히 자리 위에 앉았다.

모두가 숨을 죽였다.

우우우우웅…….

권좌 위에 그가 앉자 낡았던 사원의 의자가 서서히 빛을 뿜어내기 시작했다.

[인간의 권좌가 정해졌다.]

모든 사람의 머릿속에서 울리는 목소리가 있었다. 외지인뿐만 아니라 세븐 쓰론에 살고 있던 토착인에게까지 들리는 목소리.

결코 잊을 수 없는 날카로운 그 목소리의 주인은 다름 아닌 락슈무였다.

[권좌의 주인인 그대가 원하는 것을 말하라.]

"오오오오……!!"

"드디어……!!"

사람들은 그 모습에 모두 눈을 동그랗게 뜨며 소리쳤다. 기대하지 않을 수 없을 것이다. 지금 이 목소리는 성도 위그(Ygg)에 오지 못한 대륙 반대편에 있는 사람들에게까지 들릴 테니까.

그들이 염원하는 것은 단 하나.

무열은 천천히 입을 열었다.

"징집된 인류를 모두 원래 세계로 돌아가게 해라."

[아쉽게도 그럴 순 없다.]

쿠르르르르……!!

밝았던 하늘이 갑작스레 어두워지며 먹구름으로 가득 차기 시작했다.

"뭐, 뭐지?!"

"이게 무슨 일이야……!?"

영문을 알지 못하는 사람들은 급격하게 변하는 날씨에 두려운 듯 소리쳤다.

"……."

하지만 이유를 알고 있는 트라멜을 비롯한 북부 왕국과 남부 부족장들은 날카로운 눈빛을 띠며 하늘을 주시했다.

"어째서지?"

[이제, 세븐 쓰론은 새로운 국면을 맞이할 것이다.]

"그게 무슨 소리야!!"

"원하는 것을 들어준다고 하지 않았나!!"

"우릴 돌아가게 해줘!!"

성도에 있는 사람들이 절망에 찬 목소리로 외쳤다. 예상했던 일이지만 그들의 혼란은 상상을 뛰어넘는 것이었다.

그럴 수밖에.

끝이라고 생각했던 순간에 찾아오는 절망감.

무열은 눈을 감았다. 그때가 떠올랐다. 그 역시 그랬으니까.

하지만 전생(前生)의 자신은 그저 저들과 같은 위치에서 원망하는 입장이었다면 지금의 자신은 그들을 대표해서 말할 수 있는 자리에 있게 되었다.

[종족 전쟁(種族戰爭). 여섯 종족이 하나의 자리를 두고 싸우는 전장. 그것이 너희가 있는 세븐 쓰론(Seven Throne)의 존재 이유다. 오직 단 한 차원의 종족만이 자신의 차원을 지킬 수 있게 된다.]

"네 말은 인간의 권좌가 아닌 모든 종족의 권좌에 오르는 한 명만이 뜻하는 바를 이룰 수 있다는 말인가."

[그렇다.]

참으로 가증스러운 말이었다.

신이라는 존재가 권좌라는 감언이설로 속여 헛된 희망을 품게 만든 다음 그 끝에 올랐을 때 사실은 또 다른 권좌가 진짜라고 말하고 있으니 말이다.

[그것이 규율(Rule)이니까.]

빠득.

무열은 자신도 모르게 이를 갈았다.

알고 있었다. 이렇게 될 것이라는 것을.

그럼에도 불구하고 그때의 절망감이 다시금 떠오르는 것 같아 분노를 참을 수 없었다.

예상하고 있던 자신조차 이런데 지금 이 말을 듣고 있는 다른 사람들은 어떤 느낌일까.

그때였다.

"이곳이 인간의 왕이 있는 곳인가."

하늘이 쪼개지는 것처럼 갈라지더니 그 안에 날카로운 검은 눈동자를 가진 한 남자가 튀어나왔다.

마치 중세 귀족처럼 턱시도를 차려입은 남자는 머리 위엔 작은 뿔이 나 있었고 엉덩이엔 기다란 꼬리가 달려 있었다.

"마…… 마족?"

갑작스럽게 튀어나온 그의 존재에 모두가 경계했다. 무열의 앞을 강찬석이 가로막았다.

"잠깐."

하지만 그런 그를 멈추며 무열이 자신을 향해 걸어오는 마족을 바라봤다.

"네놈은 뭐냐."

"건방지구나. 하찮은 인간 주제에."

마족은 콧방귀를 뀌며 무열을 향해 고고한 자세로 말했다.

"왕의 전언(傳言)을 전하러 왔다."

흰자위가 없는 새까만 눈동자를 바라보며 무열은 가볍게 웃었다. 자신을 향해 여유를 부릴 수 있는 자가 있다는 사실에 마족은 어처구니가 없었다.

"전에 똑같은 말을 하던 녀석이 있었지. 마족과는 상극인 종족인데 말하는 싸가지는 똑같군."

무열은 표정 하나 변하지 않고 담담한 목소리로 말했다.

"그 녀석이 어떻게 되었을까?"

"……뭐?"

"네 녀석이 무슨 말을 하려고 여기까지 기어들어 왔는지 알고 있다."

우드득……!!

그 순간, 하늘에 거대한 그림자가 나타남과 동시에 무열의 앞에 서 있던 마족의 몸이 그대로 두 동강이 나버렸다.

"……!!"

"컥…… 커컥……!?"

조금 전까지만 하더라도 콧대 높은 태도를 보이던 마족이 고통에 찬 얼굴로 몸부림쳤다. 하지만 그러면 그럴수록 녀석의 가슴을 관통한 이빨이 더욱 깊게 파고들 뿐이었다.

와그작……! 와그작……!!

뼈째로 씹히는 소리가 소름이 돋을 정도로 선명하게 광장 안에 울려 퍼졌다.

살아 있는 채로 먹히는 마족의 모습은 가히 괴기스럽게 느껴질 수도 있었지만 그 광경보다 사람들을 놀라게 만든 건 다른 데 있었다.

[뭐지. 이 맛도 없이 시끄럽기만 한 녀석은. 혹시 들을 얘기라도 있었나.]

"아니, 놔둬봐야 쓸데없는 말만 늘어놓았겠지."

철푸덕-!!!

[다행이군.]

질척거리는 침과 함께 조금 전 마족이 입고 있던 옷이 바닥에 떨어졌다. 거대한 붉은 눈동자가 빙그르르 한 바퀴 회전하면서 아래를 내려다보았다.

당장에라도 타오를 것 같은 뜨거운 열기가 머리에서 기다란 목에 자라나 있는 갈기에서 뿜어져 나왔다.

그는 다름 아닌 세븐 쓰론의 드래곤 중에서도 가장 호전적인 레드 드래곤(Red Dragon) 퓌톤이었다.

[크아아아아아−−−!!!!]

[크르르르……!!!]

그리고 상공에서 거대한 날개를 펼치며 지그재그로 날고 있는 두 마리의 용.

드래곤의 수장인 에누마 엘라시와 그린 드래곤 크루아흐까지 등장하자 사람들은 처음 조우하는 위대한 종족에 대해 놀라지 않을 수 없었다.

무열은 그들을 바라보며 권좌에 앉아 레드 드래곤에게 말했다.

차가운 미소가 천천히 퍼졌다.

"익숙해지는 게 좋을 거다, 퓌톤. 앞으로 지겨울 만큼 씹어 먹어야 할 테니까."

그는 천천히 고개를 들었다. 머리 안에서 울리던 락슈무의 목소리가 더 이상 들리지 않았다.

그러나 그는 직감했다.

분명, 락슈무가 자신을 보고 있으리라는 걸.

무열은 담담한 목소리로 한 글자, 한 글자 힘을 주어 말했다.

"좋다. 한번 해보지."

쿠르르르르르…….

쿠그그…….

지축이 뒤흔들리기 시작했다.

"……."

어두운 방 안에서 한 남자가 감았던 눈을 떴다.

'시작인가.'

피곤한 기색이 역력했다. 남자는 지끈거리는 머리를 움켜쥐었다.

[이해가 가지 않는군. 어째서 이 길을 택한 거지? 너에겐 더 위로 올라갈 수 있는 자질이 충분히 있는데.]

그때였다. 그의 뒤에서 어둠 안에 더 깊은 어둠처럼 진득한 목소리가 들렸다.

남자는 피곤한 얼굴을 감추고 대신 어둠 속에서 안광을 번뜩였다.

"글쎄. 내가 게을러서 그런 거겠지. 약간의 호기심은 생겼지만 내가 다시 태어나도 아마 권좌에 오르진 않을 거다."

목소리의 물음에 남자는 대답했다. 파르르 떨리는 손목 아래로 보이는 혈관들이 검게 변해 있었다.

"큭……."

극심한 통증이 밀려왔다.

[보잘것없구나. 너도 결국 그 쓰레기 같은 년과 다를 바 없는 건가. 신의 힘을 빌리고도 아무것도 못 한 녀석이나 네가 바라는 타락의 힘을 주었으나 결국 이런 골방에 틀어박혀 시간을 허비하는 녀석이나…….]

목소리는 허무한 한숨을 내쉬었다. 목소리의 주인은 다름 아닌 신의 대리자 디아고였다.

[…….]

디아고가 차가운 눈빛으로 내려다보는 곳에 앉아 있는 남자. 바로, 카토 치츠카였다.

디아고는 그를 향해 말했다.

[쓸모없는 것.]

아무리 생각해도 이상했다.

체력과 근력, 지력과 지혜처럼 인간의 자질 역시 신의 눈을 통해 수치로써 확인할 수 있는 것이었다.

자질은 태어날 때부터 정해진다. 불공평하다고 말할 수 있겠지만 그것이 규율이다. 태초부터 내려온 규율.

'빛이 빛이고 싶어서 빛이 아니듯 어둠이 어둠이고 싶어 어두운 게 아니다. 그렇게 태어났고 그렇게 살아가도록 정해져 있기 때문이다. 규율(Rule), 그것은 절대로 깨지지 않는 완전무결(完全無缺)한 것이다.'

디아고는 카토 치츠카를 바라보며 생각했다.

'그런데 어째서……'

인간의 자질을 100점으로 환산한다면 락슈무가 선택했던 라엘 스탈렌의 자질은 사실상 50점도 채 되지 않는다.

하지만 락슈무는 그녀를 선택했다.

절대적인 믿음.

신은 뛰어난 자보다 꼭두각시가 필요했으니까.

디아고는 탐탁지 않았지만 라엘 스탈렌에게 힘을 주었다.

대신 그는 윤선미를 택했었다. 성격에 문제가 있었지만 재능은 훌륭했다. 자질로만 따지면 90점.

'그리고 필요한 것. 절대적으로 싸워야 하는 이유.'

하지만 그녀는 가족보다 강무열을 택했다.

빠드득…….

디아고는 자신도 모르게 주먹에 힘이 들어갔다.

그러던 와중에 찾아온 인간.

그게 바로 카토 치츠카였다.

그는 흥미로웠다. 제 발로 신의 대리자인 자신을 찾아온 것도 그렇지만 너무나도 당당하게 신을 이길 힘을 달라고 하지 않는가.

사실, 징집된 순간부터 디아고는 그를 눈여겨보고 있었다. 하지만 그에게 부족한 것이 있다.

욕망(慾望).

자질을 따지자면 100점 만점에 100점을 주어도 모자랄 제목이었다.

하지만 그는 권좌에 오르고자 하는 욕망이 없었다. 그렇기 때문에 카토 치츠카는 디아고의 명단에서 제외됐었다.

그런데 웬걸?

버렸던 최고의 카드가 스스로 찾아왔으니 디아고로서는 마다할 이유가 없었다.

하지만…….

모든 게 엉망이 되었다.

'강무열.'

자질로 따진다면 이들과 비교도 할 수 없을 정도로 낮았다. 고려해 볼 가치도 없는 미약한 존재.

그런데 윤선미도, 카토 치츠카도 모두 강무열이란 남자와 얽혀 있었다. 심지어 락슈무가 선택한 라엘은 그에게 죽임을 당했다.

"왜? 겁이 나는가? 어미가 만든 규율을 어기고 나에게 힘을 준 게 들킬까 봐?"

콰아아앙———!!!!

그때였다. 지금까지 그 어떤 사람에게도 손을 대지 않았던 조율자인 그가 처음으로 자신의 힘을 행사했다.

스스로 규율을 깨뜨리는 일.

"컥…… 커걱…….."

카토 치츠카는 자신의 목을 부러뜨릴 듯 잡고 있는 디아고의 손을 있는 힘껏 부여잡았다. 그의 손목에서 흘러나오는 타락의 기운이 디아고에게 닿자 타들어 가는 듯이 새하얀 수증기가 뿜어져 나왔다.

[인간이 가질 수 있는 타락의 힘이 대단한 줄 아나 보지? 기껏해야 필멸자의 그릇. 담을 수 있는 힘은 우리에게 새 발의 피일 뿐이다. 촛농이 살에 떨어진다 한들 죽진 않지.]

"크으윽……!!"

[다시는 내 앞에서 락슈무의 이름을 거론하지 마라. 그때는 네 목을 정말로 따버릴 테니까.]

디아고는 으르렁거리는 목소리로 말했다.

쿵-!!!

파르르 떨리는 손으로 카토 치츠카를 집어 던진 디아고는 바닥에 쓰러진 그를 바라봤다.

[정말로 신을 죽일 수 있다고 생각했나? 가증스러운 녀석. 네놈에게 준 타락은 서서히 네 몸을 갉아먹을 것이다. 오르지 못할 나무를 쳐다본 죄라 생각해라.]

"……너 역시 마찬가지 아닌가?"

카토 치츠카는 붉게 손자국이 난 목을 어루만지며 힘겹게 말했다.

"신에게 반기를 들기 위해 우리를 이용하는 것."

"……."

그 순간, 디아고의 발걸음이 멈췄다.

"강무열과 계약한 정령왕이 그러더군. 락슈무의 자식들 중 너는 특별하다고. 아니, 특이하다고. 신의 대리자는 오직 신이 만든 규율 아래에서 신이 시키는 일을 하는 전령자일 뿐이다. 하지만 넌 다르지. 내게 힘을 준 것. 내가 널 찾아왔고 너는 선택을 했다."

선택과 결정. 그것은 스스로 생각한다는 것.

자율 의지(自律意志).

[재밌는 추측이군.]

디아고는 냉소를 지으며 어둠 속으로 서서히 사라졌다.

홀로 남은 카토 치츠카는 옷이 땀으로 흠뻑 젖어 있다는 것을 뒤늦게 깨달았다.

"역시……."

위험천만한 순간이었음에도 불구하고 그는 자신도 모르게 피식 웃고 말았다.

'어둠 속에서 보이지 않지만 느껴진다, 권좌에 네가 올랐다는 것이. 그는 이제 널 찾아가겠지.'

자신조차 내다보지 못한 한 수.

"큭…… 크큭……."

그것을 떠올릴 때마다 자꾸만 헛웃음이 나오고 말았다.

'그래. 네 생각대로다, 강무열.'

카토 치츠카는 얼굴을 감싸며 벽에 기댄 채로 입꼬리를 올렸다.

타락 안에서.

잠룡이 눈빛을 번뜩였다. 그 순간, 어둠이 걷히더니 낡은 방이 카토 치츠카의 눈앞에 펼쳐졌다.

그가 여기저기 너부러진 책들 중 하나를 집어 들었다.

"……."

잠긴 문을 두들기며 소리치는 여동생의 목소리가 어렴풋이 들렸다.

"소원은 제대로 빌었겠지, 강무열. 우리의 바람은 이뤄질 거다."

카토 치츠카는 낮은 목소리로 중얼거렸다.

"락슈무의 힘으로."

무열이 권좌에 오른 지 일주일.

대륙에는 변화가 일어나기 시작했다. 단순히 정세가 변했다는 것을 의미하는 것이 아니다. 정확히 말하자면 '대륙 자체'가 변화하고 있는 것이었다.

쿠르르르르르······ 구그그그그······ .

우드드득······.

매일 정확한 시간에 흔들리는 대륙. 그때마다 대륙에는 새로운 곳이 나타나기도 하고 기존에 있던 곳이 사라지기도 했다.

무열은 외곽에 자리 잡고 있는 붉은 부족을 중앙으로 거둬들였다.

또한, 남부 5대 부족 중 하나인 타샤이 부족을 숲에서 다른 거점으로 이동시켰다.

두 부족 모두 타 부족과의 교류가 극히 드문 호전적인 부족이라 무열의 명령을 탐탁지 않게 생각했지만, 마치 싱크홀(Sinkhole)처럼 붉은 부족의 거점이 순식간에 가라앉는 것을 보며 더 이상 무열의 결정에 불만을 가지는 사람은 없었다.

'그럼에도 불구하고 많은 사람이 죽었다.'

인간의 기억은 완벽하지 않다. 그가 지냈던 세븐 쓰론의 15년 동안 지형은 계속해서 변했고, 잊고 있던 지형의 변화 역시 존재했다.

꽈악.

그의 기억 때문에 많은 사람을 구할 수 있었던 것은 분명한 일이지만 무열은 지형의 변화로 죽어 나가는 사람들에 대한 보고를 들을 때마다 스스로를 자책할 수밖에 없었다.

"보고입니다!!"

그 순간, 집무실의 문이 열렸다.

무열은 담담한 표정을 유지했지만 이 같은 시기에 들어오는 보고를 듣는 일은 두려운 일이었다.

"약속의 땅이 있는 동쪽 해안에 새로운 섬이 나타났습니다. 국경 수비대의 확인 결과 악마족의 거점으로 파악됩니다."

"……알겠다."

경례를 하고 나가는 병사를 향해 무열은 고개를 끄덕였다.

다행이었다. 사람들의 피해 보고가 아니었으니까.

적이 나타난 것에 더 안심을 하고 있다니.

아이러니함에 무열이 씁쓸한 미소를 지었다.

지형의 변동이 가져온 또 하나의 변화는 각 차원의 종족들의 거점이 하나둘 세븐 쓰론에 나타난다는 것이었다.

"이로써 다섯 번째네요."

최혁수는 자신의 지도를 불러내 병사가 말한 위치를 표시했다.

홀로그램처럼 중앙에 거대한 세븐 쓰론의 지형이 지도로 만들어져 있고 그 옆으로 단면으로 되어 있는 각각의 층이 나타나 있었다.

층으로 나뉜 단면은 마치 지구의 맨틀을 보여주는 것처럼 구분되어 있었다.

지도 제작(Cartography) 스킬이 S랭크가 되어야 가능한 다중 지도(Multi Map)는 현재 대륙에서도 유일하게 최혁수만이 가진 스킬이었다.

"지하에 있는 드워프와 악마족의 거점. 그리고 북쪽 숲에 생성된 엘프의 거점과 남부에 만들어진 마족의 거점. 아직 네피림은 나타나지 않았지만 악마족의 거점이 하나 더 만들어졌다는 건 각 차원의 거점이 두 개 이상이 될지도 모른다는 말이네요."

최혁수는 자신의 지도를 바라보며 나지막한 목소리로 말했다.

더 이상 대륙에서만 전투가 벌어지지 않는다.

악마족과 드워프들은 세븐 쓰론 지하에도 터널과 굴이 만들어져 있기 때문에 그들의 위치를 파악하기 위해서는 지하의 지도까지 만들 수 있어야 했다.

지도의 중요성을 누구보다 잘 알고 있는 최혁수는 다른 사람들이 자신의 신체를 단련하는 동안 그는 전투가 아닌 전술에 주력했다.

그 결과가 이것이다.

무열이 하지 못한 지도 제작 스킬 마스터를 최혁수가 해냈다.

책사(策士).

그는 자신이 해야 하고 자신만이 할 수 있는 일이 무엇인지 가장 잘 알고 있는 사람이었다.

"언제 시작될까요?"

"이제 곧. 얼마 남지 않았다."

무열의 말에 최혁수는 마른침을 꿀꺽 삼켰다.

할 수 있는 모든 것을 준비하고 있다. 그러나 다가올 미지의 적에 대한 불안감은 불세출의 천재조차 두렵게 만들기 충분했다.

"그런데…… 무슨 소원을 비셨어요?"

권좌에 오른 직후, 락슈무는 인류를 다시 현실로 보내는 것이 불가하다고 했다.

그 대신 무열은 다른 소원을 그녀에게 말했다. 하지만 처음과 달리 그가 어떤 말을 했는지는 아무도 알지 못한다.

'애초에 돌아가지 못하는 것을 알고 있었다.'

치밀한 계획.

무열은 세븐 쓰론을 통합한 강자지만 모든 인류를 하나로 모으진 못했다.

그의 소원이 이루어짐과 동시에 권좌는 빛을 잃고 처음부터 없었던 것처럼 바스러져 가루가 되었다.

"…… . "

성도에 있던 낡은 권좌는 어쩌면 처음부터 최종 목적이 아닌 단순히 거쳐 가는 하나의 발판에 불과한 것일지 모른다는 생각이 들었다.

"그것 역시 곧……."

무열은 대전을 준비하는 병사들을 바라보며 나지막한 목소리로 말했다.

"알게 될 것이다."

85장
종족 전쟁(1)

트로비욘 뮤르.

아이언바르의 드워프 왕이자 수천 년을 이어온 뮤르가(家)의 직계 후손.

그는 어린 시절 타고난 골렘 제작술 덕분에 모든 드워프의 찬사를 받았다.

고작 열여덟의 나이에 최고 대장장이라는 타이틀을 얻는 위업을 달성하고 백 살이 되었을 때 가문에 내려오는 비전 제작술을 마스터했다.

뮤르가(家)가 아이언바르의 드워프들 중에 가장 뛰어나다고 평가되는 가장 큰 이유는 바로 드래곤 하트(Dragon Heart)라 불렸던 거암군주의 파편을 주조할 수 있기 때문이었다.

뮤르가는 그 파편을 심장으로 특수한 골렘을 만들었다.

바로, '엔더러스(Enderless)'.

그 이후 수백 년이 더 흘렀음에도 불구하고 엔더러스를 뛰어넘는 골렘이 만들어지지 않았다.

하지만 불과 얼마 전, '뮤르가의 골렘은 최강이다'라는 자부심을 가지고 오랜 세월을 살았던 그의 생각을 산산조각 내버리는 일이 있었다.

고작 단 한 명의 인간에 의해.

세븐 쓰론을 노렸던 그가 반대로 인간에게 당했으니 그는 아이언바르로 돌아갈 엄두를 내지 못했다.

그가 아무리 수장이라고는 하지만 드워프는 철저한 능력주의였다.

엔더러스가 파괴된 것도 모자라 드래곤 하트마저 부서진 것을 알면 뮤르가(家)에서도 자신을 가만두지 않을 것이었다.

"크…… 크큭."

하지만 그런 그에게 말도 안 되는 일이 일어났다.

그는 거칠게 난 턱수염을 쓸었다. 깊은 터널 안으로 보이는 악마들을 향해 그는 의미심장한 웃음을 보냈다.

쿵– 쿵– 쿵–

지축을 흔드는 발소리가 들렸다.

트로비욘이 당당하게 가슴을 펴며 뒤를 바라봤다. 단단한 강철로 된 골렘이 위용을 자랑하며 그의 뒤에 서 있었다.

그것도 하나가 아니었다. 열두 개의 골렘이 출격을 기다리는 듯 그의 앞에 무릎을 꿇고 있었다.

하지만 단연 돋보이는 것은 그 골렘들 위에 서 있는 엔더러스였다.

골렘의 몸은 마치 혈관처럼 전신을 감싼 황금빛이 은은하게 뿜어져 나오고 있었다.

'바위 심장.'

트로비욘은 자신이 만든 위대한 걸작을 바라보며 자신만만한 표정을 지었다.

고작 파편 따위가 아닌 거암군주의 진짜 심장으로 만들어진 골렘은 아이언바르의 역사를 다시 쓰게 만들었다.

대륙의 지형이 변화하면서 락슈무가 말한 것처럼 마족과 악마족을 비롯해서 각 차원의 종족이 한곳으로 모이고 있었다.

"전쟁은 게임이 아니지."

그가 입에 물고 있던 담배를 던지며 말했다.

"심판? 그딴 게 어딨어."

지금은 말 그대로 대격변(大激變), 혼돈의 시기였다. 세븐 쓰론에 머물던 종족도, 세븐 쓰론으로 징집되는 종족도 아직은 이렇다 할 반응은 보이지 않았다.

서로를 경계할 뿐.

하지만 이런 시기에 단 한 명.

'강무열. 아무리 생각해도 대단한 인간이야.'

그만큼은 다르게 생각했다.

"그래, 준비되는 걸 기다리며 가만히 있어 주는 친절을 바라는 게 멍청한 거지."

무열은 트로비욘에게 말했다.

'공은 이미 울렸다.'

전쟁은 무열이 권좌에 오르는 그 순간 이미 시작된 것이었다.

혼돈의 시기야말로 절호의 찬스.

서로 눈치를 보며 갑작스러운 변화에 적응하기 위해 뜸을 들이는 바로 지금.

"신이 만든 전쟁이지만 시작은 우리가 결정하겠다, 이 빌어먹을 악마 놈들아."

트로비욘은 터널을 통과해 세븐 쓰론으로 나오고 있는 악마들을 향해 소리쳤다.

"공격하라!!!"

콰아아앙……!! 콰강……!!

쾅!! 쾅!! 쾅!!!!

왕의 명령에 아이언바르의 골렘부대가 일제히 악마들이 있는 터널을 부수기 시작했다.

북부의 숲.

[크아아아아아아———!!!!]

고막이 찢어질 듯 우레와 같은 포효가 울려 퍼졌다. 그 소리에 숲의 나무들은 겁에 질린 것처럼 파르르 떨렸다.

"……."

있는 힘껏 당겼던 활시위를 놓고 말았다.

활을 쥐고 있던 팔이 힘없이 떨어지며 모두가 넋이 나간 표정으로 하늘을 바라볼 뿐이었다.

"이게 어떻게……."

"말도 안 돼……."

싸늘한 숲의 그늘처럼 그곳에 있던 모든 사람의 전의(戰意)역시 차갑게 식어버렸다.

"정신 차려!!"

엘프군 수호장 중 한 명인 가드리엘은 날카로운 목소리로 소리쳤다.

세 명의 수호장(守護將) 중 유일한 여성인 그녀는 거점의 성벽에 서 있는 부대원들을 독려했다. 하지만 사그라진 전의는 쉽사리 불씨를 되찾지 못했다.

빠득.

그녀는 그들의 모습에 이를 갈았다.

"이럴 때 위그나타르는 어딜 간 거야!"

이런 중요한 시기에 수호장의 리더인 그가 며칠째 종적을 감추었기 때문이다.

이제 막 거점이 완성되어 가는 단계에서 갑작스러운 습격.

엘븐하임의 여왕인 퓌렐 갈라드 티누비엘은 가드리엘에게 말했다.

"강무열이란 인간은 우리가 준비되지 않은 상황을 노리고 공격할 것이다. 경계를 늦추지 말고 언제라도 반격을 가할 수 있도록 준비하라."

여왕의 선견지명은 탁월했다. 그들의 예상대로 차원문이 열리고 세븐 쓰론에 새로운 거점을 구축하고 있는 시점에서 습격이 이뤄졌다.

하지만 대비는 완벽했다. 가드리엘이 세븐 쓰론에 와서 가장 먼저 한 것이 방벽을 세우는 일이었기 때문이다.

여왕은 영혼샘을 통해 이미 종족 전쟁이 시작될 것을 알고 있었기 때문에 북부의 숲 중에 싸우기 가장 용이한 장소를 그녀에게 미리 일러두었다.

"신탁에 의하면 종족 전쟁이 시작되는 때, 세븐 쓰론의 지형이 변하게 될 것이다. 하지만 북부의 숲은 변하지 않는다."

비록 무열로 인해 교단을 이용하려던 계획은 실패를 했지만 여왕은 그동안 세븐 쓰론의 정보를 다른 종족보다 가장 많이 확보할 수 있었다. 그렇기 때문에 거점의 위치 역시 다른 종족들보다 훌륭했다.

"뭣들 하는 거야!! 활을 겨눠라!!"

가드리엘의 외침에도 불구하고 엘프들은 좀처럼 움직일 생각을 하지 않았다.

모든 준비는 완벽했다.

아니, 완벽했다고 생각했다. 그런데…….

그녀의 옆에 서 있던 부대장이 떨리는 목소리로 조심스럽게 말했다.

"지금…… 드래곤을 상대로 싸우자고 말씀하시는 겁니까?"

적은 인간이 아니다.

[크르르르르르……!!!]

상공을 날고 있는 세 마리의 용이 그들을 비웃듯 낮은 포효를 흘리고 있었다.

그 순간, 악에 받쳐 소리쳤던 가드리엘의 얼굴도 일그러질 수밖에 없었다.

"이런……!! 빌어먹을!!!"

마족 4기사 중 하나인 아가레스는 마계의 권좌에 오른 마왕 하가네의 명령을 받아 영광스러운 선발대의 대장이 되었다.

차원문이 열리고, 대륙의 남부에 마족의 거점이 생성되었다.

자신 있었다. 경계해야 할 대상은 네피림 정도라고 생각했다.

악마족 역시 껄끄러운 상대였지만 크게 신경 쓰이지는 않았다. 전장을 공유하는 마계와 악마계는 간혹 부딪히기도 했는데, 그럴 때마다 승자는 항상 마족이었기 때문이었다.

드워프와 엘프는 제법 오랜 세월을 사는 종족이었지만 그래 봐야 필멸자일 뿐이다.

게다가 세븐 쓰론에 사는 종족은 인간이라고 했다.

고작 인간. 그들은 재고할 가치도 없었다. 아가레스는 빠르게 거점을 완성시키고 인간을 정리한 뒤에 네피림을 맞이할 준비를 생각이었다.

콰아아앙———!!!

차원문이 열리고 세븐 쓰론에 도착한 지 고작 이틀이 지났을 뿐이었다.

그는 눈앞에 펼쳐진 광경을 바라보며 믿을 수 없다는 표정을 지었다.

고작 인간. 자신들에게 위협이 될 만한 존재는 없다고 생각했다.

그런데 그런 인간이…… 지금 자신의 앞에서 검을 겨누고 있었다.

콰아아앙……!!

쾅!! 쾅!!!

여기저기에서 들려오는 폭음.

아직 완성되지 못한 거점의 방책이 무너지는 소리가 요란하게 울려 퍼졌다.

"팔자 좋군. 차원문이 열리고 일주일 동안 경계가 유지되어 전투도 없었을 텐데 아직 거점도 제대로 완성하지 못하다니."

무열은 담담한 표정으로 말했다.

종족 전쟁이 시작되고 일주일 동안 대륙 곳곳의 지형이 변함과 동시에 새로이 생성되는 거점엔 푸른 방벽이 쳐졌다.

일종의 준비 기간인 그 시간 동안 무열은 조용히 기다렸다.

그 어떤 행동도 하지 않았다. 그저 지켜볼 뿐이었다.

아가레스는 당연히 하찮은 인간이 날을 세울 용기도 없어 겁에 질린 것이라 생각했다.

"고작 인간 따위가……!!"

"또 그 소리인가. 너희들은 지겨울 정도로 똑같군."

"마족들은 쓸데없이 콧대가 높으니까요."

"어쩌면 자신들이 보낸 사신이 어떻게 죽은지도 모를 겁니다."

무열의 뒤에 선 강찬석과 오르도 창의 말에 그가 피식 웃었다.

누구보다 잘 알았다. 전생(前生)에서도 마족은 여전히 자신들이 고귀한 척 인간을 하등하게 대했으니까.

포로로 잡힌 인간들은 마족의 노예가 되어 갖은 고문과 노동에 시달렸었다. 몇몇의 마족은 인간들을 세뇌시켜 서로를 죽이게 하고 그 모습을 즐기기도 했다.

'마족을 죽이는 것은 내 손으로 직접 한다.'

종족 전쟁이 시작되고 무열이 가장 먼저 한 생각이었다. 여섯 종족 중 최종적으로 싸워야 할 종족은 네피림이다. 하지만 인간을 잔혹하게 유린한 종족은 마족이었다.

흰자위가 없는 검은 눈동자가 떨렸다.

"콧대라⋯⋯. 그래, 높지. 하지만 자존심이 하늘을 찌르는 녀석도 죽음 앞에는 두렵긴 한가 보군."

검 살해자의 날카로운 날이 아가레스의 목에 닿았다.

"너희들이 필멸자인 우리와 다르다 생각하나? 네 몸 속에도 결국 똑같은 피가 흐르고 있을 뿐이다."

싸늘한 그의 눈빛에 아가레스는 그의 말대로 처음으로 죽음에 대한 공포를 느꼈다.

"고작 인간이라고 했나? 그래, 고작 인간이지. 그러니 전쟁에서 정정당당하길 바라지 마라."

검날이 날카롭게 그의 목을 파고들었다.

"……!!"

"살려 달라고 말해봐라. 그럼 조금 생각을 달리 할 수도 있지."

여기저기에서 들려오는 비명. 선발대로 뽑힌 정예들이 우후죽순처럼 쓰러지고 있었다.

전세는 이미 기울어졌다.

굴욕적인 말이었지만 아가레스는 떨리는 목소리로 말했다.

"사…… 살려……."

서걱.

그때였다. 무열은 아무런 표정도 없이 검을 잡은 손에 힘을 주었다.

"고작 인간 따위에게 목숨을 구걸하다니. 그럼 쓰나. 마족의 긍지를 지켜야지. 안 그래?"

아가레스의 목에서 붉은 피가 뿜어져 나왔다.

"컥…… 커컥……."

양손으로 잘린 상처를 움켜쥐었다. 그는 황급히 마력을 끌어올려 상처를 치료하려 했지만 흘러내리는 피는 멈추지 않았다.

나르 디 마우그의 심장으로 만들어진 검 살해자로 인한 상처는 마력을 무효화시키는 백금룡의 힘 때문에 마법으로 치료가 되지 않았다.

그것을 알 리 없는 아가레스는 안간힘을 쓰며 마력을 쏟아부었지만 서서히 절망스러운 표정을 지을 수밖에 없었다.

툴썩.

무너지는 마족의 사체를 바라보며 무열은 검을 들어 올렸다.

와아아아아아아――!!

와아아아――!!!

여기저기에서 들려오는 환호성.

승리를 알리는 신호였다.

단순히 이 전장의 승리만이 아니었다. 바이칼의 정신감응으로 무열은 마족과 엘프에 가한 습격 역시 성공했다는 것을 확인했다.

동시다발적으로 일어난 습격.

무열은 생각했다.

'락슈무, 네 생각대로 게임은 시작되지 않을 거다. 아니, 시작하기도 전에 내가 끝내주마. 네가 어떤 표정을 지을지 궁금하군.'

"인간 새끼들!! 다 죽여 버려!!!"

"컥…… 커컥……!!"

악마족 8대 장군 중 하나인 만면사군(萬面巳君) 카르카는 눈앞에 있는 병사의 목을 있는 힘껏 부러뜨리며 소리쳤다.

촤아아악———!!

비튼 병사의 목이 찢기며 사방으로 피가 뿜어져 나왔다. 그것으로는 분이 풀리지 않는 듯 카르카가 인상을 구기며 병사의 사지를 갈기갈기 찢고는 손을 들어 올렸다.

[크아아아아아아———!!]

네 발로 기어 다니는 괴물의 몸통에 달린 오크 머리가 괴상한 포효를 질렀다.

악마족의 권속인 카반다(Kabanda)들이 카르카의 명령에 일제히 거점을 향해 쏟아지기 시작했다.

"으아악!!"

"사, 살려줘……!!"

여기저기에서 터져 나오는 병사들의 비명.

지진이 난 것처럼 바닥이 흔들렸다. 갑자기 수십 곳에서 구멍이 뚫리더니 악마군의 터널이 생성되었다.

"캬륵……!!"

"캬캬캬……!!!"

그곳에서 쏟아지는 몬스터들은 세븐 쓰론에서 볼 수 있는 고블린과 흡사했지만 피부가 회색이었다.

녀석들은 지상으로 나오자마자 날카로운 비명을 질러댔다. 그러고는 눈에 보이는 병사들에게 달라붙어 날카로운 이빨로 그들의 살점을 물어뜯었다.

"으아아악……!!!"

기묘한 회색 피부 때문에 더욱 선명해 보이는 이마에 돋아난 붉은색 뿔. 그뿐만 아니라 눈동자와 손톱, 발톱까지 모두 일반적인 고블린의 것이 아닌 새빨간 붉은색이었다.

분장이라도 한 것 같은 기괴한 모습.

"웜 고블린……."

무열은 불타는 거점을 바라보며 낮은 목소리로 말했다. 치가 떨릴 정도로 많이 봐왔던 악마군의 병사들이었다. 녀석들의 체구는 작지만 악마의 피를 수혈받았기 때문에 무척이나 호전적이었다.

"죽어라!!"

"크아아아아———!!"

병사들이 있는 힘껏 녀석들을 공격했지만 고블린들은 잘려나간 팔다리 따위는 안중에도 없는 듯 오로지 적의 목을 물어뜯기 위해 달려들 뿐이었다.

"……."

동시다발적으로 시작된 습격은 성공적이었다.

하지만…… 그 성공의 기쁨도 잠시.

일대의 타격을 입히는 것엔 성공했지만, 계속해서 열리는 차원문과 기하급수적으로 늘어나는 터널에 무열에 의해 타격을 입었던 모든 종족이 빠른 속도로 피해를 복구하고 거점을 늘려갔다.

'역시 만만치 않군.'

종족 전쟁은 이제 시작되었다. 골드 드래곤인 에누마 엘라시가 이끄는 드래곤들로 인해서 엘프의 전세는 여전히 주춤했지만 단 한 번의 습격으로 마족과 악마족을 막을 순 없었다.

"죽여라!! 죽여!!"

"단 한 명도 남기지 마라!!"

8대 장군 중 또 한 명인 베리드는 날카로운 채찍을 휘두르며 고블린들에게 소리쳤다.

물 만난 고기처럼 두 명의 8대 장군은 자신들이 급습한 인간군의 16거점이 불타는 모습을 보며 웃음을 터뜨렸다.

"크하하하하!!!"

예상보다 빠른 반격.

빠득.

확실히 단시간에 승패를 결정지을 수 있을 만큼 쉬운 상대들이 아니었다.

무열은 두 명을 주시하며 이를 갈았다. 그들에게 얼마나 많은 사람이 죽었는지 잘 알고 있었다.

'어째서 싸워야 하는지 이유조차 우습다.'

신이 시켰기 때문에.

단지 그 이유로 지금 수백만, 아니, 수천만의 종족이 뒤엉켜 서로의 피를 머금고 있었다.

"⋯⋯."

무열 측에 제일 먼저 반격을 한 건 여섯 종족 중 가장 호전적인 종족인 악마족이었다.

그들은 다른 종족과 달리 지상에 거점을 세우는 것을 포기하고 전투를 선택했다. 지하에 생성된 터널을 통해 빠르게 이동하며 인간군의 거점을 공격하기 시작했다.

"놈들이 지하에 거점을 만들기 시작했습니다. 악마족들은 워낙 지하 깊숙한 곳에 둥지를 틀기 때문에 직접 안으로 들어가지 않는 이상 거점을 찾는 건 힘들 것 같습니다."

무열의 옆에 서 있는 트로비욘이 있는 힘껏 파이프의 담배를 빨아들이며 말했다.

"한마디로 지상에 보이는 녀석들은 빙산의 일각일 뿐이란 말이죠. 햇빛을 싫어하는 녀석들이 지상까지 나왔다는 건 이미⋯⋯."

"알고 있다."

지하수가 흐르는 수맥부터 동굴, 뿐만 아니라 악마군들이 직접 만든 터널까지.

지하로 통하는 길은 모두 녀석들이 점령했다고 봐도 무방할 것이다.

전생(前生)에서도 그랬고, 재앙의 시작은 언제나 악마군에서부터 시작되었다.

"지하를 막지 못하면 몬스터들이 세븐 쓰론 전역으로 퍼질 겁니다."

그렇게 되면 막을 수 있는 방법이 없다. 그때도 마찬가지로 이런 식으로 악마군은 야금야금 세븐 쓰론의 대륙을 점령해 나갔으니까.

"그렇기 때문에 너희가 필요한 것이다."

"크흠……."

무열의 말에 트로비욘은 낮은 신음을 내뱉었다.

악마군의 터널과 함께 지하의 굴을 만들 수 있는 유일한 종족, 드워프.

비록 전생(前生)에서는 인간을 배신했지만, 인간군과 드워프군이 연합을 맺었던 건 사실이다.

딱 한 번뿐이었지만 그때가 인간군이 악마군을 상대로 승기를 잡았던 순간이기도 했다.

'그때와 지금은 다르다.'

더 이상 배신자 드워프는 없다. 완벽한 지원군인 드워프의 힘을 이용해서 악마군을 타파할 방법을 찾는다.

그 때문에 무열은 거암군주 막툰의 바위 심장을 주고 아이언바르와 동맹을 맺은 것이기도 했다.

"명령하신 대로…… 악마족의 가장 가까이 굴을 뚫어놓기는 했습니다만……."

트로비욘은 걱정스러운 목소리로 말했다.

하지만 무열은 그의 말에 천천히 고개를 끄덕였다.

"그거면 충분하다."

계획은 간단하지만 실행은 어려웠다.

지상에 거점을 만들지 않고 빠른 공격을 위해 지하로 이동하는 악마군을 완벽하게 막을 수 있는 가장 효율적인 방법.

바로, 터널 그 자체를 파괴하는 것이다.

문어발처럼 여러 개로 연결되어 있는 터널의 숫자는 육안으로 파악할 수 없을 정도로 많았지만 그 터널을 컨트롤하는 코어는 하나였다.

그 코어를 파괴하는 순간, 악마군의 터널은 삽시간에 바스러지며 무너진다.

"하지만 외부에서 터널 안쪽까지 타격을 줄 수 있는 방법은 없습니다. 대마법(大魔法)이라도 쓰지 않는 이상은……."

단순한 포격이나 폭격으로는 악마군의 터널 아래에 있는 코어를 파괴할 수 없다. 현실의 원폭 투하 정도에 버금가는 엄청난 파괴력을 가진 폭발이 아니고서는 터널의 코어에 닿을 수도 없었다.

'그게 가능한 마법이 하나 있긴 하지.'

대마도서(大魔圖書) 폴세티아.

"······."

무열의 생각을 읽은 듯 여명회의 단장인 데인 페틴슨과 불멸회의 단장인 하미드 자하르가 굳은 표정으로 그를 바라봤다.

"준비는 되었습니다."

두 사람은 반으로 갈라진 석판을 품 안에서 꺼냈다.

종족 전쟁이 시작되기 전, 명령을 받았던 두 사람은 끝내 회색 교장에서 단서를 찾아 세 개의 퀘스트를 클리어함과 동시에 폴세티아를 완성했다.

마도서 안에 잠재되어 있는 힘은 엄청났다. 그들은 아이템을 얻은 순간 아주 잠깐이지만 권좌에 도전을 할 수 있을지 모른다는 욕심이 생겼었다.

하지만 그런 마음을 비웃듯, 대륙에 돌아온 두 사람의 눈앞에 펼쳐진 광경에 그 욕심은 산산이 부서졌다.

드래곤(Dragon).

대륙 최강의 생명체를 하나도 아닌 셋이나 다루고 있는 그의 모습을 보고서 그 누구도 그에게 대적할 엄두를 내지 못할 것이었으니까.

"수고했다."

무열은 석판을 바라보며 천천히 고개를 끄덕였다.

폴세티아는 대륙에서 가장 강력하다고 알려진 드래곤의 마법보다 더 오래전, 태초부터 신과 함께 존재했다는 위대한 마법 중 하나였다.

그만큼 획득하는 데에 있어서 최상위급 난이도 퀘스트를 수행하지 않으면 안 된다.

"나는 각 마법회의 장(長)을 너희 두 사람에게 위임했다. 덕분에 모두 3차 전직이 필요 없게 되었을 텐데, 맞나?"

"그렇습니다."

"현재 등급은?"

"제가 SS급, 그리고 하미드 자하르가 S급입니다."

"이제 곧 저 역시 승급할 것입니다. 폴세티아를 얻는 과정에서 클리어한 퀘스트 덕분에 숙련도가 크게 상승하였으니까요."

무열은 그들의 말에 고개를 끄덕였다.

"윤선미가 공석인 지금, 마법부대의 지휘 역시 너희들에게 맡길 것이다. 각 부대는 이미 편성을 끝냈으니 확인하도록."

"알겠습니다."

하미드 자하르는 그제야 무열의 옆을 항상 그를 보좌하던 사람들이 없다는 것을 깨달았다.

"폴세티아는 아직 쓰지 않는다. 그 대신 너희 둘은 트로비욘의 지원군과 함께 악마군의 진격을 막는다."

대마법의 위력은 엄청나지만 그만큼 희생도 따른다.

대륙의 구멍을 뚫을 만큼 강력한 마법은 그 주위까지 죽음의 대지로 만들고 폭발은 가히 상상을 할 수 없을 정도였으니까.

"넵."

"트로비욘, 넌 드워프 굴의 안내자로서 쓸 만한 드워프 하나를 나에게 붙여라."

"설마…… 코어까지 혼자 가실 생각입니까?"

"그래."

무열의 말에 트로비욘은 깜짝 놀라지 않을 수 없었다. 자신의 골렘부대로도 간신히 터널을 부순 정도일 뿐 코어를 파괴하진 못했다. 그런 터널의 끝까지 단신으로 간다는 건 자살 행위나 다름없었다.

"알겠습니다."

하지만 트로비욘은 무열의 말에 그 어떤 토도 달지 않고 수긍했다. 제아무리 말도 안 되는 계획이라 할지라도 강무열이 말하는 것이라면 더 이상 의심을 하지 않겠다고 생각했기 때문이다.

"그 전에……."

차아앙―

무열은 천천히 검 살해자를 뽑았다.

"이곳부터 정리한다."

파앗……!!

그의 인영이 순식간에 사라졌다.

다시금 그의 모습이 확인된 곳은 전장의 한복판이었다.

"죽여 버…… 커헉!?"

쓰러지는 인간들 비웃으며 유린하던 만면사군(萬面巳君) 카르카의 목소리가 전장에서 멈췄다. 그의 몸이 앞으로 고꾸라지면서 얼굴이 그대로 바닥에 처박혔다.

무열은 아무렇지 않은 표정으로 자랑거리였던 그의 얼굴을 바닥에 갈아버렸다.

"컥…… 커컥……!!"

카르카가 위를 쳐다봤다.

"날뛰지 마라."

그러자 무열은 더욱더 그의 뒷덜미를 잡은 손에 힘을 주었다.

"누구냐!!"

공기를 가르며 날카로운 채찍이 무열의 얼굴을 향해 쏘아졌다. 하지만 그는 고개조차 돌리지 않고 카르카의 허리를 지그시 짓밟으며 검을 들어 베리드의 공격을 막았다.

"누구냐고?"

무열은 그의 말에 비소를 지었다.

"자신의 적이 누구인지부터 제대로 알아라."

"설마……!!"

"어째서 여기에 네놈이……?!"

8대 장군들은 갑작스럽게 튀어나온 그의 등장에 이해할 수 없다는 표정을 지었다.

"전장에 싸우기 위해 온 게 이상한 일이라니. 너희 머릿속엔 그저 살육뿐이구나."

베리드는 무열의 말에 이를 악물었다. 대부분의 전쟁은 선봉대를 보낸다. 상대의 전력을 확인하고 그에 맞춰 지원을 하는 것이 정석.

그건 악마군이라 하더라도 다르지 않았다.

아니, 그들뿐만 아니라 마족이나 엘프들 역시 마찬가지였다. 악마군의 권좌에 오른 백귀(百鬼) 아쉬케 역시 8대 장군 중 둘을 선봉대로 보냈으니까.

하지만 아직 전초전에 불과한 지금 인간군에서 대장이 직접 나섰다.

"강한 자가 싸운다. 그건 당연한 이치지."

무열은 검 살해자를 카르카의 뒷목에 박아 넣었다. 마치 말뚝처럼 깊게 박힌 검에 고통스러운 듯 카르카의 몸이 부르르 떨렸다.

그는 악마를 바라보며 생각했다.

'빨리 돌아와라.'

"여기가 확실하죠?"

"대장의 말이다. 그러니 틀림없겠지."

최혁수는 떨리는 목소리로 말했다.

종족 전쟁이 한창인 이 시기에 그는 전장이 아닌 다른 곳에 있었다.

게다가 그는 혼자가 아니었다. 그의 뒤에는 강찬석과 윤선미도 있었다.

"후우……."

그리고 강건우까지.

그들의 앞엔 거대한 문이 하나 있었다.

최혁수가 뒤를 돌아 세 사람을 바라보았다.

끄덕.

윤선미는 잔뜩 긴장된 얼굴로 고개를 끄덕였다. 무열의 권세에서 가장 뛰어난 무장(武將)인 그들이 전선에서 벗어나 이렇게 모여 있는 이유는 뭘까.

"서둘러야 한다. 우리가 시간을 끌수록 전황은 어렵게 된다."

강찬석이 최혁수의 어깨를 가볍게 잡았다.

"대장이 우릴 믿기 때문에 이런 명령을 내린 것이겠지."

"맞아요."

"아직 더 강해질 수 있다."

위기의 순간일수록 더 앞을 내다봐야 한다.

무열은 종족 전쟁이 시작되는 시점에서 그들에게 은밀하게 명령했다.

"서둘러 끝내고 대장에게로 돌아가는 거다."

최혁수는 강찬석의 말에 커다란 사원과 같은 건물의 문을 있는 힘껏 밀었다.

"3차 전직을."

❉

전생(前生)의 역사대로라면 종족 전쟁이 일어나기 이전에 각 종족의 대표들이 한자리에서 자신의 차원을 걸고 한 결투, 엑소디아가 먼저 발생했어야 했다.

"……."

하지만 거점이 다 완성되기도 전에 세븐 쓰론의 인간들이 다른 종족들은 공격했다.

악마족에겐 그들에게 원한이 있는 드워프를, 만반의 준비한 엘프에겐 그들로서는 절대로 건드릴 수 없는 존재인 드래곤을, 그리고 여유를 부리던 마족에겐 마치 기다렸다는 듯 권좌의 왕이 직접 움직였다.

"왜 그런 표정을 지으십니까? 어머니."

락슈무는 자신이 계획했던 것과는 달리 흘러가는 종족 전쟁의 무대를 바라보며 살짝 인상을 찡그렸다.

거대한 홀.

주위는 마치 우주처럼 아무것도 없이 수백 수천의 별과 같은 조명이 반짝이고 있었다.

홀의 중앙에는 거대한 수정구가 하나 있었다.

우우우우웅…….

기계음과 같은 소리와 함께 수정구에서 발생하는 빛으로 만들어지는 거대한 지도.

마치 그 안에서 살아 있는 것처럼 사람들이 움직이고 있었다.

세븐 쓰론을 축소해 놓은 지도는 한눈에 전황을 모두 살필 수 있었다.

"뭔가 생각하신 것과 다르십니까?"

또각- 또각- 또각-

디아고의 목소리가 들렸지만 락슈무는 옥좌에 앉아 팔을 기댄 채로 고개조차 돌리지 않았다.

그녀의 무반응에 그는 옅은 웃음을 지으며 좀 더 발에 힘을 주어 걸었다.

유리로 되어 있는 홀의 바닥이 울리는 그의 구두 굽 소리를 더욱 선명하게 했다.

"라엘 스탈렌이 죽는 걸 어째서 그냥 보고만 있었지?"

락슈무가 처음으로 입을 열었다.

디아고는 황송하다는 표정으로 무릎을 꿇고서 그녀에게 말했다.

"수천 년 동안 단 한 번도 저에게 말을 걸어주시지 않았는데 어머니께서 말씀을 하시는 것을 보니 기분이 참 묘하군요."

"묻는 말에 답하거라. 어째서 라엘 스탈렌이 죽는 걸 그냥 보고 있었지? 내가 그녀를 선택했다는 걸 너도 알 텐데."

디아고는 그녀의 말에 입꼬리를 올렸다.

"신의 대리자는 그저 신이 만든 규율 안에서만 움직일 뿐입니다. 그건 어머니께서 만드신 법이지 않습니까."

"그렇다면 강무열과 만난 이유는 뭐지? 신의 대리자가 할 일은 권좌에 오르기 전까지의 조율이다. 종족 전쟁이 시작되고 난 뒤에 네가 독단으로 움직인 이유 말이야.”

락슈무는 차가운 목소리로 그에게 말했다.

“그걸 설명하지 못한다면 네가 가진 불멸 역시 필멸이 될 게다.”

순간, 빛이 일렁거렸다. 락슈무의 머리 위로 소용돌이가 일었다.

“…….”

디아고는 내색하지 않았지만 자신의 등줄기에 주르륵 식은땀이 흐르는 것을 느꼈다.

반신(半神)인 자신이 공포를 느꼈던 게 얼마 만일까.

하지만 묘하게도 그의 입꼬리는 자꾸만 씰룩거리고 있었다.

‘디멘션 스파이럴(Dimension Spiral)…….’

그는 입맛을 다셨다. 공포 속에서도 끊임없는 욕망이 튀어나왔고 그것을 들키지 않기 위해 안간힘을 썼다.

오직, 신만이 가질 수 있는 힘.

태초부터 차원을 구성하고 창조하고 때로는 파괴할 수 있는 신의 힘을 가리켜 인류는 그걸 차원력(次元力)이라 했다.

그리고 그 차원력이 수백만, 수천만 년을 뛰어넘어 셀 수도 없는 억겁의 시간 동안 응축되어 있는 것이 바로 기의 소용돌이인 디멘션 스파이럴(Dimension Spiral)이었다.

'저 힘이야말로 어머니의 근원이자 생명.'

디아고는 천천히 고개를 들었다. 락슈무가 아닌 아름다운 그 빛을 향해 그는 고해성사를 하듯 말했다.

"제가 강무열을 만났던 것 역시 어머니의 뜻을 위해서였을 뿐입니다. 그는 저희가 생각하지 못한 변수. 어머니의 아이들인 네피림이 세븐 쓰론에 도착하기 전에 균형을 잡기 위함이었습니다."

그는 기대에 찬 눈빛으로 그녀에게 말했다.

"이미 승자는 정해져 있으니까요."

"……."

락슈무는 그의 아부에도 불구하고 굳은 표정을 풀지 않았다.

"나는 아직 잊지 않았다. 너는 다른 자식들과 달리 균열 속에서 태어난 존재란 걸."

"하지만 저 역시 다른 형제들과 마찬가지로 어머니의 배 속에서 자랐고 어머니의 젖을 먹고 지냈습니다."

디아고의 표정이 살짝 일그러졌다.

모성애(母性愛).

신의 대리자인 그에게 그런 인간적인 감정에 대한 욕심은 없었다.

단지…… 그가 바라는 것은 다른 것이었다.

'빼앗고 싶다.'

저 힘을.

디아고는 자신도 모르게 나온 그 생각을 황급히 감추었다.

신의 앞에서 절대로 빈틈을 보이면 안 된다.

"걱정 마십시오. 전쟁은 이제 막 시작했을 뿐입니다. 이미 손을 써두었습니다. 모든 것은 어머니의 뜻대로 이뤄질 것입니다."

대신, 그는 자리에서 일어나 돌아서며 혀끝으로 자신의 입술을 핥았다. 마치 맛보고 싶은 최상의 음식을 기다리는 굶주린 짐승처럼.

쾅!! 콰쾅———!!!

폭음이 터지는 전장.

병사들에게 떨어진 명령은 단순했다. 악마군의 거점을 잇는 터널의 입구에 방어선을 구축하고 그곳을 방어하는 것.

적군이 쏟아지는 입구를 '방어'한다는 것이 이상하게 들릴 수도 있지만 그들의 목적은 단 하나였다. 무열이 이곳에 도착하기 전까지 터널의 입구가 닫히는 것을 막는 것이었다.

"무슨 일이 있어도 버텨!!"

"대장이 온다! 녀석들이 눈치채면 터널이 닫히고 말 거야!!"

아이언바르의 드워프들이 터널의 코어가 있는 곳까지 길을 뚫긴 했지만 실시간으로 변동하는 터널의 갈래에 맞춰 계속 굴을 뚫는 것은 불가능했다.

입구는 계속해서 변하기 때문에 파이프를 이은 것처럼 드워프들은 자신들의 굴을 지하에서 터널과 이어지는 이음새로 연결했다.

"모든 갈까마귀는 지금 당장 흩어져서 악마군의 터널이 또 있는지 확인한다!!"

"터널이 생기는 범위는 넓지 않아! 가장 마지막에 생긴 터널 주위로 촉수가 튀어나온다! 그게 코어로 통하는 입구다! 무조건 그걸 발견하는 즉시 보고해!"

"알겠습니다!!"

"넵!!!"

진아륜과 천륜미의 명령에 복면을 쓴 갈까마귀들은 일제히 고개를 끄덕이고는 사라졌다.

[쿠아아아아아!!!]

부하들이 사라지고 단둘이 남자 주변에 있던 웜 고블린들이 기다렸다는 듯 일제히 그들을 덮쳤다.

콰직⋯⋯!!

진아륜의 양팔에서 날카로운 검날이 튀어나왔다. 열 십(十) 자 형태로 자마다르(Jamadhar)를 교차했다가 날을 긋자 불꽃이 튀었다.

팔을 뻗어 날을 회전시키자 그에게 달려들던 웜 고블린들의 목이 거침없이 잘려 나갔다.

[케…… 케게겍……!!]

콰직———!!

진아륜은 잘려 나간 얼굴을 다시 한번 짓밟았다. 목이 날아갔음에도 불구하고 웜 고블린들은 마치 좀비처럼 날카로운 이빨을 드리우며 소리쳤다.

"징그러운 놈들……."

그는 피투성이가 된 신발을 바라보며 인상을 구겼다.

"버틸 수 있을까?"

천륜미는 불안한 표정으로 말했다.

"조금 전까지만 하더라도 지상에서 덤벼들던 녀석들이 조금 줄었어. 전선 끝에서 분명 변화가 있는 거야."

진아륜은 어쌔신 특유의 눈을 통해 전장에 새로운 물결이 일어나고 있음을 직감했다. 그리고 그 파도를 무열이 일으키고 있다고 확신했다.

"바이칼의 지시를 너도 들었잖아. 강무열은 무슨 일이 있어도 이곳에 올 거야."

확신에 찬 그와는 달리 천륜미는 지친 기색이 역력했다. 무열은 언제나 전투에서 그들을 조커(Jocker)로 썼다.

지휘관을 암살하거나 성문을 열어 전세를 바꾸는 역할이 주 임무였던 갈까마귀들은 기습에는 능했지만 이런 대규모 전투에는 적합하지 않았다.

"하지만 너무 멀잖아. 전선 끝에서 코어에 도달할 수 있는 이곳까지 오려면……."

"버텨야지."

진아륜은 천륜미의 어깨를 붙잡으며 말했다. 너덜너덜해진 복면은 반나절이 지난 전투가 얼마나 치열했는지 보여주는 증거였다.

"전쟁이니까."

결코 미화(美化)하려고 하는 말이 아니었다. 전쟁터에서 피어나는 대서사시 같은 건 개나 줘버리라는 마음이었으니까.

원해서 하는 것이라면 참을 수 있다.

하지만 그 누구도 원한 적 없는 전쟁이었다.

그저 너무나도 억울하고 화가 나는 일.

그러나 그렇기 때문에 진아륜에겐 이 뭣 같은 전쟁을 바라보는 절대적인 태도가 있었다.

분노를 담은 말.

"무슨 일이 있어도 살아 돌아간다."

진아륜의 눈빛을 바라보며 천륜미는 자신도 모르게 고개를 끄덕일 수밖에 없었다.

콰아앙———!!!

그때였다. 등에 폭약과 불타는 화염석을 짊어지고 있는 카반다들이 조금 전 진아륜의 의지를 비웃기라도 하는 듯 병사들을 향해 돌진했다.

[쿠어어어⋯⋯.]

의지 따윈 없는 듯 초점 없는 눈동자로 엉금엉금 기어오는 녀석들은 말 그대로 자살 특공대가 되어 자신들의 몸을 던져 주위에 폭발을 일으키고 있었다.

"아아악!!"

"크악!!"

터널을 지키기 위해 만들었던 방책들이 사방으로 튕겨 나갔다.

병사의 수가 급격히 줄어들었다.

진아륜은 그 모습을 바라보며 자마다르를 치켜들었다.

"안 돼!! 녀석들을 건드리는 순간 폭발한다고! 당신이 죽여 봐야 폭발을 막을 순 없어!"

"하지만⋯⋯! 그렇다고 병사들이 죽는 걸 그냥 보자는 말이야?!"

목숨 따윈 안중에도 없는 듯 소모품으로 전락한 카반다들은 약간의 충격만으로도 쉽게 폭발했다.

"크윽⋯⋯!!"

진아륜은 만류하는 천륜미를 바라보며 입술을 깨물 수밖에 없었다.

콰가가강……!!

콰강……!!

하늘에서는 홉 와이번들이 뱉어내는 화염구들이 미사일의 폭격처럼 지상으로 쏟아졌다.

"제길……!!"

"이, 이대로는 전멸입니다!!"

시커멓게 그을린 얼굴을 한 병사가 소리쳤다.

조금 전 카반다의 자살 폭탄으로 팔 한쪽이 날아간 그는 대충 감은 붕대로 간신히 출혈을 막고서 비틀거리며 진아륜에게로 다가왔다.

"정신 차려!! 아직 코어로 연결되는 터널이 이곳에 있다. 우리가 정확한 좌표를 확인하지 않으면 아무리 강무열이라 할지라도 터널을 찾으려고 우왕좌왕하다가 끝난다고!!"

진아륜은 악에 받친 목소리로 소리쳤다.

끝이 보이지 않는 악마들을 바라보며 그는 생각했다.

'아직……!!'

1분이라도, 아니, 1초라도 더 버텨야 한다. 강무열이 뚫고 올 수 있는 길을 만들기 위해.

콰아아아아아앙———!!!

그 순간, 하늘에서 강렬한 폭음이 터져 나왔다. 뜨거운 열기가 지상까지 느껴졌다. 카반다의 자살 폭탄과는 비교도 안 될 폭발이었다.

"뭐…… 뭐지?!"

저 멀리 화염에 휩싸인 뭔가가 추락하고 있었다.

"……!!!"

그것을 바라본 진아륜의 눈동자가 커졌다.

하늘을 까맣게 수놓은 악마군의 홉 와이번들이 시커먼 유황 연기를 입으로 뿜어내며 선회하고 있었다.

그들 사이로 떨어지는 화염 덩이 사이로 기다란 낯익은 꼬리가 보였다.

"설마……?"

콰아아앙……!!!

다시 한번 폭발이 터져 나왔다.

진아륜은 추락하는 것이 무열의 플레임 서펀트라는 것을 알고서 자신도 모르게 부르르 몸을 떨었다.

그는 알 수 있었다.

무열이 까마득하게 먼 전선에서 터널이 있는 이곳까지 오기 위해서 육지가 아닌 땅을 선택한 게 틀림없다.

하지만 아직 공중부대가 없는 인간군으로서는 하늘 역시 악마군의 지배하에 있었다.

"아……."

허탈한 한숨이 자신도 모르게 터져 나왔다.

실패다.

앞을 겨누었던 자마다르가 바닥으로 떨어졌다.

"저, 저기!!"

그때였다. 고개를 떨군 진아륜은 천륜미의 외침에 황급히 앞을 바라봤다.

툭.

"……!!!"

너덜너덜해진 겉옷을 잡아 뜯으며 눈앞에 나타난 무열이 담담한 표정으로 진아륜을 향해 뭔가를 던졌다.

[키에에에에에!!!]

조금 전 플레임 서펀트를 공격했던 홉 와이번들이 괴상한 비명을 지르며 줄이 끊어진 연처럼 우수수 떨어지기 시작했다.

쿵!! 철푸덕……!!

콰가강———!!!

날개가 산산조각이 난 와이번들은 바닥에 고꾸라지며 고통에 찬 비명과 함께 몸부림쳤다.

"후우……."

화산재를 뒤집어쓴 것처럼 전신에 덕지덕지 묻은 새하얀 유황 가루들을 털어내며 무열이 진아륜을 지나치며 말했다.

"카르곤 좀 빌리겠다."

조금 전 무열이 던진 베리드의 목을 받아 물끄러미 바라보는 진아륜은 얼굴에 떠오른 어처구니없다는 표정을 감출 수 없었다.

"……."

단신으로 달려온 것도 모자라 자신들을 괴롭히던 와이번들까지 갈라 버렸으니 말이다.

검 살해자가 햇빛에 반짝였다.

피 한 방울도 묻지 않은 검날은 여전히 배가 고프다는 듯 떨고 있었다.

"크, 크큭. 미친……."

터널을 향해 사라지는 그의 뒷모습을 보며 진아륜은 전율을 느꼈다.

86장
종족 전쟁(2)

열기가 확–!! 하고 몰려왔다.

"아이고, 나 죽네!"

"엄살 피우지 마라. 그 정도로 죽지 않는다. 게다가 드워프들은 불을 다루는 종족이잖아."

무열에게 이끌려 터널 안으로 들어온 드워프 모르고스 실마는 반쯤 그을린 턱수염을 쓱 만지면서 입술을 내밀었다.

"불을 다룰 줄 아는 거지 불구덩이에 뛰어들어서 살 수 있는 종족은 아니오."

말은 그렇게 했지만 모르고스는 조금 전 홉 와이번들을 죽인 무열의 검에 놀라고 있었다.

'도대체 저건 뭐지?'

평생을 살아오면서 저런 검은 본 적이 없었다.

검날이 검은 건 흑요석을 쓰면 가능하지만 흑요석은 무척이나 약한 광물이다. 그렇기 때문에 검날로 쓰는 것은 부적합했다.

게다가 아무리 솜씨 좋은 대장장이라 하더라도 흑요석을 저렇게 길게 뽑는 것도 어렵거니와 그 안에 흰 문양을 새기는 것도 불가능에 가까웠다.

'……이해가 가는군.'

그 특이한 검보다 더 놀라운 것.

드워프의 왕인 트로비욘이 직접 뚫은 굴을 아이언바르와 연결시킨 뒤에 세븐 쓰론으로 드워프들을 불러들였을 때 그가 인간과 동맹을 맺었다는 사실이 처음에 알려졌을 땐 어이가 없었다.

인간을 굴복시키려고 직접 뮤르가(家)의 골렘을 이끌고 갔던 그였으니까.

그러나 오히려 인간에게 패배를 하고 돌아왔을 때 그는 왕의 자리까지 위기를 맞았었다.

'질 수밖에 없었겠군.'

인정하고 싶지 않지만 인정할 수밖에 없었다.

아이언바르의 드워프들은 뛰어난 손재주만큼이나 스스로를 용맹한 전사라고 여겼다.

그러나 무열의 전투를 직접 본 그는 더 이상 그 패배에 이

견을 달 수 없다고 생각했다.

'검이 뛰어난 것보다 사람이 뛰어난 거였군.'

하지만 아무리 좋은 도구도 사용자가 능력이 없다면 무용지물이다.

백 년이 넘도록 망치를 잡았던 모르고스는 검 살해자를 쓰는 무열의 능력에 감탄하지 않을 수 없었다.

"안내해라."

그런 감상도 잠시.

무열은 터널 안을 걸어가며 그에게 말했다.

'아슬아슬하게 들어왔지만 여유 부릴 만큼 시간이 많지 않다. 코어로 연결된 터널은 다섯 시간마다 한 번씩 바뀐다.'

진아륜이 터널을 확인했을 때부터 이미 한 시간이 지난 뒤였다. 코어까지 최소 4시간 안에 도착을 해야 한다는 말이었다.

단순히 길을 가는 거라면 문제 될 것이 없었지만 이곳은 말 그대로 악마군의 거점에서 지상으로 병력이 이동하는 통로.

끊임없이 올라오는 악마들을 처치하면서 코어 안으로 들어가야 했다.

"꽉 잡아라."

"……에?"

순간, 모르고스의 발이 지면에서 부웅 하고 떠올랐다. 발에 아무것도 닿지 않자 그는 깜짝 놀라며 짧은 다리를 바동거렸다.

"우아악……!!!"

무열은 그의 비명에도 아랑곳하지 않고 한쪽 팔로 그의 허리를 감싸 안고는 그대로 터널 안으로 달리기 시작했다.

"워, 워워……!!"

고삐를 잡아당겨 카르곤을 세운 오르도 창이 가쁜 숨을 몰아쉬며 안장 위에서 내렸다.

"전황은 어떻습니까?"

"그다지 좋지 않습니다."

쿠우우우우……!!

거대한 프로펠러가 돌아가는 것 같은 요란한 소리가 상공에서 들렸다.

"……."

그 소리에 고개를 들어 올린 필립 로엔의 표정이 어두워졌다.

"주군께서 악마군의 전선에 참여한 것을 알았는지 마족들이 일제히 공격을 실시한 모양입니다."

"난감하게 되었군."

마족의 거점 주위로 트라멜의 병력과 남부 5대 부족의 병력들로 구성된 연합군은 처음 기습의 성공과는 달리 그 이후부터 계속해서 전선이 뒤로 밀리고 있는 실정이었다.

"모든 종족의 첫 타깃이 인간이라는 건 어쩔 수 없는 사실이니까 말입니다."

오르도 창은 그의 검을 꺼내면서 말했다.

"무열이 악마군을 격퇴할 때까지 무슨 일이 있어도 전선을 유지하며 버티는 수밖에 없겠군."

쉬운 일이 아니었다. 마족의 능력치는 일반적으로 인간보다 뛰어났다.

습격을 통해 무열은 마족 4기사 중 한 명을 처리했지만 나머지 3명은 그가 아닌 이상 상대하기 버거운 강자들이었다.

첫 기습에 대한 복수일까.

포위를 했던 마족의 거점에서 나머지 3기사가 모두 소환되었다.

그렇기 때문에 무열은 3차 전직이 필요 없는 필립 로엔과 오르도 창을 이곳에 맡긴 것이었다.

흑참칠식이라는 성장형 스킬을 익힌 필립과 흑운을 가지고 있는 오르도는 이미 3차 전직에 버금가는 능력치를 가지고 있기 때문이었다.

하지만 그런 준비도 수적인 우위에서는 빛을 보지 못했다.

그 결과가 이것이었다. 계속해서 밀려나는 전선은 싸우는 자에게도 지키는 자에게도 모두 어려운 일이었다.

"버티지 못하면 그 전에 전멸이겠지만."

"……!!"

그때였다. 갑작스럽게 들리는 여자의 목소리에 필립 로엔은 황급히 뒤를 돌아봤다.

수만의 병사가 포진하고 있는 전선의 본진에 기척도 없이 나타난 탓에 긴장을 했지만 이내 그의 얼굴이 풀어졌다.

"뭐야, 당신인가. 그런 농담은 집어치우지."

"하, 하하……. 알았으니까 그쪽이야말로 좀 창은 집어넣지 그래?"

자신의 얼굴을 향하는 날카로운 흑창을 바라보며 최은별이 입술을 씰룩거리며 말했다.

"여긴 어쩐 일이지?"

"무슨 일이긴. 운반업자가 운반할 게 있어서 왔지. 아니면 왜 왔겠어?"

"……운반?"

밀려나는 전선에 골머리를 썩이고 있는 상황에서 어쩌면 일말의 희망을 가져다줄 수 있는 비책을 들고 온 게 아닐까 하고 필립 로엔이 기대에 찬 눈빛으로 그녀를 바라봤다.

"전투는 합이 맞아야 해. 특히나 지금처럼 각각 지역마다 동시적으로 전투를 수행해야 하는 전쟁이라면 말이야."

딱-!!!

최은별이 손가락을 튕기자 커다란 주머니가 튀어나왔다.

"유물을 사용할 수는 없지만 그렇다고 운반업자가 옮기지 못하는 건 없지."

주머니의 끈을 풀자.

"여긴가."

안에서 목소리가 들렸다.

"······!!"

인벤토리 안에 사람이 들어가는 것은 놀라운 일이었지만 필립 로엔은 그런 광경을 보면서도 안색이 굳어졌다.

"······한 명? 고작?"

주머니 안에서 나타난, 얼굴의 반쪽을 가면으로 가리고 있는 여자. 다름 아닌 정민지였다.

우드득······.

그녀는 뻐근한 듯 양쪽으로 목을 꺾었다.

"용족의 후각은 다른 어떤 종족보다 뛰어나다. 내가 여기 있는 걸 알고 있을 테니 알아서 찾아올 거다."

최은별은 그 말에 고개를 끄덕였다.

"대군을 이동시키는 건 시간이 너무 걸리거든. 일단 가장 필요한 전력부터 빠르게 전장에 투입하는 게 가장 중요한 일이지. 운반업자의 기본 스킬로 이동시킬 수 있는 생명체는 하나뿐이거든."

최은별의 말에도 필립 로엔은 이해할 수 없다는 듯 말했다.

"가장 필요한 전력? 전쟁의 판도가 한 사람으로 좌지우지될 수 있다고 생각하는가."

정민지가 어떤 사람인지는 그 역시 트라멜에서 무열과 함께 온 그날 얘기를 들었었다.

용의 여왕이라 불리며 남부 일대에 있는 용족들을 통합한 강자.

그녀가 어떤 이유에서 무열과 함께 트라멜에 온 것인지는 잘 모르겠지만 무열이 권좌에 오르던 그즈음 그녀가 용족을 모두 통합하고 알라이즈 크리드와 함께 무열의 산하에 자진해서 들어왔었다.

'용족 전체가 왔다면 충분한 전력이 되겠지만 아무리 그녀가 뛰어나다고 해도 결국 개인일 뿐.'

다만, 일말의 기대감은 그녀 자체가 아닌 그녀가 이끄는 용족이었다.

세븐 쓰론에 사는 토착인 중에서 몇몇의 소수민족은 종족 특성을 가지고 있다.

태어날 때부터 대를 이어오는 능력.

그건 엘프의 마법이라든지 드워프의 손재주와는 조금 다른 것이었다.

종족 특성이란 단순한 힘이 아닌 오히려 주술적인 성향이 강한 것이다.

용족은 악마에게 강하다.

상성(相性).

검무덤에 그려진 종족 전쟁의 벽화에서 용들은 마족의 머리를 씹어 먹고 있다.

커다란 날개를 펼치고 하늘에서 마족을 짓밟고 있는 그들은 태초에 탄생할 때부터 마족에게 강한 힘을 가졌다.

그런 드래곤의 피를 이어받은 것이 용족. 정민지의 용족이라면 확실히 다른 병사들보다 훨씬 더 마족에게 강력한 타격을 줄 수 있다.

하지만 그들은 아직 이동 중.

필립 로엔은 나지막하게 한숨을 내쉬면서 말했다.

"알겠다. 전선을 천천히 물리면서 용족이 합류하는 것을 기다리겠다. 덕분에 전선을 완전히 물릴 필요 없이 이곳 올빼미숲의 경계에서 전선을 유지할 수 있을 것 같군."

하지만 그의 말에 정민지는 오히려 스트레칭을 하듯 관절을 풀며 말했다.

"아니, 전선을 뒤가 아닌 앞으로 당긴다."

"……뭐?"

"그러기 위해서 내가 온 거니까. 어이, 그리고 그걸 꺼내줘."

정민지의 말에 최은별이 고개를 끄덕였다. 그녀는 조금 전 정민지가 들어가 있었던 주머니를 뒤지더니 커다란 상자 하나를 꺼냈다.

"웃챠."

부피가 제법 큰 상자를 두 손으로 들어 바닥에 놓자 쿵! 하는 소리가 들렸다.

"이게 뭐지?"

"속성석을 가공한 거야. 리앙제가 인챈트 아이템으로 변형시켰다. 자신의 무기에 30분간 속성을 가지게 되지. 주입되어 있는 속성은 불(火). 마족에게 가장 효율적인 속성이지."

필립 로엔은 최은별이 건넨 상자를 열었다. 그 안에는 수백 개의 속성석이 들어 있었다.

"전부에게 줄 수 있으면 좋겠지만 모인 수량에 비해서 가공하는 인원이 턱없이 부족해. 일단은 주요 부대원들에게만 지급하는 게 좋을 거야."

"으흠…… 알겠다."

정민지의 등장은 탐탁지 않았지만 대량의 속성석을 쓸 수 있는 것은 확실히 전선에 도움이 되는 일이었다.

"못 미더운가 보군."

필립 로엔의 표정을 단번에 읽은 정민지는 그의 옆을 지나

치며 말했다.

기사 가문 출신인 그는 언제나 전투에서 완전함을 꾀했다. 장군으로서 병력의 손실을 최소화하는 것은 중요한 일이었다. 위험한 도박보단 안전한 승리를 원했다.

"걱정 마라."

그 순간, 정민지는 필립 로엔을 바라보며 묘한 웃음을 띠었다.

우드득……!!

정민지의 몸에서 기괴한 소리가 들렸다. 그와 동시에 그녀의 주위에 바람이 일며 망토가 펄럭였다.

"……!?"

마치 구속구처럼 그녀의 목에서부터 어깨, 허리 골반에서 허벅지까지 단단한 뿌리 같은 것이 감겨 있었다.

아이보리 색의 기괴한 갑옷이 드래곤 본이라는 것을 알아차리기까지는 얼마 걸리지 않았다.

'설마…….'

무열이 약속의 땅에서 가져온 나르 디 마우그의 뼈였다.

대륙에 존재하는 세 마리의 드래곤이 전선에 합류한 이상 세븐 쓰론에서 더 이상 얻을 수 없는 최상급 재료. 그런 드래곤 본을 무열은 정민지의 갑옷에 모두 투자한 것이다.

필립 로엔으로서는 상상할 수 없는 일이었다. 어쩌면 그것이 권좌의 주인으로서의 차이일지도 모른다.

도박(賭博)과 안정(安定).

어쩌면 필립 로엔이 무열과 다르게 권좌에 오르지 못한 이유일지도 모른다.

정민지는 필립 로엔을 바라보며 차가운 미소를 보였다. 어떻게 보면 건방져 보일지도 모르지만 대군 앞에서도 웃을 수 있다는 게 그로서는 특이해 보였다.

그의 의문에 대답하듯 그녀의 육체가 꿈틀거리는 소리를 내며 움직였다.

"내가 뒤집어 놓아주지."

너무나도 당연하게 말하는 말에 필립 로엔은 어리둥절하게 그녀를 바라봤다.

"이 전쟁의 판도를."

그 순간, 필립 로엔은 자신이 생각한 것이 틀리다고 인정할 수밖에 없었다.

이곳은 세븐 쓰론. 일반적인 현실의 전쟁과는 다르다.

이곳의 전쟁은 수가 아니다.

영웅(英雄).

때로는 단 한 명으로도 전쟁의 판도가 바뀔 수 있다는 것을 필립 로엔은 잊고 있었다.

물론, 그게 지금 일어날 것이라고는 더욱더 상상할 수 없었다.

[크아아아아아아아ㅡㅡㅡ!!]

마족의 전선 앞에 날카로운 용의 울음이 울려 퍼졌다.

"머…… 멈춰!!!"

콰직.

악마의 비명이 들렸다.

여섯 종족 중에서 가장 호전적인 악마족이 가득한 터널 안
엔 호승심보다 두려움이 더 가득했다.

"후우……."

무열은 호흡을 내뱉었다. 온몸에 악마의 피로 칠갑을 했지
만 검 살해자의 날만큼은 녀석들의 피를 한 방울도 남기지 않
고 모두 마신 것처럼 깨끗했다.

지이이잉…….

그럼에도 불구하고 여전히 목이 마른 듯 검 살해자는 눈앞
에 있는 악마들을 향해 울고 있었다.

"…….."

모르고스는 그 광경을 바라보며 입을 다물지 못했다.

'뭐 저런 인간이 다 있어?'

터널 안에 들어온 지 벌써 2시간이 흘렀다.

저벅ㅡ 저벅ㅡ 저벅ㅡ

무열은 그 시간 동안 한 번도 쉬지 않고 악마들을 말 그대로 썰면서 터널 안을 내려왔다. 아무것도 하지 않고 전력질주로 달리기만 해도 지칠 시간이었다. 그러나 무열은 그저 약간 흐트러진 호흡을 바로잡을 뿐이었다.

쫘악.

무열이 검 살해자를 쥔 손에 붕대를 감았다. 마력이 담긴 붕대가 옅은 빛을 뿜어내기 시작했다.

하지만 그걸로 모자랐는지 그는 인벤토리 안에서 포션을 꺼내었다. 푸른색 액체가 가득 들어 있는 포션을 무열이 단숨에 들이켰다. 상아탑에서 가져온 포션은 지용 슈와 아티스 카레쉬의 합작품이었다.

단전 아래에서 은은하게 차오르는 마력을 느끼며 무열은 고개를 끄덕였다.

[설마 정령을 하나 더 부릴 생각이냐.]

그의 생각을 읽은 것인지 쿤겐이 먼저 무열에게 말했다.

"2시간이나 지났어."

모르고스는 그의 말에 기가 찼다. 악마로 가득한 수십 킬로미터나 되는 터널을 고작 2시간 만에 온 것이었다.

그럼에도 불구하고 무열은 만족스럽지 않은 표정이었다.

[걱정 마라. 이제 곧 코어에 당도한다. 강한 마력이 느껴지니까.]

"알고 있어. 나도 느껴진다. 하지만 그걸 지키는 마력 역시 느껴지지."

쿤겐은 무열의 말에 피식 웃었다.

[네가 질 만큼 대단한 마력은 아닌 것 같은데. 설마 지금 걱정하는 거냐?]

"물론."

무열은 담담한 표정으로 말했다.

"빨리 처리하고 지상으로 나가야 하니까. 아직 위에도 죽여야 할 놈들이 수두룩하니까."

그렇게 말하면서 그는 뒤에 있던 모르고스를 바라봤다.

"안내하느라 수고했다. 돌아가도 좋아. 뒤로는 몬스터가 없을 테니 이대로 다시 왔던 길을 따라 되돌아가라."

강렬하게 느껴지는 코어의 마력이 이제는 손에 잡힐 것처럼 보였기에 더 이상 안내는 필요 없었다.

"아닙니다. 같이 가겠습니다."

그건 모르고스 본인도 잘 알고 있었다. 하지만 그는 오히려 지금껏 꺼내지 않았던 도끼를 꺼내며 말했다.

"지금부터는 더 위험할 텐데?"

"그래도 내 몸 하나 지킬 만한 실력은 있소."

보고 싶었다. 눈앞의 위험을 무릅쓸 만큼 이미 그는 무열의 전투에 매료되어 있었기 때문이다.

"그렇다면."

무열은 고개를 가볍게 끄덕이고는 천천히 터널 안으로 내려갔다.

"……."

그때였다. 모르고스는 불현듯 한 가지 생각이 떠올랐다. 아니, 어쩌면 무열이 처음으로 검을 꺼냈을 때 이미 그의 무의식에 새겨져 버린 것일지 모른다.

'저자의 무구를 만들어 보고 싶다.'

대장장이로서 강자가 자신의 무구를 사용하는 것만큼 자부심이 생기는 일도 없을 것이다.

그는 자신이 검 살해자를 뛰어넘는 무구를 만들 수는 없을 것이라는 걸 잘 알았다.

다만.

'……만든다면 아마 갑옷이 되겠지.'

그렇기 위해서 필요하다.

관절의 움직임부터 동작 하나하나까지. 모르고스는 더욱더 자신의 눈으로 무열의 일거수일투족을 관찰하고 싶었다.

[크아아아아!!!]

용의 울음소리가 대지를 흔들었다. 상위 몬스터의 피어 (Fear)처럼 전장에 선 마족들은 정민지의 포효에 몸이 굳어버린 듯 움직일 수 없었다.

콰드득……!!

붉은 안광이 마치 레이저처럼 빛의 호를 그리며 어둠 속에서 이리저리 움직였다.

그녀의 양팔엔 새하얀 비늘이 돋아나 있었다. 마치 나르디마우그가 환생한 것처럼 비늘이 돋아난 팔에는 백금룡의 뼈가 감겨 있었다.

"컥……!!"

정민지가 뛰어오르며 마족의 안면을 그대로 찍어 눌렀다.

비늘로 덮인 손은 원래 그녀의 손에 두 배가 넘을 정도로 거대했다.

그녀의 손바닥이 마족의 얼굴을 완벽하게 뒤덮었다. 있는 힘껏 마족의 머리를 바닥에 찍어버리자 수박이 깨지는 것 같은 둔탁한 소리가 울렸다. 바둥거리던 마족 병사의 몸이 일순간 축 늘어졌다.

"죽어라!!"

정민지를 향해 병사들이 일제히 무기를 찔렀다. 하지만 그녀는 양손으로 병사의 사체를 쥔 채 공중으로 뛰어올랐다.

뒤늦게 그녀가 있었던 자리에 수십 개의 창이 박혔다.

쿵.

공중제비를 돌아 착지한 정민지가 발아래에 있는 창날을 발판 삼아 올라섰다.

"……!!"

사체를 던져 버리며 그녀의 몸이 춤을 추듯 한 바퀴 회전했다.

그 순간, 그녀의 주위에 창을 잡은 채로 모여 있던 마족들의 머리가 두부 잘리듯 잘려 나갔다.

마족들은 자신의 목이 잘린 것조차 느끼지 못한 듯 이해할 수 없다는 표정을 짓고 있었다.

촤아아아악……!!

수십 개의 목에서 분수처럼 일제히 피가 솟구쳤다. 그녀의 새하얀 비늘 위로 붉은 피가 떨어지자 전장의 병사들은 적아(敵我)를 구분하지 않고 모두 넋을 놓고 바라보고 말았다.

혈흔이 낭자한 사체를 밟고 서 있는 그 모습이 우습게도 붉은 장미같이 느껴졌기 때문이다.

"내가 뒤집어 놓아주지, 전쟁의 판도를."

필립 로엔은 손등으로 뺨을 닦고서 마족의 피를 맛보는 정민지를 보며 그녀가 처음 전장에 나섰을 때 자신에게 했던 말을 떠올렸다.

"정말 그럴 생각이었군."

단순히 치기 어린 말이 아니라는 것을 실감할 수 있었다.

그는 흑참을 뽑으며 앞을 바라봤다. 뒤로 밀리기만 하던 전선이 어느새 수 킬로미터를 전진해 있었다.

'이 정도까지 진격한 건 처음인가……'

아무리 상성의 차이가 있다고는 하지만 그가 지휘할 때와는 너무나도 다른 형국이라 총지휘관으로서 씁쓸할 수밖에 없었다.

콰직-!!

흑참을 가로로 휘둘러 또 한 명의 마족을 벤 필립 로엔이 생각했다.

'이대로 가만히 있을 순 없지.'

지휘관으로서의 자존심이 아닌 스스로 가지는 기사로서의 명예가 정민지가 전장을 휘젓는 것을 가만히 두지 않았다.

"테일러."

그가 고개도 돌리지 않고 창을 쥐지 않은 손을 뻗자 기다렸다는 듯 그의 손에 작은 포션 하나가 쥐어졌다. 입으로 뚜껑을 따서 단숨에 들이켜며 필립 로엔은 전장으로 뛰어들었다.

"이제 본진으로 돌아가."

가죽 갑옷을 입은 로엔 가문의 집사인 테일러가 그런 그를 바라보며 나지막이 말했다.

"부디 조심하십시오."

전장의 한복판에 집사가 따라온다는 것은 위험천만한 일일지 모르지만 노년의 그는 오히려 그것이 자신이 해야 할 소임이라고 생각했다.

필립 로엔이 느끼는 기사의 자부심처럼 그의 옆에서 그를 보필하는 것이 집사로서 테일러가 가지는 자부심이었기 때문이다.

"역시……."

최은별은 거점의 언덕 위에서 전장을 내려다보며 고개를 끄덕였다.

"필립 로엔은 자존심이 강하다. 마족과 상성이 좋은 정민지를 같은 전장에 세운다면 그녀의 활약을 그저 가만히 보고만 있진 않을 거다."

"대장의 말대로군."

필립 로엔은 그 스스로도 뛰어난 무장이지만 병사의 안위를 너무 생각한 나머지 과감하게 전투를 행하지 못했다.

'직접 훈련시킨 병사들이니 그럴 만도 하지만 전쟁에서 죽음을 겁내면 아무것도 할 수 없지.'

하지만 정민지의 등장으로 전장의 주역이 그녀에게로 넘어가자 필립 로엔의 전투력 역시 덩달아 상승했다.

그녀는 필사적으로 싸우는 그를 바라보며 피식 웃었다.

'제법이잖아, 저 남자도.'

그 결과.

와아아아아아ㅡㅡㅡ!!

그 사기는 병사들에게까지 전이되었다. 속성석으로 무장한 무악부대의 활약도 있었지만 지금까지 밀리기만 했던 병사들이 힘을 내 반격하기 시작했다.

"이 정도면 충분하겠어."

최은별은 전황을 확인하고서는 자신의 주머니를 허리에 찼다.

'다음은…… 아이언바르로 가면 되는 건가.'

종족 전쟁은 일종의 깃발 뺏기와 비슷하다고 할 수 있다. 어차피 세븐 쓰론이라는 하나의 대륙에서 여러 종족이 벌이는 싸움.

누가 먼저 상대방의 거점을 빼앗느냐가 중요했다.

난전은 어렵지만 반대로 적재적소에 병력을 운용할 수 있다면 난전만큼 빠르게 승리를 확정 지을 수 있는 전술도 없었다.

하지만 그러기 위해서 필요한 것.

바로, 운반업자였다.

강찬석에세 전투를 배우고 라캉 베자스에게 전술을 배운 최은별은 종족 전쟁의 주요점을 누구보다 잘 파악하고 있었다.

42거점의 함선들을 지휘하던 수상부대의 지휘관인 그녀가 그들을 놔두고 단독으로 움직이는 이유 역시 그 때문이었다.

생명체는 제한이 있지만 아이템에 대해서는 무한대에 가까울 정도의 양을 이동시킬 수 있다.

이런 특성을 이용해서 무열은 종족 전쟁이 시작되자마자 최은별에게 몇 가지 지시 사항을 내렸다.

그 첫 번째가 이것.

처음부터 정민지를 마족 전선에 투입할 수도 있었지만 무열은 그렇게 한다면 오히려 성격이 강한 두 사람이 마찰을 일으킬 수 있을 것이라 판단했다.

모든 것이 그의 예상대로였다.

"좋아."

최은별은 적을 서서히 압박해 가는 필립 로엔의 병력을 바라보며 걸음을 옮겼다.

그때였다.

"……?!"

갑자기 그녀는 누군가 자신의 어깨를 움켜쥐는 느낌을 받았다. 황급히 그 손을 뿌리치며 본능적으로 허리에 차고 있던 세검을 뽑았다.

자신의 어깨를 움켜잡았던 손이 주르륵 밀려남과 동시에 그녀의 표정도 구겨졌다.

"무열…… 무열은 지금 어디에 있지?"

거친 숨소리가 들렸다. 끊어질 것 같은 목소리는 당장에라도 사라질 것처럼 힘겨워 보였다.

이런 상태임에도 불구하고 자신이 기척조차 느끼지 못했다는 것에 대한 의아함은 뒤로 미뤄둔 최은별은 황급히 쓰러진 남자의 상태부터 확인했다.

"괘, 괜찮으세요?!"

그녀는 인벤토리에서 상아탑의 포션을 꺼내 남자의 입안으로 흘려보냈다.

개수가 제한적이라 그녀조차도 단 한 개밖에 보유하지 못한 값비싼 것이었지만 최은별은 아낌없이 포션을 모두 그에게 쏟아부었다.

"큭…… 크윽……."

여기저기 화상을 입은 듯 너덜너덜한 옷 안으로 보이는 상처에서 흐르는 진물들이 눈살을 찌푸리게 했다.

"무열에게…… 알려야 할 일이……."

포션의 효과로 그의 육체는 서서히 회복되기 시작했지만

이미 피로도가 극에 달한 남자는 최은별의 얼굴을 확인하고서 안도와 함께 정신을 잃고 말았다.

"이, 이봐요!!"

몇 번을 그의 몸을 흔들었지만 깨어날 생각을 하지 않았다.

전장에서 이런 식으로 조우를 할 것이라고는 전혀 생각하지 못한 일이었다.

엉망이 된 모습으로 쓰러진 그를 바라보며 최은별은 당혹스러운 목소리로 말했다.

"칸 라흐만……!!"

"제길……!! 그게 진짜야?"

말을 모는 최은별의 얼굴이 일그러졌다.

그녀의 뒤에 타고 있던 칸 라흐만은 중심을 잡는 것조차 힘든 듯 그녀의 등에 얼굴을 기댄 채 힘겹게 말했다.

"그렇다네. 낚시꾼이 아니면 찾을 수 없는 사실이겠지. 빌어먹을……. 하필 대륙의 유일한 낚시꾼이 나 같은 늙은이라니. 쓸모없긴……."

언제나 차분하고 냉정한 그가 처음으로 욕을 내뱉었다. 그는 씁쓸한 표정을 지었다.

칸 라흐만의 얼굴을 볼 순 없지만 최은별은 그가 어떤 표정일지 알겠다는 듯 이를 악물며 말했다.

"그런 말 하지 말아요. 당신이니까 이렇게 살아서 온 걸지도 모르죠."

"미안하군⋯⋯. 내가 좀 더 빨랐어야 하는데⋯⋯."

"더 전해야 할 말 있어요?"

최은별은 그에게 말했다. 하지만 이내 고개를 가로저으면서 자신이 했던 말을 정정했다.

"아니, 어차피 나한테 해봐야 소용없는 일이지. 나머지 할 말이 있다면 그건 대장의 앞에서 하세요."

그녀는 자신의 허리춤에 손을 얹었다.

"지금부터는 전력으로 달릴 테니까."

촤아아아아악———!!!

손을 뻗자 허리춤에 있던 주머니의 입구가 커다랗게 벌어지면서 뒤에 있던 칸 라흐만을 집어삼키듯 순식간에 그를 덮쳤다.

"듣고 있죠?"

최은별은 칸 라흐만을 넣은 운반업자의 주머니를 다시 허리에 차고는 말했다.

─그래, 놀랄 일이로군⋯⋯.

"지금 이 사실을 당장 알려야 해요."

－연락이 되지 않는다. 정신감응으로도 불가능해. 아마도 터널 안에 있는 것 같다.

머릿속에서 울리는 목소리는 다름 아닌 바이칼 가르나드였다.

최은별의 눈앞에 작은 불씨가 파르르 떨리듯 나타났다. 염화령(念火令)의 정신감응 스킬 중에 하나였다.

"어떻게 방법이 없을까요?"

－지금으로선……. 일단 그를 최대한 빨리 이곳으로 데려오도록 해. 무열의 말대로 그가 이 비밀을 풀 수 있는 유일한 사람 같으니까.

"알겠어요."

－놀랍군. 그렇게 찾으려고 할 때는 보이지 않더니, 이런 식으로 나타날 줄이야……. 그런데 어떻게 무열은 그가 라시스의 정수를 풀 수 있는 유일한 사람이란 걸 알았을까.

달리는 말에 채찍을 가하면서 최은별은 바이칼의 말에 어깨를 으쓱했다.

"글쎄요. 하지만 지금 그게 중요한 게 아니죠. 시간 내에 도달할 수 있을지가 문제니까."

－최대한 길을 터주겠다. 뭘 도와주면 되지?

"알라이즈 크리드를 불러주세요. 남부에서 성도까지 최단 시간으로 갈 수 있는 방법을 알고 있는 건 그일 테니까."

–멋대로 병력을 빼도 괜찮겠어?

"걱정 마세요. 어차피 그에겐 시킬 일이 있으니까 게다가…… 대장의 명령을 떠나서 저도 전투라면 최혁수에게 뒤지지 않거든요. 혁수가 없는 동안 전황은 제가 지휘하겠어요."

–좋다. 믿으마.

우려 섞인 바이칼의 말에 최은별은 가볍게 웃었다.

"그럼요. 나는 두 명의 엄청난 스승을 둔 몸이거든요. 이랏–!!!"

그렇게 말하고서 그녀는 있는 힘껏 말을 몰았다.

'어떻게든 이 상황을 타개하고 말겠어.'

"정말로 이곳까지 뚫고 올 줄이야."

8대 장군 중에 하나인 오안네스가 삼지창을 겨누면서 말했다.

쿠르르르르르……

지상에서의 전투로 인해 가벼운 떨림이 느껴졌다.

커다란 기둥처럼 생긴 코어는 수십 갈래로 나뉜 터널의 구멍에 혈관처럼 붉은 피를 수혈하고 있었다. 피가 한 번씩 통과할 때마다 악마군의 터널은 숨을 쉬는 것처럼 꿀렁거렸다.

"……."

코어에서 만들어지는 차원문을 통해 악마들이 소환되고 있었다.

그리고 그 악마들은 각각의 터널을 통해 지상으로 달려가고 있었다.

"네놈이로군, 악마군을 살해하고 있는 인간군의 왕이."

그는 다른 악마들과는 달리 두꺼운 중갑옷을 입고 있었다. 얼굴을 모두 가린 투구 안쪽에서는 푸른 눈동자만이 빛나고 있었다.

"그렇다."

무열은 대답했지만 그의 눈은 오안네스에게는 관심 없다는 듯 코어를 향해 있었다.

"듣지 못했나? 8대 장군이 나에게 어떻게 죽었는지. 하긴, 죽었으니 듣지 못했겠지."

"……뭐?"

차가운 무열의 말에 오안네스의 얼굴이 굳어졌다.

콰아아앙———!!

무열이 검을 휘둘렀다. 보이지 않는 날카로운 검기가 소용돌이치듯 휘몰아쳤다.

마력 정기로 중첩된 마력과 암흑력이 검 살해자의 날에 스며들었다.

평범한 검이라면 섞인 두 개의 힘을 견디지 못하고 반발력이 생겨 튕겨 나갈 수도 있었지만 무열의 검은 오히려 그 힘마저 먹어치울 것처럼 아무렇지 않게 날에 갈무리했다.

쿵-!!

두꺼운 오안네스의 투구가 두부처럼 잘려 나갔다. 반쪽이 된 투구가 바닥에 떨어지며 나타난 그의 얼굴엔 사선으로 붉은 줄이 그어져 있었다.

뺨을 타고 흘러내리는 피.

"이 개새끼……."

오안네스는 믿을 수 없다는 얼굴과 분노에 찬 얼굴이 공존하며 일그러졌다.

"모르고스, 우리가 이곳에 온 지 얼마나 되었지?"

"그때부터 30분 정도가 더 지났습니다."

"2시간 반이라……. 터널이 무너지고 나가는 시간까지 고려했을 때 앞으로 1시간 정도밖에 남지 않았다는 말이군."

그의 말에 모르고스는 긴장한 표정으로 주위를 살폈다.

거대한 코어는 기둥같이 생겼으며 단단해 보이는 재질은 부수기 어려워 보였다. 게다가 마치 보호막이 쳐진 것처럼 코어의 주변에는 알 수 없는 문자가 적혀 있는 마법진이 생성되어 있었다.

[저건 주력(呪力)이로군. 악마 녀석들이 쓸 힘이 아닌데…….

어째서 저게 코어에 있는 거지?]

쿤겐이 다시는 보고 싶지 않은 낯익은 마법진을 바라보며 으르렁거리듯 말했다.

"그래, 네가 묶여 있던 나락바위의 제단에 있던 것과 비슷하군."

[조심해라. 뭔가 좋지 않은 느낌이 든다.]

무열은 쿤겐의 경고에도 불구하고 천천히 코어를 향해 걸어갔다.

"그렇다고 부수지 않을 수는 없다."

[하여간⋯⋯.]

쩌저적———!!

그때였다. 터널은 구성하는 코어의 기둥의 한 귀퉁이가 마치 눈꺼풀처럼 갈라지더니 그 안에 구슬이 핑그르르 회전하면서 무열을 바라봤다.

"헙⋯⋯."

순식간에 공기가 변했다.

모르고스는 거대한 눈동자가 자신을 바라보자 전신을 짓누르는 압박감을 느꼈다. 자신도 모르게 숨을 참으며 그는 불안한 얼굴로 무열을 바라봤다.

무언가를 확인하려는 듯 눈동자가 이리저리 움직이더니 중앙에 서 있는 무열에게서 멈추었다.

"인간 주제에 네놈은 너무 날뛰었어. 악마를 가볍게 본 대가를 치르게 해주마."

악에 받친 듯 오안네스가 소리쳤다.

트라멜에서부터 지금까지 만난 장군 중에 그는 네 번째였다. 이미 셋을 죽였고, 나머지 넷을 더 죽일 것이다.

8대 장군 중 한 명인 아쉬케는 현재 악마군의 권좌에 올랐다. 수장의 목을 벨 생각을 하는 그에게 그 밑의 장군들은 그저 스쳐 지나가는 관문에 불과했다.

"코어의 문지기."

무열은 처음부터 끝까지 오안네스에게 시선을 주지 않았다. 그는 자신을 내려다보는 코어의 눈동자를 바라보며 나지막한 목소리로 말했다.

"자신 있어 하던 이유가 이건가."

무열이 처음으로 오안네스를 바라봤다. 그리고 그의 얼굴에서 비소가 드리웠다.

"나도 부를 수 있는 게 하나 있지."

무열의 주위에 강렬한 힘이 흘러나왔다. 헌신의 망토가 발동하자 세 명의 정령왕이 일제히 코어 앞에 선 악마들을 향해 나타났다. 조금 전과는 비교도 할 수 없는 압도적인 위압감이 느껴졌다.

"……."

오안네스는 자신도 모르게 몸을 부르르 떨었다. 하지만 이내 평정심을 찾은 그가 무열을 향해 말했다.

"정말로 인간이 정령왕과 계약을 했을 줄이야. 녀석들의 헛소리라고 생각했는데 아니었군."

"……뭐?"

지금까지 만났던 악마군의 장군들과는 무열을 대하는 태도가 달랐다.

무열은 눈을 흘기며 그를 바라봤다.

"악마는 땅 아래에도, 그리고 땅 위에도 있다."

오안네스는 의미심장한 말투로 무열을 향해 말했다.

콰가가가강……!! 콰가강……!!

그 순간, 터널의 코어가 붉게 변하면서 지하 깊숙이 있던 터널이 폭발하듯 터져 나갔다.

"설마……."

지하를 관통하는 커다란 구멍이 뚫리며 그 사이로 푸른 하늘이 보였다.

무열은 고개를 천천히 들어 올렸다. 얼굴에 피처럼 붉은 가루들이 주르륵 떨어졌다. 무열은 그 잔해들을 피할 생각도 하지 않은 채 하늘을 주시했다.

"천공성(天空城)……."

그건.

진짜 악마의 등장이었다.

"후우……."

빛이 들어오지 않게 창문을 모두 닫은 어두운 방 안.

그곳에 반딧불처럼 작은 불씨들이 어지럽게 떠다니고 있었다.

책상에 앉아 있던 바이칼 가르나드는 피곤한 듯 눈을 만지며 고개를 떨구었다.

그의 주위에 날아다니는 불씨들은 조금 전 최은별의 앞에 나타났던 것과 비슷했다.

[염화령(念火令)의 스킬이 발현됩니다.]

그가 손을 들어 올리자 메시지창과 함께 손가락에서 마치 거미줄처럼 가느다란 줄이 수십 가닥 솟아나더니 작은 불씨에 연결되었다.

"……."

감은 눈이 움찔거렸다.

바이칼 가르나드의 머릿속에 쏟아지는 수많은 영상.

염화력이라는 특수한 직업을 얻은 그는 정신감응이라는 엄청난 스킬을 얻었지만 그것을 사용하는 것은 결코 쉬운 일이 아니었다.

북부에 위치한 그가 남부에 있는 수많은 사람의 상황을 살피고 지시를 하고 있다는 것은 그만큼 엄청난 용량의 데이터가 그의 머릿속에 쏟아지는 것과 다름없었다.

"코어 근처에 도달하면 주력으로 인해서 정신감응이 되지 않을 것이다. 몇 시간 걸리지 않겠지만 전쟁의 판도는 몇 시간이 아니라 몇 분, 몇 초로도 갈릴 수 있는 법. 내가 없는 동안 네가 통제실이 되어 각 군을 통솔해야 한다."

바이칼 가르나드는 전투에 돌입하기 전에 무열이 자신에게 했던 충고를 떠올렸다.

실핏줄이 터진 듯 그의 흰자위가 붉게 변해 있었다.

"후우…… 아무리 그래도 이건 무리라고."

몇 번이나 더 시도를 해봤다. 터널 주위에 있는 진아륜과 천륜미와는 연결이 되었지만 그 안에 있는 무열에겐 전파 방해라도 받는 것처럼 결국 정신감응이 되지 않았다.

"안 되는 건가……."

그는 낮은 한숨을 내쉬었다.

"내가 없는 동안 문제가 생기면 전쟁에 관련된 일은 최혁수에게, 고섭에 관해서는 라캉 베자스에게 자문을 구해라. 그들이라면 가장 좋은 방법을 알려줄 것이니까."

바이칼은 신신당부한 그의 말을 떠올렸지만 더 이상 방법이 없었다.

"어찌 된 영문인지 라캉 베자스조차 지금은 연락이 되지 않는다고……."

이제 믿을 수 있는 것은 단 한 명, 최은별뿐이었다.

'제발 늦지 마라, 제발.'

어떻게든 무열에게 칸 라흐만이 가지고 온 소식을 알려야 했다.

그 누가 생각할 수 있을까.

전혀 상반된 두 종족.

'네피림과 악마족이 손을 잡았다니…….'

빠득.

바이칼 가르나드는 자신도 모르게 이를 갈았다.

그때였다.

쿠그그그그……!!

그가 짚고 있던 테이블이 맹렬하게 흔들렸다. 갑작스러운 지진에 그는 화들짝 놀라며 며칠째 닫아뒀던 창문을 열었다.

"저…… 저건…….."

폭풍의 눈처럼 상공에 생성된 거대한 구름으로 된 소용돌이 안에서 천천히 뭔가가 모습을 드러내며 지상으로 내려오고 있었다.

하늘에서 유유히 내려오는 거대한 성을 바라보며 성도의 사람들은 넋을 잃었고 오래전부터 살던 토착인들은 알 수 없는 말을 내뱉으며 연신 절을 하기 시작했다.

'신의 사자(使者)…….'

염화령의 스킬로 인해서 토착어를 알아들을 수 있는 바이칼은 그들이 하는 말의 의미를 깨닫자 더욱 얼굴을 구길 수밖에 없었다.

결코, 저 성안에 있는 존재들이 인간의 편이 아니기에. 처음부터 신은 인간의 손을 들어주는 존재가 아니었으니까.

신의 사자라는 것은 곧 인류 최대의 적이라는 것을 의미했다.

달그락…… 달그락…… 두르르르르르……!!!

갑자기 방 안에 있던 테이블이 강하게 흔들렸다. 바이칼은 갑작스러운 소리에 황급히 고개를 돌렸다.

"……!!!"

그 순간, 그는 경악에 찬 표정으로 테이블을 바라봤다.

흔들리는 책상 위에서 강렬한 빛이 뿜어져 나오며 조금 전까지 방 안을 떠다니던 염화령의 불씨들을 일제히 날려 버렸다.

　쩌저적……!!

　"라시스의 정수가……."

　알이 깨지는 소리가 들렸다. 점차 커져 가는 금을 바라보며 바이칼 가르나드는 흔들리는 눈동자로 그걸 바라봤다.

　"……깨지고 있어?"

87장
본 드래곤(Bone Dragon)

"왜 웃지?"

무열은 하늘 위에 보이는 천공성에서 눈을 떼고 오안네스를 바라봤다.

'악마족인 녀석이 어째서 네피림을 기다렸다는 듯 말하는 거지?'

두 종족이 손을 잡았다는 사실을 알 리 없는 무열로서는 이해가 가지 않는 듯 고개를 갸웃거렸다.

하지만 그의 의문에 답할 필요 없다는 듯 오안네스는 지금까지와는 달리 거칠게 그를 몰아세웠다.

[크아아아아!!]

우레와 같은 소리가 터널 안에 진동했다. 터널의 코어가 마치 살아 있는 것처럼 포효를 질렀고 그 때문에 부서진 구멍에서 잔해들이 떨어지며 구멍의 크기가 점차 더 커졌다.

휘이이잉…….

뚫린 구멍 안으로 바람이 들어왔다. 흙먼지를 동반한 바람에선 피비린내가 느껴졌다. 지상에선 여전히 수십 개의 터널에서 쏟아지는 악마군과 인간군의 전투가 계속되고 있었다.

상황이 좋지 않다. 이 상태로 네피림까지 전투에 가담하게 된다면 그가 죽었던 하잘 전투를 답습하는 결과가 될 것이란 걸 무열은 잘 알았다.

'종족들이 뒤엉켜 싸우게 된다면 십중팔구 타깃은 인간이 될 것이 뻔하다.'

다행이라면 하늘에 보이는 천공성의 형체가 완벽하지 않다라는 것이다. 아직 제대로 소환이 되지 않았기 때문에 네피림들 역시 바로 지상으로 내려오진 못할 것이다.

'소환 의식을 하고 있는 4대 천사의 명령이 없다면 네피림은 움직이지 않는다. 당장에 녀석들이 문제가 되진 않겠지만…….'

시간이 부족하다. 천공성이 내려오기 전에 터널을 파괴해야 한다. 그렇지 않으면 악마군의 거점과 연결되어 있는 터널이 바뀌는 것은 물론이거니와 네피림까지 두 종족의 공격을 한꺼번에 받을 수 있었다.

'그걸 써봐야겠군.'

무열이 검을 고쳐 쥐었다. 그러고는 인벤토리 안에서 또 하나의 검을 꺼내었다.

스으응…….

날카로운 소리.

검신이 세검처럼 무척이나 얇았지만 길이는 롱소드보다 좀 더 길었다.

마치 일본도(日本刀)처럼 그가 꺼낸 외날의 검은 서슬 퍼런 푸른빛을 띠고 있었다.

무열은 검을 가볍게 한 바퀴 원을 그리듯 돌리며 손잡이가 위로 가게 역방향으로 쥐었다.

[이거로군.]

"맞아."

[그 난쟁이 녀석이 재밌는 짓을 했군.]

쿤겐이 무열이 꺼낸 검을 바라보며 나지막하게 웃었다.

[격로검(擊怒劍)]

등급 : S급(제련)

분류 : 정령검

내구 : 50

효과 :

 절삭력 +20%

공격력 +25%

추가 뇌속성 대미지 +25%

우레 군주 소환 시 모든 효과 2배

인벤토리에서 꺼낸 검은 다름 아닌 뇌격과 뇌전을 녹여 만든 검이었다.

검 살해자를 써야 하는 무열로서는 세트 아이템인 두 검을 동시에 쓸 수가 없게 되었다. 그래서 생각해 낸 방법이 새로이 두 검을 합치는 일이었다.

애초에 뇌격과 뇌전은 엘리젤 일족이 만든 검.

불타는 징벌이나 얼음발톱처럼 신이 만든 봉인구가 아닌 인간이 만든 검이었기 때문에 다시금 제련하는 것이 가능했다.

하지만 뮤르가(家)의 제련술로도 정령검을 다루는 건 쉽지 않은 일이었다.

엔더러스를 완성하고 난 뒤, 무열이 권좌에 오르는 시점에서 트로비욘은 일주일 밤낮을 심혈을 기울여 끝내 격로검을 완성했다.

'내구도가 반쪽이 났지만 그가 아니었다면 이 정도의 효과 능력치를 얻지 못했겠지.'

파직…… 파즈즈즉……!!

격로검의 날에 쿤겐의 힘이 스며들었다.

검날이 파르르 떨렸다.

지금까지의 정령 무구는 단순히 정령의 힘을 빌려 쓴 것이라면 트로비욘의 손에 거쳐 완성된 격로검은 쿤겐 그 자체를 받아들인다. 봉인의 수준이 아닌 그 힘 그 자체.

"크아아아!!!"

오안네스는 본능적으로 위험하다는 것을 느꼈다. 그는 있는 힘껏 삼지창을 휘둘렀다.

그의 검에서 악마군만이 쓸 수 있는 특유의 보랏빛 검기가 솟구쳤다.

서걱.

무열이 자세를 낮추고서 격로검을 위에서 아래로 내리그었다. 삼지창이 사선으로 휘어지는 검의 궤도에 따라 그대로 잘려 나갔다.

좌아아악……!!

기세는 거기서 멈추지 않고 그대로 검을 쥔 오안네스의 손목을 날려 버렸다. 동시에 무열이 뛰어올라 공중에서 녀석의 안면을 발로 밟으며 힘을 주었다.

콰앙……!!

악마의 두 발이 위로 붕 떠오르며 머리가 그대로 바닥에 처박혔다.

"컥!!"

둔탁한 신음과 함께 투구가 없는 오안네스의 머리가 움푹 들어갔다.

충격은 그것으로 그치지 않고 녀석의 전신을 휘감았고 마른 땅이 갈라지듯 두꺼운 갑옷이 그 힘을 이기지 못하고 거미줄처럼 금이 가며 산산조각이 났다.

목표는 코어(Core).

가장 먼저 터널을 파괴해야 지상으로 올라오는 악마의 보급을 끊을 수 있다.

지이잉———

코어로 질주하는 무열을 막으려는 든 거대한 눈이 빙그르르 회전하더니 그의 주변을 보호하고 있던 마법진들이 빛을 뿜어내기 시작했다.

그러고는 수십 가닥의 레이저가 살아 있는 것처럼 이리저리 휘어지며 쏟아졌다.

발목에 힘을 주며 무열이 튕겨 나가듯 질주하던 방향을 바꿨다.

팟!! 파아앗—!!

공중에서 다시 한번 발길질을 하자 공기가 터지는 소리와 함께 발판이 없는 하늘에서 그의 궤도가 또 바뀌었다.

위에서 아래로 좌에서 우로.

방향을 종잡을 수 없는 무열의 잔상이 눈앞에서 어지럽게 펼쳐졌다.

패스파인더 고유 스킬 – 굴절(屈折).

무열의 몸이 앞으로 밀려 나가듯 튀어 올랐고 0.0001초 전에 그가 사라진 자리에 수십 다발의 마법이 바닥을 폭파했다.

자욱한 흙먼지가 터널 안에 가득했다.

찰나의 순간이라도 속도가 늦어진다면 그대로 코어의 마법에 몸이 관통될 것이다. 종이 한 장 차이로 아슬아슬하게 녀석의 방어 마법을 뚫고 무열이 거대한 눈동자 앞에 도달했다.

크득…… 크드득…….

검 살해자가 기쁜 듯 날을 세우며 파르르 떨렸다.

무열이 암흑력을 주입하자 검신이 점차 검게 변하면서 가로로 새겨진 흰 줄무늬가 일순간 빛을 뿜어냈다가 사라졌다.

"멈춰!!!"

악마의 외침에 무열의 발걸음이 멈췄다.

"……."

고개를 돌리면서 무열은 오안네스를 바라보며 인상을 구겼다.

"다른 놈들보다도 더 최악이군. 너, 8대 장군이란 녀석이 쪽 팔리지도 않나?"

"닥쳐. 더 움직이면 이 난쟁이를 죽여 버릴 테니까."

오안네스는 모르고스의 목을 움켜쥐며 소리쳤다.

홀로 무열을 막을 수 있다고 당당하게 맞섰던 그였으나 결국 터널의 악마들을 코어 안으로 불러들였다. 서서히 홀 안을 채우기 시작하는 악마군을 보며 모르고스는 무열을 향해 고개를 숙인 채 말했다.

"죄, 죄송합니다. 저는 개의치 마시고……!!"

목소리는 떨리고 있었지만 드워프로서의 호기를 잊지 않았다.

무열은 그의 말에 쓴웃음을 지었다.

"일개 대장장이가 대장이라는 놈보다 더 낫군."

휘익———

무열이 팔을 들어 올렸다.

"나와서 도와."

그 순간, 무열의 팔에서 이질적인 두 개의 힘이 DNA 구조처럼 이중나선으로 서로 휘감으며 튀어나왔다.

검은색과 흰색.

각기 다른 두 개의 힘의 끝은 마치 우로보로스를 형상하는 것처럼 연결되어 있었다.

하지만 서로가 서로의 힘을 먹고 먹으려고 힘 싸움을 하는 것처럼 하나로 연결되어 있는 두 개의 색의 규모가 커졌다 작아졌다 쉴 새 없이 움직이고 있었다.

[감히…… 네놈이 나에게……!!]

그때였다. 쇠를 긁는 듯한 날카로운 목소리가 터널 안에 울렸다.

지금까지와는 비교도 할 수 없는 위압감이 느껴졌지만 무열은 오히려 귀찮다는 듯 펼쳤던 손을 있는 힘껏 쥐었다.

[커…… 크윽…….]

그러자 두 개의 힘 중에 검은빛이 흰빛을 맹렬하게 잡아먹었다.

"쓸데없이 영혼력을 낭비하게 하지 마라."

[네 이노…… 옴.]

거친 목소리는 조금 전의 호기로움은 사라지고 고통스러운 듯 제대로 말을 잇지 못했다.

"보…… 본 드래곤(Bone Dragon)……?!!"

모르고스는 너무나도 놀란 인질이 되어 있다는 사실도 잊은 채 넋을 놓고 말했다.

그건 오안네스 역시 마찬가지였다. 자신을 내려다보는 거대한 드래곤은 역겨운 독 연기를 내뱉으며 당장에라도 잡아먹을 듯 으르렁거리고 있었기 때문이다.

"제대로 싸워. 소멸시켜 버리기 전에."

하지만 무열은 자신의 앞에 나타난 음산한 기운의 드래곤을 바라보며 담담한 목소리로 말했다.

"알겠나? 나르 디 마우그."

[……]

한때 백금룡이라 불렸던 영체의 용은 더 이상 창조력의 환한 빛을 뿜어내지 못했다.

대신, 그의 육체에는 영혼력이 대신 자리 잡고 있었다.

"상황은 알겠지. 네가 맡아야 할 건 저기 귀찮은 잔챙이들이다."

무열은 차갑게 말했다.

주종 관계가 명확한 시점에서 더 이상 억겁을 살아온 드래곤에 대한 두려움은 없었다.

소멸이란 말에 나르 디 마우그는 아무런 말도 하지 못했다.

우습게도 신에 가까운 존재라 불렸던 백금룡조차 죽음은 두려웠던 모양이었다.

"이렇게라도 현세에 남을 수 있는 것에 감사해라."

[네놈……]

무열은 검 살해자를 들어 보이며 말했다.

그가 자신의 창조력으로 백금룡의 심장으로 검을 만들 당시 그는 나르 디 마우그에게 한 가지 제안을 했다.

"나르 디 마우그, 나를 따라라. 그 대가로 나는 너에게 영원한 소멸에서 벗어나게 해주마. 그리고……."

[네가 한 말에 대한 약속을 지켜야 할 것이다.]

나르 디 마우그는 죽음의 문턱에서 자신과 계약하던 순간 무열이 했던 마지막 말을 떠올리며 으르렁거리듯 말했다.

"할 일을 해. 오랜만에 대륙에 나와서 기쁜 건 알겠지만 잡소리는 그만하고 눈앞의 악마부터 정리해."

[흥……! 고얀 놈……!!]

무열의 말에 백금룡은 부식된 송곳니를 드러내며 말했다.

[크아아아아아———!!!]

대륙에 존재하는 가장 강력한 생명체.

어쩌면 그의 피어는 대지를 관통해 엘프들의 거점에 있는 드래곤에게까지 닿았을지 모른다.

[네놈도 싫지만 그렇다고 다른 차원의 녀석들이 대륙에서 날뛰는 꼴은 더 볼 수 없지.]

"저 위에도 처리할 놈이 많다."

[흥…… 너야말로 영혼력이 고갈되어 쓰러지지나 마라.]

"별 시답잖은 소릴."

무열은 검을 휘두르며 나르 디 마우그의 말에 가볍게 웃었다.

어떻게 인간이 백금룡을 다룰 수 있는지에 대해 이해할 수 없다는 듯 모르고스는 그저 신기한 얼굴로 무열을 바라볼 뿐이었다.

방법은 간단했다. 3개의 아이템을 모두 모았을 때 발동하는 네크로맨서의 유물. 오직 3번뿐인, 특수한 언데드와 계약이 가능한 그 능력 중 두 번째를 그에게 사용했던 것이다.

하지만 아무리 네크로맨서의 유물이 강력한 힘을 가지고 있다고 하더라도 그건 결국 인간의 유물이다.

위대한 용인 나르 디 마우그를 통제하는 것은 쉬운 일이 아니었다.

하지만 백금룡은 육체가 있는 존재가 아닌 영체.

한마디로 영혼의 집합체로 볼 수 있다.

무열은 회색 교장에서 얻은 히든 클래스인 소울 이터(Soul Eater)의 영혼력 제어를 통해 흩어지는 그의 영혼을 갈무리했다.

그 결과, 인간의 힘을 뛰어넘는 존재인 나르 디 마우그를 길들일 수 있게 된 것이다.

"……?!"

거대한 본 드래곤의 이빨이 8대 장군이라는 이름이 허무할 정도로 거리낌 없이 오안네스를 사정없이 꿰뚫고 있었다.

무열은 비명과 함께 뼈마디가 부서지는 소리에는 신경도 쓰지 않는 듯 천천히 고개를 끄덕였다.

"아…… 아아악……!!!"

상공에 뚫린 구멍으로 하늘을 바라보며 무열은 나지막한 목소리로 중얼거렸다.

"그렇군……. 알겠다."

드래곤에게 반쯤 삼켜진 악마의 몸이 바르르 떨고 있는 것을 바라보며 그가 말했다.

"네가 구멍을 만들어준 덕분에 중요한 이야기를 들을 수 있었다. 악마족 주제에 네피림과 손을 잡다니……. 어처구니가 없어서 웃음도 안 나오는군."

하지만 그의 말에 오안네스는 대답하지 못했다.

아니, 할 겨를도 없었다. 극심한 고통에 정신을 잃지 않은 것만으로도 대단한 일이었을 테니까.

지척에 있는 코어를 바라보며 그가 자세를 잡았다.

무열은 양손에 쥔 손 듀얼 소드에 힘을 주었다.

"끝내자."

[……!?]

엘프의 거점에 있던 에누마 엘라시는 갑작스럽게 느껴지는 한기에 황급히 고개를 돌렸다.

[당신도 느낀 건가.]

[뭐지……? 오래 살고 볼 일이군. 신령 대전 이후로 이런 소름 끼치는 기운은 처음인데.]

[신령 대전?]

[네가 태어나기도 전의 일이다, 퓌톤. 그때는 정말 끔찍했지…….]

에누마 엘라시의 말에 퓌톤은 지루하다는 듯 입에서 가벼운 불꽃을 내뿜으면서 말했다.

[드래곤의 역사에서 위대한 전투를 모르는 자가 있을까? 고작해야 몇백 년 차이라고. 엄청난 선구자인 척 얘기하지 말지? 당신이 직접 그 전쟁에 참여한 것도 아니면서 말이야.]

[흥…… 건방진 녀석.]

[그래, 말조심해. 에누마 엘라시는 드래곤의 수장이다. 예의를 갖춰.]

퓌톤의 말에 크루아흐는 으르렁거리듯 말했다.

[언제부터 그린 드래곤이 레드 드래곤에게 이빨을 드리…….]

크루아흐의 말에 기가 차다는 듯 표정을 지으면서 퓌톤이 말했지만 그의 말은 끝까지 이어지지 못했다.

[……!!]

[……!!]

다시 한번 온몸의 뼈마디가 찌릿할 정도의 전율이 느껴졌다.

비단 그건 드래곤에게 국한된 일이 아니었다. 그들이 막고 있던 엘프들조차 그걸 느꼈다.

세 마리의 드래곤은 일순간 할 말을 잃은 듯 서로의 얼굴을 바라봤다.

그건 틀림없는 동족의 기운이었다. 대륙에 더 이상 존재할 리가 없는 드래곤의 기운이 느껴지자 에누마 엘라시는 인상을 찌푸리며 말했다.

[아무래도 확인해 봐야 할 것 같군. 너희들은 이곳을 지켜라.]

그가 천천히 날개를 펄럭이며 하늘 위로 날아오르자 퓌톤은 그의 뒷모습을 보며 고개를 저었다.

[흥…… 재밌는 건 혼자서 하려고 하는군.]

[너는 좀 더 드래곤으로서 진중함이 필요해. 우리는 놀러 온 게 아니다.]

[진중함?]

퓌톤은 눈앞에 엘프의 거점을 바라봤다.

[어떤 일을 진지하게 생각해야 하지? 네 녀석은 저 안에 있는 녀석들이 우리에게 활을 쏠 수 있을 거라고 생각하나? 이건 전쟁이 아니라 지루한 파수 일에 불과해.]

그는 불만 가득한 목소리로 말했다.

레어를 벗어나 세븐 쓰론에 얼굴을 내밀었을 때 그는 자신의 입에 마족의 뼈와 악마족의 살을 가득 채울 수 있을 것이라 생각했다.

[잘 봐. 저 녀석들도 움직이기 시작했다.]

퓌톤은 고개를 들어 하늘을 바라봤다. 하늘에 떠 있는 천공성을 바라보며 그는 입맛을 다셨다.

당장에라도 네피림의 날개를 찢어발기고 하늘에 떠 있는 성을 추락시키고 싶은 마음이 간절했다.

[우리들의 숙원을 이룰 수 있는 날이기도 한 이런 날에 가만히 있으라고?]

눈앞의 적이라고 해봐야 숲에서 나올 줄 모르는 엘프뿐이었다. 숲의 일족인 그들은 절대로 드래곤에게 검을 드리우지 못할 것이다. 퓌톤은 그들을 겁쟁이라 불렀다.

[나는 이런 일을 하려고 에누마 엘라시의 제안을 받아들인 것이 아니다.]

그는 커다란 날개를 펼쳐 크게 휘둘렀다. 거센 바람이 일면서 그의 몸이 점차 떠올랐다.

[이봐!!]

[크루아흐, 이런 지겨운 일은 말 잘 듣는 너 혼자서도 충분할 거다. 걱정 마라. 저 녀석들은 거점에서 나올 배짱도 없는 놈들이니까. 나는 전장으로 가겠다.]

좀이 쑤신다는 듯 퓌톤은 더 이상 참지 못하고 에누마 엘라시를 따라 날려 했다.

쏴아아아악……!!!

그때였다. 거대한 레드 드래곤의 몸이 휘청거리며 바닥으로 추락했다.

갑작스러운 상황에 크루아흐는 깜짝 놀라며 퓌톤에게 다가갔다.

[무슨 일이야?]

[큭…….]

퓌톤의 날개에 세 개의 화살이 박혀 있었다. 하지만 고작 세 발의 화살로 그의 중심을 잃게 만들었다는 것이 이해가 가지 않았다.

드래곤의 비늘은 마법을 무효화시킨다. 또한 몸 안에 흐르는 피는 대륙에 존재하는 그 어떤 독도 중화시킬 수 있었다.

지상 최강의 생명체인 그를 이렇게 고통스럽게 만든 것이 무엇인가.

[누구냐!!!]

크루아흐는 화살이 날아온 방향을 바라보며 소리쳤다.

저벅– 저벅– 저벅–

그 순간, 숲 안쪽에서 천천히 들려오는 발걸음 소리.

엘프 수호장(守護將) 위그나타르는 겨누었던 활을 천천히 내리더니 자신의 검을 뽑았다. 그의 등 뒤에는 나머지 두 명의 수호장의 모습도 보였다.

[감히…… 이 버러지 같은 놈들이!!]

퓌톤은 타들어 가는 고통에 몸부림쳤다. 그는 당장에라도 날개를 잡아 뜯고 싶은 마음을 누르며 눈앞에 선 세 명의 엘프를 향해 일갈을 내뱉었다.

"너무 오래 자리를 비웠어."

"영혼샘을 이곳으로 옮기기 위한 작업이 필요했다."

"그런 일이 있었으면 우리에게도 말해줬으면 좋았잖아?"

가드리엘의 핀잔에도 불구하고 위그나타르는 표정의 변화가 없었다. 여왕의 명에 따라 엘븐하임에 있던 영혼샘을 이곳으로 옮긴 것은 사실이니까.

다만, 그 과정에서 그가 약속의 땅에 있었다는 사실을 아는 사람은 아무도 없을 것이다.

"신탁이 내려졌다."

위그나타르는 두 마리의 드래곤을 향해 말했다.

"잊지 마라. 우리는 지상에 존재하는 신이 선택한 유일한 종족이다. 믿어라. 신의 뜻이 우리를 승리로 이끌 것이다."

와아아아아아———!!!

퓌톤은 숲을 울리는 함성에 자신도 모르게 오싹한 기분이 들었다.

그의 날개에 박힌 화살은 단순한 것이 아니었다. 화살촉엔 은은한 우윳빛의 빛이 흘러나오고 있었다. 드래곤의 마력을 무효화하는 비늘을 뚫고 상처를 줄 수 있는 힘은 단 하나.

신력(神力).

의문을 품을 것도 없이 확실했다.

[……어떻게 하지?]

크루아흐는 지금까지와는 전혀 다르게 공포란 없이 자신들을 포위하는 엘프들을 바라보며 당황스러운 듯 물었다.

[뭘 어떻게 하긴 어떻게 해!]

그와는 반대로 퓌톤은 자신의 날개에 박힌 화살을 이빨로 뽑으며 소리쳤다.

[다 죽여 버리겠어……!!]

크아아아아아───!!!

그의 포효가 숲에 울렸다.

일갈에 주위에 있던 나무들이 폭풍을 맞은 듯 뿌리째 뽑혀 사방으로 튀어 나갔다.

무열은 종족 전쟁이 시작되기 전 무슨 연유에서인지 모르지만 엘프들을 건들지 말라고 당부했다. 단지 숲을 지키고만 있다면 그들은 절대로 거점에서 나오지 못할 것이라고 했다.

하지만 그의 예상은 이제 틀렸다. 엘프들이 자신들에게 활을 겨눈 것도 모자라 그의 포효에도 불구하고 그 어떤 두려움도 없었으니까.

스르릉…….

"신이 함께하리라."

위그나타르가 천천히 두 마리의 드래곤을 향해 검을 겨누며 말했다.

"드래곤 사냥을 시작한다."

❋

콰아아아앙……!!

콰가강……!!

나르 디 마우그는 자신의 몸에 달라붙는 악마들을 향해 뜨거운 화염을 내뿜었다.

이미 죽은 육체였기 때문에 고통 따윈 느껴지지 않는다는 듯 타들어 가는 악마들을 바라보며 말했다.

[지겨운 놈들…….]

무열이 터널의 코어에 검을 박아 넣는 것을 확인하고서 서서히 닫혀가는 입구 안에서 기어 나오는 악마들을 하나씩 죽이던 그가 황급히 고개를 들었다.

[지저분한 기운이 느껴진다.]

"……무슨?"

[락슈무의 힘이다. 그런데 저 위의 것들이 아니군.]

나르 디 마우그는 악마들을 씹어 먹으면서 무열에게 말했다.

[북쪽 숲이다.]

무열은 느껴지지 않았지만 오랜 세월 동안 신과 대적을 했던 백금룡은 본능적으로 알 수 있었다. 비록 본 드래곤으로 다시 태어났지만 생전의 기억들은 그대로 가지고 있었기 때문이다.

[그리고…… 우둔한 기운도 하나 있군.]

"그건 알겠군."

그의 말에 무열은 고개를 끄덕였다.

조금 전부터 강력한 마력이 자신을 향해 오고 있다는 것을 느꼈다. 정령왕에 버금가는 그 힘을 가진 생명체는 대륙에서도 유일했다.

[……위대한 백금룡이시여.]

뚫린 구멍 위에서 들려오는 떨리는 목소리.

에누마 엘라시는 본 드래곤이 된 나르 디 마우그를 확인하자마자 일갈을 내뱉었다.

[이, 이게 무슨……!! 이런 식으로 그를 대우했음에도 네놈은 드래곤의 조력을 기대하는가?]

"……."

하지만 정작 당사자인 무열은 천천히 고개를 돌려 나르 디 마우그를 바라봤다.

그러자 그는 마치 한숨을 내쉬는 것처럼 독성을 띤 브레스를 내뿜으며 에누마 엘라시에게 말했다.

[네가 상관할 일이 아니다. 이건 내가 선택한 일이다. 나는 패배했고 그 결과로 그에게 종속되었으니까. 보잘것없던 헤츨링이 제법 어른이 되었으나 겁이 많은 건 여전하구나. 너는 이곳에 올 것이 아니라 네 일족을 지켰어야 한다.]

[그게 무슨 말씀이신지…….]

[인간은 그렇다 쳐도 너는 느끼지 못한단 말인가. 자란 건 머리가 아닌 고작 육체뿐인 게냐.]

그의 말에 에누마 엘라시의 표정이 굳어졌다.

[……!!!]

조금 전 자신이 있던 곳에서 느껴지는 신의 기운. 에누마 엘라시의 반응을 확인하며 나르 디 마우그가 말했다.

[땅의 종족에게 락슈무가 힘을 보태준 모양이다. 아마도 남은 네 일족도 위험하겠지. 더 이상 드래곤의 이빨을 두려워하지 않을 테니.]

거점에 소환된 엘프의 병력만 이미 수만 명.

처음과 달리 시간이 지날수록 증가하는 병력은 락슈무의 힘이 없어도 무시할 수 없는 숫자였다.

그런 와중에 에누마 엘라시가 자리를 비웠으니 그건 치명적인 실수가 아닐 수 없었다.

[내가 북쪽 숲에 갈 수 있도록 해다오. 인정하고 싶지 않지

만 네가 나의 계약자이니 허락을 구해야겠지.]

나르 디 마우그가 무열에게 말했다.

'퓌톤과 크루아흐는 중요한 전력이다. 여기서 잃을 순 없지.'

"좋다. 허락한다. 다만 엘프들 중에 수호장이란 녀석들이 있을 거다. 3명 모두 실력자니까 쉽게 알아볼 수 있을 거다. 그들은 죽이지 말고 생포해라."

[강한가?]

"물론. 엘븐하임의 최강자들이니까. 왜? 겁나나? 나르 디 마우그는 덩치만 자란 헤츨링이 아니지 않나?"

무열의 말에 그는 콧방귀를 뀌었다.

[여전히 재수 없는 녀석이군. 죽이지만 않으면 된다는 말이 겠지. 팔 하나 정도는 씹어 먹어도 되겠군.]

무열은 터널의 코어에 꽂아 넣은 검을 뽑아내며 아무렇지 않은 듯 말했다.

"그래, 절대 죽이지만 마라. 다리도 상관없으니까."

[크…… 크큭…….]

나르 디 마우그는 그의 말에 웃음을 터뜨렸다. 쇠를 긁는 듯 한 거친 목소리가 들렸다.

"전장은 넓게 써야 하지. 좋아, 에누마 엘라시와 함께 북부 숲으로 가도 좋다. 하지만 그 전에……."

무열의 눈이 빛났다.

쏴아아아아악······!!

쏴아악······!!

상공에 떠 있는 천공성에 갑작스럽게 돌풍이 일었다. 맹렬한 바람은 어쩐 일인지 자연적인 것이 아니라 아래에서 위로 솟구쳤다.

툭.

뼈밖에 남지 않은 거대한 날개를 펄럭이는 본 드래곤의 머리 위에서 무열은 천공성의 선단에 내려섰다.

갑작스러운 그의 등장에 네피림들이 저마다 자신의 무기를 들고 그를 겨누었다.

"처리해야 할 게 산더미로군."

무열은 아래를 내려다봤다. 대륙 곳곳에 수많은 연기가 피어오르고 있었다.

마족, 악마족, 엘프, 드워프······.

모두가 뒤엉켜 싸우고 있다. 결과적으로 그들은 모두 전쟁에서 벗어나지 못하고 있었으니까.

'어쩔 수 없는 희생.'

서로 죽고 죽이는 전쟁에서 여유 따윈 사치였다. 결국 자신역시 한낱 인간에 불과하니까.

모두를 구하는 방법 따윈 모른다.

"이기적이라고 생각하지 마라. 너희들 역시 너희들의 목적을 위해 싸울 테니까."

팟.

단 한걸음에 무열이 거리를 좁히며 자신의 앞에 서 있던 네피림의 목에 검을 꽂아 넣었다.

"우리는 돌아가야 한다."

그리고 그 검을 뽑기도 전에 다시 한번 반대쪽 검을 사선으로 베며 또 한 명의 허리를 갈라 버렸다.

"그러니 한 명이라도 더 죽기 전에……."

천천히 고개를 들어 올렸다. 천공성 중앙에 있는 거대한 탑 위에 그를 내려다보는 4명의 천사가 백색의 날개를 접으며 무표정한 얼굴로 그를 바라보고 있었다.

"더 빨리 네놈들을 죽이겠다."

88장
네피림(Nephilim)

네피림(Nephilim).

신의 자식이라 불리는 종족은 어쩌면 다른 종족과 달리 인류에게 가장 가까이 있는 존재일지 모른다. 유일하게 현실 세계에 존재하는 유물인 성서에 나오는 고대 종족이기 때문이다.

물론, 두 세계에 모두 존재하는 네피림이 같은 신에 얽힌 존재인지는 모르는 일이지만.

"네놈인가, 바이트람을 살해한 녀석이."

무열의 두 배는 될 것 같은 거대한 거인이 그를 내려다봤다. 그의 등에는 드래곤에 비할 정도로 커다란 날개가 펄럭이고 있었다.

천공성의 꼭대기에 있는 4대 천사 중에서도 유난히 눈에 띄는 한 남자.

대천사의 수장. 심판자(審判者), 주덱스(Judex).

"내려다보지 말고 내려와. 어떻게 천공성을 소환했지?"

"우문(愚問)이로군."

"우쭐대지 마. 인간의 영혼이 천공성을 소환하는 연료라는 걸 알고 있다. 네피림들의 사냥도 없이 어떻게 네놈들이 기어 나올 수 있었지?"

무열의 말에 주덱스의 입꼬리가 서서히 올라갔다.

그의 웃음을 보자 무열은 참았던 분노의 끈이 끊어지는 것 같은 기분이었다.

뒷골이 아플 정도로 뒤틀리는 듯한 역겨운 기분.

[진정해라.]

[그래, 분하지만 지금으로서는 저 녀석을 이길 방법은 없다.]

[검으로 죽일 수 있는 흔한 네피림이 아니다. 4대 천사는 오직 타락(墮落)의 힘으로만 죽일 수 있다.]

검 살해자를 쥔 손에 힘이 들어가는 것을 느낀 정령왕들은 황급히 무열을 막았다.

정령왕들 역시 균열에서 태어나 타락의 힘을 가진 존재들이지만 그들은 순수한 힘이 아니다. 강력한 힘을 가졌지만 네피림들의 목숨을 끊을 결정적인 한 방이 부족하다고 해야 할까.

"크아아아아———!!!"

"캬아악———!!!"

그때였다. 네피림들이 기다렸다는 듯 무열을 향해 날아들었다.

천공성이 있는 한 네피림들은 천계에서 끊임없이 소환될 것이다. 저들을 물리치기 위해서는 결국 4대 천사를 잡아야 한다.

정령왕들의 만류 때문일까. 무열은 자신을 공격하는 네피림들을 바라보며 미동도 하지 않았다.

우드득……!

그 순간, 무열을 향해 달려들던 네피림 중 하나의 몸뚱이가 순식간에 반토막이 났다. 지상에는 주인을 잃은 두 다리만이 덩그러니 서 있었다.

툴썩.

잘린 하체가 무너지듯 바닥에 쓰러지자 그들의 위로 그림자가 드리워졌다.

[맛도 없군.]

우적우적 네피림의 사체를 씹던 나르 디 마우그가 너덜너덜해진 날개를 뻗어내면서 말했다.

[이봐, 넌 이곳에 싸우러 온 거 아니냐? 그런데 왜 머뭇거리지?]

"……."

그 광경을 바라보며 무열은 나지막한 웃음을 터뜨렸다.

자신의 앞에 쓰러진 네피림의 잘린 다리를 바라보던 무열은 그제야 쓴웃음을 지으며 말했다.

"누가 머뭇거렸다는 거야?"

서걱.

백금룡이 씹어버린 네피림 이외에 무열의 주위엔 여섯의 네피림이 더 있었다.

시선을 빼앗는 본 드래곤의 난입에 잠시 잊고 있었던 네피림들은 마치 굳은 듯 무열의 주위를 둘러싼 채로 서 있었다.

날카롭게 베이는 소리와 함께 그들의 날개가 깔끔하게 잘려 나갔다.

툭.

선두에 선 네피림의 머리가 바닥에 떨어지는 순간 약속이라도 한 듯 나머지 천사들의 사지가 갈가리 찢겨 나갔다.

"너야말로 할 일을 하러 가라. 이곳에서 시간 낭비하지 말고."

조각난 네피림들의 사체를 밟고 걸음을 떼는 무열은 상공에 있는 나르 디 마우그를 향해 말했다.

[하여간 자존심은…….]

그의 말에 백금룡은 콧방귀를 뀌었지만 변하지 않은 태도에 걱정하지 않아도 될 것 같다는 생각이 들었다.

[죽지 마라. 네놈도 싫지만 저 날개 놈들은 더 싫으니까. 나는 적어도 락슈무의 따까리들에게 지는 꼴은 보지 못한다.]

나르 디 마우그의 한마디에 그곳에 있는 이들의 가슴이 쿵 하고 내려앉는 기분이었다.

"너야말로. 엘프 따위에게 밀리면 너뿐만 아니라 나머지 드래곤도 모두 뼈로 만들어버릴 거니까. 단단히 각오하고 지켜라."

[크큭······.]

무열은 천천히 격로검을 허공에 원을 그리듯 한 바퀴 회전시키며 말했다.

"쿤겐, 쫄지 마라. 군주라는 이름을 가진 주제에."

[누, 누가······!!]

"신에게 덤볐던 맹랑한 투기는 어디로 가고 고작 날개가 달린 것뿐인 녀석들에게 이기지 못하느니 하는 소리를 내뱉는 거야."

무열은 자세를 잡았다. 그의 모습에 4대 천사가 천천히 날갯짓을 시작했다.

마치, 죄악(罪惡)을 바라보는 것처럼.

무열의 존재 자체를 부정하는 듯한 눈빛에는 일말의 자비도 없이 그저 경멸만이 있었다.

[하여간 네 녀석은 제명에 못 죽을 거다.]

"그래서 날 선택한 거잖아. 이런 짓을 하는 인간이 또 있을까."

[미친…….]

쿤겐은 무열의 말에 실소를 뱉어냈다.

인간은 물론이거니와 정령, 용족, 묘족…… 세븐 쓰론에 살고 있는 모든 종족이 두려워하는 천상(天上)의 종족을 상대로 이토록 호전적인 말을 할 수 있는 자가 또 누가 있을까.

[좋다. 어디 한번 해보자.]

콰즈즈즈즉……!!

그 순간, 격로검의 검날에 전격이 뿜어져 나오며 검신에 화염이 일렁거렸다. 화진검(火眞劍)의 불꽃과 쿤겐의 전격이 마치 서로 싸우기라도 하는 것처럼 맹렬하게 타들어 갔다.

쩌적…… 쩌저적……!!

그리고 반대쪽 검 살해자의 검날엔 마력과 암흑력 위에 차가운 냉기가 서렸다.

[그다지 마음에 들진 않지만 내 힘을 발휘하려면 이쪽일 수밖에 없겠지.]

에테랄의 힘이 검 살해자의 날에 스며들자 마력과 암흑력이 서로 뒤엉키며 물을 머금은 것처럼 날에 스며들었다.

[현신(現神)의 망토가 발동되었습니다.]

순간, 무열의 가슴 언저리에서부터 어깨, 그리고 허벅지까지 불투명한 갈색의 실드가 전신을 감쌌다.

[지속 시간 : 3분]

막툰의 기운이 느껴졌다. 지속 시간은 3분밖에 되지 않지만 막툰의 전력을 모두 쓸 수 있는 지금 무열의 방어력은 평상시보다 2배 이상이었다.

콰앙-!!

천공성의 바닥이 움푹 들어갔다. 대포를 쏜 것 같은 굉음과 함께 무열의 몸이 공중으로 솟구쳤다.

퍼엉……! 펑! 펑! 펑!!

허공에서 발을 딛자 공기가 터지는 소리와 함께 무열이 지그재그로 튀어 올랐다.

바닥에 있던 네피림들은 무열을 찾기 위해 황급히 고개를 들었지만 너무나 빨라 그들이 무열의 위치를 알아차리기 전에 이미 그는 천공성의 탑 위에 있는 4대 천사의 앞에 나타났다.

쫘드득.

무열은 있는 힘껏 허리를 꺾었다.

하지만 그 순간, 4대 천사 중 한 명인 마론이 틈을 놓치지 않고 창을 찔렀다.

카라논의 철퇴가 그의 머리 위에서 떨어졌다. 엘라니온의 대검이 공중에 떠 있는 무열의 몸을 가르려 했다.

순식간에 일어난 협격(挾擊).

그물망처럼 도망칠 수 없을 정도로 촘촘한 검격 속에서 그들은 무열의 죽음을 확신했다.

"……!!"

툭.

가장 먼저 창을 내지른 마론의 머리를 밟고 내려선 무열이 그의 쇄골 안쪽으로 격로검을 찔러 넣었다.

카가가가각……!!

무열의 검이 불꽃을 일으키며 마론의 몸을 베어 들어갔다.

반쯤 천사의 몸을 갈랐을 때 무열은 검을 꺾어 가로로 베며 검을 빼냈고, 그와 동시에 그가 들고 있던 창을 발로 차올려 카라논에게 던졌다.

푸욱……!!

엄청난 속도로 쏘아진 창이 카라논의 가슴에 정확히 박히자 속도를 이기지 못한 그는 그대로 꼬챙이에 꽂힌 것처럼 탑의 벽에 박혔다.

"컥……!!"

단말마의 비명이 터져 나왔다.

무열은 거기서 멈추지 않고 마론의 머리를 잡아 바닥으로 내려오며 던지듯 처박았다.

콰아아앙……!!

그 충격에 청공성의 바닥에 깔린 석판이 들어 올려졌다. 무열이 검 살해자를 휘젓자 석판이 두부가 잘리듯 잘려 나갔다.

콱!!

콰- 쾅!!

공중에서 잘려 나간 석판을 있는 힘껏 두 손으로 밀자 마력이 담긴 석판이 엘라니온을 향해 쏟아졌다.

엘라니온은 황급히 검을 잡아당기며 파편을 막았다.

타다다닷……!!

천공성의 외벽을 밟고 달리며 자세를 숙인 채 질주하는 무열이 대검으로 얼굴을 가리고 있는 엘라니온을 향해 뛰어올라 그의 안면을 있는 그대로 발로 후려쳤다.

퍼억-!!

둔탁한 소리와 함께 그의 얼굴이 오른쪽으로 꺾였다. 발차기로 인한 회전력에 몸을 맡긴 무열이 반 바퀴 더 돌면서 검 살해자로 엘라니온의 목을 베며 뛰어올랐다.

촤아아악……!!

검 살해자의 날이 마치 엘라니온의 목덜미를 잡아 뜯은 것처럼 피와 살점을 허공에 흩뿌렸다.

"……."

이 모든 것이 고작 몇 초 만에 일어난 일이다.

툴썩.

무열이 바닥에 착지한 순간, 3명의 천사가 일제히 줄이 끊어진 것처럼 바닥에 쓰러졌다.

"다시 한번 묻겠다. 어떻게 세븐 쓰론으로 기어 나온 거지?"

무열은 여전히 움직이지 않고 자신을 바라보고 있는 주덱스를 향해 말했다.

"우리는 신의 명에 따라 벌할 뿐이다."

주덱스는 무열을 차갑게 바라봤다.

"그것이 그렇게도 궁금한가."

감정 없는 가면을 쓴 것 같은 그의 모습은 동료들이 쓰러졌음에도 불구하고 아무렇지 않은 듯 담담한 표정이었다.

"네 녀석이 죽였잖은가, 수많은 사람을."

"……뭐?"

"강무열, 그대는 타락한 성녀로부터 교단을 올바른 길로 정화시킨 영웅이지."

둔기로 머리를 맞은 기분.

주덱스의 비릿한 웃음이 무열의 눈동자를 흔들리게 만들었다.

바뀐 역사.

이강호는 교단에 반기를 들고 그들을 척살했다. 하지만 무열은 그 전쟁에서 죽을 사람들을 살리기 위해 레미엘 주르를 앞세워 교단을 유지했다.

물론 배후에 가려진 사건들을 알고 있는 전(前) 교주였던 레미엘 주르는 무열이 시키는 모든 명령에 대해서 충성스럽게 따랐지만 표면적으로는 무열이 교단을 구한 것은 부정할 수 없는 사실이었다.

"그대가 교단을 바로 잡기 위해 일으킨 모든 전쟁의 희생자는 모두 신의 은총을 받아 신의 자식들인 우리를 위해 쓰였다. 그대는 신을 위해 성심성의껏 일한 자이나……. 역천사를 죽인 죄는 죽음으로 갚아야 할 것이다."

"락슈무가 그리 하라고 시켰는가?"

"불경스럽군. 인간 주제에 그 이름을 함부로 담다니."

어처구니없을 정도로 얄팍한 수였다.

마치 변명처럼.

도무지 신이라고 할 수 없을 정도로 치졸한 방법으로 락슈무는 끝까지 인간을 압박하고 있었다.

빠득.

무열은 자신도 모르게 이를 갈았다.

좌아아악……!!!

주덱스가 거대한 팔을 허공에 한 번 긋자 호를 그리며 그의 손을 따라 빛무리가 반짝이며 천공성을 뒤덮었다.

그때였다. 조금 전 무열의 공격을 받아 쓰러진 천사들이 비틀거리며 일어서기 시작했다.

반으로 잘린 마론의 몸이 서서히 붙기 시작했고 심장이 꿰뚫린 카라논이 자신의 가슴에 박힌 창을 스스로 뽑았다. 목이 잘린 엘라니온이 스스로 자신의 머리를 잡아 붙였다.

무열은 그 모습에 기가 차다는 표정으로 중얼거렸다.

"괴물이 따로 없군."

천사의 모습을 하고 있었지만 그들의 행색은 마치 언데드와 다를 바 없었다.

"그래…… 끝까지 해보자."

재생하기 시작하는 녀석들을 향해 무열이 천천히 걸어갔다.

그의 전신에서 흐르는 차가운 살기.

악귀(惡鬼) 같은 눈으로 무열은 그들을 향해 말했다.

"평생 바닥을 기도록 네놈들 날개 전부 뽑아주마."

"결국 강무열이 시작을 한 모양이더군요."

"그자라면 그럴 만도 하지. 정말로 혼자서 모든 걸 해결하려고 하니까. 전쟁은 혼자서 할 수 없다는 걸 누구보다 잘 알고 있으면서 말이야."

"무리하지 마십시오. 상처가 심합니다."

움직이는 마차 안에 걱정스러운 목소리로 말하는 남자는
다름 아닌 노승현이었다. 그는 담요로 전신을 감고 누워 있는
카토 치츠카를 바라보며 말했다.

화르르륵…….

김호성은 불타는 징벌의 날의 열기를 조심스럽게 끌어올
렸다.

"고맙군요."

"말하지 말고 있어. 우리가 해야 할 일은 이미 알고 있으
니까."

디아고를 만난 뒤로 급속도로 쇠약해진 카토 치츠카를 바
라보며 김호성이 말했다.

"그자라면 분명 천공성이 나타나자마자 달려갔을 거야."

"그의 힘으로는 네피림들을 죽일 수 없어."

"그래도 가겠죠."

노승현의 말에 카토 치츠카는 무열의 얼굴을 떠올리는 듯
피식 웃었다.

'신기하군. 겨우 몇 번의 교류가 전부인데 내가 그를 믿고
있다니 말이야.'

우연이었다. 권좌에 관심이 없던 그가 진심으로 이곳을 대

해야겠다고 생각한 것이.

하지만 여전히 그가 관심을 가진 것은 권좌가 아니었다. 애초에 누군가의 위에 올라설 생각은 없었다.

단지, 거침없는 강무열이란 남자의 행보를 보며 호기심이 생겼을 뿐이다.

그 호기심이 이런 결과를 만들 것이라고는 그조차도 상상하지 못했지만.

'유우나와 함께 A급 던전을 공략하던 때였지, 내가 디아고를 처음 만났을 때가. 그는 나에게 균열의 존재에 대해서 말했고 타락의 힘을 가질 수 있도록 했다.'

모든 것은 그의 계획이었다.

'디아고의 생각은 뻔하다. 그는 신의 자리에 오르고 싶은 것이겠지. 나는 위험천만한 계획이지만 어쩌면 우리를 마음대로 유린한 신에 대한 복수로 그만한 도구도 없다고 생각했다.'

신이란 공통된 적을 처치하기 위해 카토 치츠카는 디아고와 손을 잡았다.

'강무열, 솔직히 놀랐다. 너 역시 나와 같은 목표를 가지고 있었지만 나와는 전혀 다른 선택을 했으니까.'

무열 역시 디아고와 만났었다. 하지만 그는 카토 치츠카와는 달리 디아고의 제안을 거절했다.

아니, 거절하다 못해 경멸했으니까.

'내 선택의 후회는 없다. 타락이란 강한 힘을 얻었고 그 힘이 신에게 타격을 줄 수 있는 유일한 무기라는 것 역시 알게 되었으니까.'

카토 치츠카는 오한이 느껴지는 듯 몸을 부르르 떨었다. 불타는 징벌의 뜨거운 열기로도 그의 몸 안에 있는 냉기를 어찌할 수 없는 모양인지 그의 입에서 새하얀 입김이 흘러나왔다.

'정령(精靈). 나쁘지 않은 선택이다. 그들 역시 균열 속에서 태어난 존재니까. 하지만 감기로 사람이 죽진 않아.'

디아고의 말대로 순수한 타락의 힘이 아니고선 신의 숨통을 끊을 순 없다.

카토 치츠카는 그 사실을 알았기 때문에 디아고의 제안을 받아들였던 것이다. 누군가는 해야 할 일이었기 때문에.

아버지의 성을 버리고 한국으로 온 그는 박종혁이라는 이름으로 살아왔다.

어디에나 있을 법한 흔하디흔한 재벌가의 하룻밤 실수로 태어난 숨겨진 자식.

태어났을 때부터 자신을 도구로 사용하려던 사람들의 암투에 질린 그는 삶의 이유를 잃어버렸다.

어쩔 수 없는 일이라는 걸 스스로 납득하면서 세상을 그저 살아온 그에게 강무열이란 태어나서 처음 보는 특이한 존재였다.

'딱히 영웅이 될 생각도 없는데.'

"잠들지 마. 이대로 죽어버리면 우리가 싸우는 걸 볼 수 없 잖아."

"내가 없어도 충분히 강하잖습니까."

김호성은 카토 치츠카의 말에 인상을 구기며 말했다.

"우리가 바본 줄 아나? 우리가 이렇게 강해질 수 있었던 이 유가 너의 타락이라는 걸 모를까."

그러고는 카토 치츠카를 향해 자신의 손목에 있는 팔찌를 보였다.

"단순히 맹약의 증거라고만 생각했는데 이게 타락의 힘을 쓸 수 있는 증표였다니 말야. 네가 그릇이 되어 우리의 타락 의 반발력까지 모두 가지고 갔다니 솔직히 자존심 구겨지는 일이지."

김호성은 카토 치츠카의 어깨를 잡으며 말했다.

"조금은 우릴 믿어라. 네가 무슨 생각으로 날 선택한 것인 지는 모르겠지만 적어도 밥값은 하는 놈들이니까."

화르륵……!!

마차 주위로 공간이 일그러지더니 두건을 쓴 사람들이 나 타났다.

"……."

카멜레온처럼 주변의 색을 입힌 듯 전혀 보이지 않았던 그들은 암살자의 은신과는 전혀 다른 능력이었다. 하지만 그들 역시 김호성과 마찬가지로 같은 팔찌를 차고 있었다.

"네가 공들여서 만든 비수잖냐. 적어도 저 날로 녀석을 찌르기 전에 쓰러지는 꼴은 못 보지."

"훗……."

무표정한 얼굴이었지만 눈빛에서 카토 치츠카는 그가 느끼는 감정이 어떤 것인지 아는 듯 가볍게 웃었다.

"유우나, 좀 더 속도를 올려."

꽈악.

밖에서 마차를 몰던 카토 유우나는 당장에라도 눈물을 터뜨릴 것 같은 얼굴로 입술을 꽉 깨문 채 고삐를 잡았다.

성도(聖都) 위그(Ygg).

바이칼 가르나드는 갑작스러운 라시스의 정수의 변화에 황급히 그것을 들고 밖으로 나왔다.

어떤 일이 벌어질지 모르는 상황이었기 때문에 그는 정수를 안전한 곳으로 옮기고자 했다.

성도에서 가장 안전한 곳이라면 교단의 영혼샘이 있었던 지하.

"잠시만요!!"

문을 나서는 순간, 다급히 그를 부르는 목소리가 있었다.

고개를 돌려 눈앞에 서 있는 사람을 바라본 바이칼 가르나드는 난색을 감추지 못했다.

"사, 사모님……."

주름진 눈가와 걱정이 가득한 눈빛의 여성은 다름 아닌 무열의 어머니였다. 그리고 당장에라도 쓰러질 것 같은 그녀를 부축하고 있는 사람은 무열의 여동생이었다.

두 사람은 제대로 잠을 자지 못한 듯 피곤한 기색이 역력했다.

그럴 수밖에. 하나뿐인 가족이 전장에서 싸우고 있는데 어느 누가 편하게 잠을 잘 수 있을까.

그것도 단순히 징집된 것이 아닌 가장 강력한 적들만 도맡아서 싸워야 하는 무열이었으니까.

촤아아악———!!!

그때였다.

마치 그들의 희망을 잔인하게 짓밟기라도 하려는 듯 상공에 생성된 커다란 차원문.

불투명한 거울 같은 모습의 문은 점차 일렁이더니 대륙 전역에 영상을 흩뿌리기 시작했다.

쾅……!! 콰쾅……!!

콰가강……!!

요란한 폭음과 함께 시커먼 연기가 하늘에 자욱했다. 지상에서는 버섯구름이 솟구쳐 올랐으며 폭탄이 터진 듯 여기저기 커다란 구멍이 생겨났다.

하지만…… 성안에 있는 사람들의 시선이 꽂힌 곳은 여러 개의 차원문 중에서 단 한 개뿐이었다.

툴썩.

"엄마……!!"

떨리는 두 다리가 결국 힘을 잃고 주저앉고 말았다. 바이칼은 쓰러지는 무열의 어머니를 황급히 부축하며 말했다.

"괜찮으십니까?"

하지만 이미 그녀는 정신을 잃은 듯 몸을 축 늘어뜨리고 쓰러졌다.

"엄마!! 엄마!!!"

여동생의 두 뺨엔 눈물이 주르륵 흐르다 못해 쏟아지듯 범벅이 되어 있었다.

헝클어진 머리와 그녀 역시 두 다리가 떨려 제대로 서 있기도 힘든 채로 연신 소리치고 있었다.

콰아앙……!!

콰강……!!

차원문을 통해 보이는 건 치열하게 싸우고 있는 무열의 모습이었다.

"안 돼……."

바이칼은 이대로 둔다면 여동생마저 쓰러질 것 같다는 생각이 들었다.

"어머님은 제가 부축하겠습니다. 일단 안쪽으로 가시죠."

파랗게 질린 얼굴을 보며 바이칼은 일단 힐러들이 있는 교단으로 두 사람을 옮기려고 했다.

위치의 특성상 위그(Ygg)는 현재 전쟁이 일어나는 곳과 거리가 멀어 안전한 지역이다. 그러나 사실 이 성도의 안전은 저절로 형성된 것이 아니었다. 그런 안전을 만든 것이 바로 무열이었다.

'강무열……. 당신은 이런 것까지 예측했던 건가.'

바이칼은 어머니를 침대에 눕히고는 가만히 생각했다.

종족 전쟁이 시작되고 차원문이 열린 직후, 만약 그대로 수비를 위해 성안에서 종족들이 소환되는 것을 기다리고만 있었다면 이미 이곳은 제일 먼저 마족에 의해 전쟁터가 되었을 테니까.

'죽지 말길…….'

이곳에 있는 모든 사람이 무열에게 목숨을 빚진 것과 다름없었으니까.

콰드득⋯⋯!!

무열이 주덱스의 목덜미를 이로 물어뜯었다. 너덜너덜해진 팔엔 더 이상 힘이 들어가지 않았다.

얼마나 싸운 걸까.

시간을 더 이상 가늠할 수 없었다. 헌신의 망토가 발현되었던 3분은 이미 기억조차 나지 않을 정도로 오래전에 지났으니까.

"⋯⋯."

양팔은 붕대로 감겨 있었지만, 더 이상 치료 효과가 없는 듯 그저 손에서 검이 떨어지지 않게 고정하는 용도에 불과했다. 하지만 그 붕대가 없었다면 그는 이미 오래전부터 검을 쥐고 있지 못했을 것이다.

"포기해라."

"닥쳐. 계획대로니까."

"⋯⋯아직도 그런 허세를 부릴 수 있다니. 인간의 어리석음은 기가 막힐 노릇이군."

무열이 물어뜯은 상처를 손으로 덮자 주덱스의 상처는 마치 처음부터 없었던 것처럼 깨끗하게 치유되었다.

[이대로 싸워선 승산이 없다. 무한에 가까운 치유 능력을

가진 4대 천사와 붙는 건 자살행위야.]

"알고 있어."

"그 말대로다. 고작 인간 혼자 천공성을 상대로 승리를 거둘 것이라고 생각했나. 종족 전쟁은 신이 만든 성스러운 전장. 고작 인간 하나가 결과를 바꿀 수 있는 가벼운 것이 아니지."

주덱스는 자신의 뒤에 있는 3명의 천사를 물렸다.

"하지만 여기까지 싸운 인간의 왕에 대한 보상이다. 너는 내가 직접 목숨을 취하겠다. 천공성의 연료가 되는 것을 기쁘게 받아들여라."

"……."

무열은 천공성 아래를 잠시 바라봤다.

"귀가 먹은 거냐. 아니면 오래 살아서 기억력이 안 좋아진 거냐. 전투는 혼자 해도 전쟁은 혼자 하는 게 아니라고 분명히 말했을 텐데."

와아아아아……!!

저 멀리 지상에서 들리는 함성.

하나가 아니었다. 세븐 쓰론 대륙의 크기는 어마어마했고 인간의 목소리가 대륙을 관통할 수 있을 리가 없었다.

"락슈무가 쓸데없는 짓을 했군. 저런 걸 보여준다고 우리가 절망할 것이라고 생각했나?"

무열은 상공에 떠 있는 자신을 비추고 있는 차원문을 가리켰다. 이미 겪었던 일이다. 엑소디아(Exordiar) 때에도 락슈무는 이런 식으로 차원문을 열어 사람들이 잔혹하게 죽어가는 것을 보여줬으니까.

'녀석은 인간이 공포에 떠는 모습을 보며 즐겼겠지.'

신의 이런 짓거리는 이미 이골이 났다. 자신이 위험하면 위험할수록 락슈무는 이런 짓을 할 것이라고 생각했으니까.

그리고 보란 듯이 그 생각을 이용했다.

"……"

함성의 근원지가 어딘지 이제야 알 수 있었다.

마족과 악마족, 그리고 엘프족과의 전투에서 승리한 인간 군들의 함성이 차원문을 통해 들려오고 있었다.

무열은 너덜너덜한 얼굴로 씨익 웃었다.

"너희가 지상으로 내려가면 곤란하지. 다행히 여기에 묶여 있어줘서 고맙군."

"네놈……!!!"

주덱스는 무열의 계획에 당했다는 것을 깨달으며 분노에 찬 목소리로 소리쳤다.

'락슈무, 넌 사람들이 죽는 모습을 나에게 그리고 내가 죽는 걸 사람들에게 보이고 싶었겠지.'

죽음이 두렵지 않은 게 아니다.

"퉷."

무열은 입안에 남아 있던 주덱스의 살점을 뱉어내며 말했다.

"하지만 죽음이 없이 전쟁은 성립되지 않는다. 왜냐면 그 목적이 살기 위함이니까."

주덱스는 처음으로 자신을 바라보는 무열의 눈빛에서 오싹함을 느꼈다.

신의 은총을 받고 불사에 가까운 존재인 자신이 지금 느끼는 이 감정이 두려움이라는 것을 알아차렸을 때 그는 용납할 수 없는 분노가 치밀어 올랐다.

그때였다.

콰가가가가가가가각---!!!

하늘을 가르는 검은 벼락 하나가 천공성을 향해 떨어졌다.

순백의 화선지 위에 먹물을 떨어뜨린 것처럼 검은 벼락은 천공성을 순식간에 잠식해 들어갔다.

무열은 그 빛을 바라보며 그제야 낮은 한숨을 내쉴 수 있었다.

타락의 빛이 천공성을 휩쓸었다. 무열은 천천히 고개를 돌려 뒤를 바라봤다. 검은 연기 속에 가려졌지만 그는 충분히 누군지 알 수 있었다.

"카토 치츠카."

창백한 얼굴로 무열을 향해 그가 머리카락을 쓸어 넘기며 말했다.

"누가 그랬더라……. 문명을 세우기는 어려우나 파괴는 단 하루로도 충분하다고 했지."

그의 두 눈동자가 깊이를 알 수 없을 정도로 까맣게 변해 있었다.

햇빛을 전혀 받지 못한 사람처럼 그의 피부는 혈관이 선명하게 보일 정도로 새하얗다.

카토 치츠카의 뒤에 서 있던 김호성과 노승현은 그런 그를 말없이 지켜봤다.

"인간이 천공성을 추락시키는 데 걸리는 시간은……."

툭.

그가 천천히 바닥으로 내려왔다. 그러고는 성안에 세워진 탑을 살피는 것처럼 가볍게 두들겼다.

순간, 천공성 안을 가득 채웠던 타락의 힘이 빨려 들어가듯 카토 치츠카의 몸에 흡수되었다.

마치, 꺼지기 직전의 타는 촛불같이.

그는 언제 그랬냐는 듯 생기가 도는 목소리로 말했다.

"하루도 필요 없다."

89장
김호성

콰아앙———!!!

천공성을 휩쓴 타락의 기운이 전역을 감싸려 하는 순간 주
덱스가 발을 들어 지면을 강하게 내려쳤다.

지면이 들썩이며 그의 주위로 커다란 원형의 파장이 생겨
나 퍼지면서 타락의 기운을 쳐 냈다.

나머지 천사들이 비틀거리며 쓰러지는 모습을 보며 그가
말했다.

"인간이 타락을 쓰다니. 정체가 무엇이냐."

"왜? 이제 좀 두렵나?"

"……."

카토 치츠카는 호기롭게 말했다.

"우습군."

하지만 돌아오는 것은 주덱스의 냉소뿐이었다.

"억겁의 시간 동안 타락의 힘을 쓴 인간이 없을 것이라고 생각하나? 이 대륙의 마법사들 중에도 타락의 힘을 쓰는 자들이 있다."

"다를걸?"

카토 치츠카의 몸을 가리던 로브가 펄럭이자 그는 자신의 허리에서 무언가를 꺼냈다. 마치 승려들이 사용하는 금강저(金剛杵)처럼 위아래가 둥근 짧은 스태프를 움켜쥐자 옅은 떨림이 느껴졌다.

'위신(威神)의 발사라(跋闍羅).'

무열은 카토 치츠카의 금강저가 무엇인지 단번에 알 수 있었다. 전생(前生)에서 카토 유우나가 사용했던 무구 중 하나였기 때문이다.

'수라도(修羅途)를 클리어한 건가.'

등급상으로는 S급 던전이지만 체감으로는 SS급을 뛰어넘는 난이도의 던전이었다.

해저 깊은 곳에 있어서 일단 가는 것부터 쉽지 않아 물속에서 숨을 쉴 수 있도록 해주는 '해신의 은총'이란 목걸이가 있어야 한다.

'재료를 모으는 건 그다지 어려운 일은 아니지만 스물세 가지나 되는 재료를 모두 모으는 건 결코 적지 않은 시간이 필

요한 작업이다.'

그는 지금까지 대부분의 시간을 수라도 던전을 클리어하기 위한 데 쓴 것이 틀림없었다.

'카토 치츠카……'

무열은 자신도 모르게 입술을 깨물었다.

위신(威神)의 발사라(跋闍羅).

흔치 않은 SS급 아이템이었지만 그걸 사용하는 사람은 전생에서 카토 유우나 단 한 명뿐이었다.

'발사라는 세트 아이템인 항마갑을 입지 않으면 쓸 수 없는 물건이다. 발사라는 던전 내에서 얻을 수 있는 무구지만 항마갑은 퀘스트 보상이라 대륙에서도 단 하나뿐인 아이템이었으니까.'

금강저의 능력치는 단순하다. 3분 동안 신체 능력치를 제외한 모든 능력치를 2.5배 상승시킨다.

마력, 암흑력, 정령력 등 종류에 상관없이 육체가 아닌 힘을 상승시켜 주는 금강저에게는 타락(墮落) 역시 예외가 아니었다.

'금강저의 능력을 알고 있었던 건가. 그렇지 않고서야……'

매력적인 무구지만 카노 유우나를 제외하고 항마갑이 없는 자들이 금강저를 사용하지 않은 이유가 있었다.

문제는, 사용 이후의 반발력이었다.

지속 시간이 끝나면 상승된 능력치를 제외한 모든 신체 능력이 2.5배 감소하기 때문이다.

'시간상 항마갑을 얻는 건 불가능한 일일 테지. 수라도를 클리어한 것만으로도 버거운 일이니까.'

"……."

분명 카토 치츠카가 준비한 필살의 한 수일 것이다.

하지만 무열은 그 모습을 바라보며 눈을 흘길 수밖에 없었다.

"흡……!"

금강저 머리에 들어 있는 작은 쇠구슬이 반응을 하는 듯 카토 치츠카의 타락이 흘러나오자 요란한 소리를 내며 이리저리 날뛰며 요란한 소리를 냈다.

콰드드득———!!!

사방으로 날뛰는 타락의 힘이 금강저의 끝에서 뿜어져 나오며 김호성과 노승현의 몸 안으로 흡수되었다.

끓어오르는 뜨거운 기운에 노승현은 자신도 모르게 창을 쥔 손에 힘이 들어갔다. 그러자 창이 그의 힘을 버티지 못하는 것처럼 파르르 떨렸다.

"카토 치츠카는 강한 사람입니다."

노승현은 무열의 생각을 읽은 것처럼 나지막한 목소리로 말했다. 설원 마을에 도착했을 때 그는 카토 치츠카와 디아고의 만남을 목격했다.

비단 그뿐만 아니라 디아고는 유우나와 김호성에게 일부러 카토 치즈카가 무력하게 당하는 모습을 보여줬다.

더 이상 이용할 수 없는 카드였기 때문일까. 무력함을 느끼도록 하기 위함이었지만 디아고가 간과한 점이 있었다.

인간이란 본디 무력함을 느끼기 전에 분노로 저항한다는 점이다.

공포를 조장한다고 하여 아무것도 하지 않고 포기할 것이라는 건 오산이다.

오히려 더 강하게. 절망이란 세게 부딪힌 다음에 실패에서 오는 것이니까.

"전과 달라진 것 같군."

"마음을 정하니 확실히 편하군요."

"그렇군."

무열은 노승현의 말에 고개를 끄덕였다.

"어이."

전신에 불꽃을 두른 것처럼 강렬한 화염을 휘감은 김호성이 자신의 차크람을 빙그르 돌리며 말했다.

탄탄한 근육이 꿈틀거렸다. 거추장스러운 겉옷을 잡아 뜯은 그는 지금까지 보아왔던 모습과는 전혀 달랐다.

양손에 있는 두 개의 차크람이 시뻘겋게 달아올랐다.

"여기까지 와서 선비 행세하는 거냐. 똑바로 말하라고, 저 씹어 먹어도 시원찮을 놈들에게."

그는 당장에라도 달려갈 기세로 주덱스를 가리키며 말했다.

"모두 죽여 버리겠다고."

콰아앙———!!!

김호성이 폭발하듯 튀어 나갔다. 차크람의 날은 화염으로 불타고 있었지만 그의 손목에서부터 손등으로 이어지는 혈관에 흐르는 검은 기운이 차크람의 내부에서 빛을 내고 있었다.

[라미느 녀석, 좋아서 날뛰고 있군.]

쿤겐은 김호성에게서 느껴지는 강력한 타락의 힘을 바라보며 말했다.

그의 말에 대답이라도 하는 듯, 김호성의 차크람이 더욱더 맹렬한 불꽃을 뿜어내기 시작했다.

균열에서 태어난 정령들의 근본은 어쩔 수 없이 타락의 힘이라고 할 수 있었다.

그 근원이 강해지면 강해질수록 정령의 힘 역시 강해지는 건 당연한 일이었다.

"노승현, 지상에서 마족군을 지휘하는 4기사 중에 프로켈이라는 녀석이 있을 거다."

"……?"

"녀석이 쓰는 창의 이름은 아우둠(Audhum). 천공성의 전투가 끝나면 얻어둬라. 필요할지 모르니."

전생(前生)에서 엑소디아에서 마족의 대표였던 프로켈을 상대한 사람이 바로 노승현이었다.

치열한 접전 중 그의 창은 그의 힘을 버티지 못하고 부러지고 말았다. 하지만 목숨을 내놓은 전투에서 결국 노승현은 프로켈이 쓰던 창을 빼앗아 그의 목을 꿰뚫었다.

"아우둠······?"

노승현은 무열의 말에 살짝 놀란 듯한 표정을 지었지만 이내 곧 고개를 끄덕였다.

그 스스로도 자신이 쓰는 창이 자신의 힘을 모두 발현할 수 없음을 알고 있었기 때문이다.

파악ㅡㅡㅡ!!

그는 더 이상 무열을 보지 않고 네피림들을 향해 뛰었다.

[타락을 저 정도로 다룰 수 있는 자가 있다니······. 놀랍군.]

"그래, 확실히 대단하지."

무열은 카토 치츠카를 바라보며 생각했다.

'하지만 이미 한계.'

말을 하지 않았지만 알 수 있었다. 이곳에 온 이유를.

로브로 가리려고 했지만 그가 금강저를 꺼내는 순간을 무열은 놓치지 않았다.

온몸이 이미 흑혈(黑血)로 뒤덮인 상태.

서 있는 것도 대단한 만신창이 몸을 이끌고 타락을 사용한
다는 건…… 그가 이곳을 자신의 마지막 전장으로 삼았다는
것을 의미했다.

무열은 잠시 감정을 추슬렀다. 드워프의 왕인 트로비욘과
타락의 힘까지 가졌던 카토 치츠카는 어쩌면 인간군 4강보다
더 강력한 라이벌이 될 수 있었다.

'카토 치츠카, 네 계획은 내가 이루겠다.'

하지만 설원 마을에서 그의 생각을 들었을 때 더 이상 무열
은 그렇게 생각하지 않았다.

신조차 속일 계략.

그걸 위해서 카토 치츠카는 자신의 목숨마저 내놓고 있었다.

'할 수 있다.'

무열은 처음으로 천공성에서 희망을 품을 수 있었다. 이미
너덜너덜해진 몸을 이끌고 그 역시 전선에 참여하려 했다.

"이놈……!!!!!"

그때였다. 낙뢰가 떨어지는 것처럼 하늘이 번쩍이더니 심
장을 울리는 주덱스의 목소리가 울렸다.

노승현의 창과 김호성의 차크람이 네피림들을 가차 없이
썰며 질주하는 모습은 승리의 판도를 인류 쪽으로 옮겨올 수
있을 것이라 생각했다.

고작 몇 분. 무열은 전투가 한창인 지금 어째서 희망이라는

방심을 해버리고 만 것인지 후회했다.

주덱스의 날카로운 손날이 카토 치츠카를 향했다. 있는 힘껏 그를 막기 위해 무열이 몸을 날렸지만 이미 모든 힘을 소진한 그의 육체는 네피림의 속도를 따라갈 수 없었다.

막을 수 없다.

"안 돼……!!!"

무열의 외침이 들렸다.

"……!!!"

그 순간, 모두의 예상을 깨고 주덱스의 공격은 카토 치츠카에게 닿지 못했다.

"쿨럭!"

카토 치츠카는 자신의 앞을 막아선 김호성을 바라보며 눈을 동그랗게 떴다.

그의 옆구리가 주덱스의 손에 뜯겨 나갔다. 바닥에 주저앉은 그의 얼굴로 김호성의 피가 떨어졌다. 자신의 상처 따위는 아랑곳하지 않고 그는 카토 치츠카에게 말했다.

"멍청히 있지 마. 아직 3분은 끝나지 않았다."

"김호성……."

"모양 빠지게……. 권좌의 왕이 누구든 그딴 건 상관없어. 네가 우리의 리더잖아."

김호성은 무열을 바라봤다. 그의 눈빛에서 마지막 자존심

같은 것이 엿보였다.

"밥값은 한다."

입가에 흐르는 피를 닦으며 그는 품 안에서 무언가를 꺼냈다.

"이런 식으로 쓰려고 한 게 아닌데……. 젠장."

그는 쓴웃음을 지었다.

'저건…….'

순간, 무열의 눈썹이 씰룩였다.

김호성의 손에 들린 반짝거리는 작은 물건이 그가 손가락을 튕기자 위로 솟구쳤다.

핑……!!!

시간이 멈춘 것처럼 공중에 빙글빙글 돌고 있는 동전에 모두의 시선이 꽂혔다.

무열의 눈이 꿈틀거렸다. 그게 무엇이지 그는 잘 알고 있었기 때문이다.

무작위 승부사의 동전.

전생(前生)에서 그것을 사용한 사람은 단둘이었다.

이대범과 김호성.

도박에 성공한 이대범은 이 동전을 이용해서 혈화결이라는 스킬을 얻었다. 하지만 반대로 김호성은 실패의 대가로 균류의 저주를 얻어 강자의 자리에서 내려올 수밖에 없었다.

무열은 동전의 결과를 알고 있었다.

[무작위 승부사의 동전이 던져졌습니다.]
[배팅한 마석의 수만큼 동전으로 얻을 수 있는 보상의 종류가 달라집니다.]
[몇 개의 마석을 거시겠습니까?]

"마석 말고 다른 걸 걸겠다."

김호성은 엘라니온의 뒤로 돌아 그의 날개를 잘라 버리며 말했다.

"이왕 도박을 하려면 더 큰 걸 걸어야지."

절대로 이길 수 없을 것 같은 강대한 적을 향해 그는 천천히 팔을 들어 올렸다. 주덱스를 향해 주먹을 쥔 손에서 중지 손가락이 반듯하게 솟아올랐을 때 그는 호기롭게 말했다.

"내 목숨."

[S랭크 김호성의 남은 수명을 모두 마석으로 환산합니다.]

김호성의 말에 무열조차도 놀라지 않을 수 없었다. 승부사의 동전에 배팅을 마석이 아닌 다른 것으로 할 수 있다는 것을 생각해 본 적도 없지만 지금까지 자신의 목숨을 거는 미친

짓을 할 사람도 없었기 때문이다.

그도 그럴 것이 세븐 쓰론에서 인류의 최대의 목표는 살아서 다시 현실로 돌아가는 것이었다.

아무리 위험한 순간이라 하더라도 자신의 목숨을 걸고 도박을 하는 사람은 없었다.

촤아악……!!

본능적으로 위험을 느낀 걸까.

지금까지 자리에서 움직이지 않던 주덱스가 바닥으로 내려오며 날카로운 손날로 다시 한번 김호성의 복부를 찔렀다.

거대한 덩치라고는 생각할 수 없는 엄청난 빠르기였다.

날개에 달려 있던 깃털이 사방으로 흩뿌려졌다. 김호성의 피가 뿜어져 나오며 바닥에 떨어진 깃털을 붉게 물들었다.

꿀꺽.

김호성은 자신도 모르게 마른침을 삼켰다. 고통을 참으며 식은땀이 주르륵 뺨을 타고 흘러내렸다.

"한 방 먹여주마, 이 새끼야."

그는 자신을 관통한 주덱스의 팔을 움켜쥐며 입꼬리를 파르르 떨었다.

"네놈……!!!"

웃는 것인지 종잡을 수 없는 김호성의 표정을 보며 주덱스의 얼굴이 일그러졌다.

'설마…….'

무열이 알고 있는 전생의 결과와 다를까?

이미 바뀌어버린 역사 속에서 더 이상 결과는 예측할 수 없었다.

전생(前生)에서의 실패를 알고 있는 무열은 그저 김호성의 도박을 바라볼 수밖에 없었다.

이미.

동전은 던져졌으니까.

팅———!!

빙그르 돌던 동전이 바닥에 떨어졌다.

그 순간, 날카로운 마찰음과 함께 천공성이 새하얀 빛으로 가득 채워지기 시작했다.

공중으로 던져진 승부사의 동전이 바닥에 떨어질 때까지 마치 시간이 멈춘 것처럼 모두가 그것을 바라볼 뿐이었다.

동전이 떨어지는 속도보다 몇 배는 더 빠르게 움직일 수 있는 존재가 이 자리에 널렸음에도 불구하고 모두 그저 동전이 바닥에 떨어지는 것을 바라볼 뿐이었다.

마치, 무형의 힘이 동전에 다가가는 것을 막은 것처럼.

우습게도 이런 급박한 상황에서도 락슈무가 만든 규율은 여전히 적용되고 있었다.

"앞면에 걸겠다."

[앞면에 승부를 거시겠습니까?]
[주의 : 동전의 앞뒤를 결정한 뒤에는 타인이 던져도 결과를 바꿀 수 없습니다.]
[오직 기회는 단 한 번.]
[신중하게 결정을 하시기 바랍니다.]

"빨리!!!"

김호성은 광기 어린 목소리로 소리쳤다. 그렇지 않으면 배를 꿰뚫린 고통을 참아내지 못할 것 같았기 때문이다.

주덱스는 자신의 팔을 움켜쥐고 있는 김호성의 손아귀를 뿌리치려 했다. 하지만 그의 몸을 관통한 팔은 족쇄라도 차고 있는 것처럼 뽑히지 않았다.

"아서라. 뽑을 수 없을걸. 그걸 뽑으면 내가 죽으니까."

아이러니하게도 승부사의 동전을 던진 김호성은 지금 당장에라도 죽어도 이상하지 않을 만큼 치명상을 입었음에도 살아 있었다.

마치, 동전의 결과가 나오기 전까지 강제적으로 생명을 연장시키고 있는 것처럼.

팅…… 티팅……!!

동전이 지면에 닿자 몇 번 튕기면서 회전했다. 영원히 끝나지 않을 것 같았던 그 시간은 실제로는 고작 몇 초에 불과했다.

그리고 결국 바닥에 떨어진 동전.

동전의 윗면엔 등대처럼 생긴 거대한 탑이 그려져 있었다.

그 순간 김호성의 눈빛이 흔들렸다.

'저건…….'

그리고 승부사의 동전을 사용한 적이 있던 무열만이 그 결과를 알아차릴 뿐이었다.

[뒷면이 나왔습니다.]

[도박은 실패했습니다.]

절망스러운 붉은색의 메시지창이 김호성의 앞에 나타났다.

그가 뭐라 할 새도 없이 마치 빚쟁이에게 독촉하는 사채업자처럼 붉은 메시지창이 기다렸다는 듯 주르륵 생성되었다.

[실패한 도박사에겐 그 어떤 명예도 남아 있지 않습니다.]

[배팅한 마석만큼 실패의 대가를 치러야 합니다.]

부글…… 부르륵……!!

그때, 김호성의 피부가 마치 끓어오르는 것처럼 부글거렸다.

"큭…… 크아악!!"

김호성은 고통에 찬 비명을 지르며 자신의 배가 꿰뚫린 것조차 잊은 듯 자신의 피부를 긁어대기 시작했다. 떨어진 그의 피부가 새하얗게 변하면서 각질처럼 바스러졌다.

'균류(菌類)의 저주'.

곰팡이와 같은 포자가 전신에 생겨나며 엄청난 가려움증과 참을 수 없는 고통을 수반한다. 게다가 가만히 두면 계속 증식해서 전신을 뒤덮는 것도 모자라 주변에까지 번식한다.

각종 마법과 포션으로 억제가 가능하지만 지금 시기에서 그런 약을 구할 수 있을 리 만무했다.

무열은 그의 변화를 바라보며 이를 악물 수밖에 없었다.

전생과 다름없는 결말.

바뀌지 않았다.

참을 수 없는 가려움과 고통. 김호성은 자신도 모르게 바닥에 주저앉으며 몸을 부르르 떨었다.

촤악……!!

승부사의 동전의 시간이 끝났다. 조금 전까지만 하더라도 빠지지 않던 팔을 손쉽게 빼낸 주텍스는 김호성을 바라보며 냉소를 지었다.

"큭…… 크큭."

아주 잠깐이지만 두려움을 느꼈던 그가 언제 그랬냐는 듯 바닥에 쓰러진 김호성을 발로 지그시 누르며 말했다.

"그럼 그렇지. 건방진 인간이…… 감히 신의 뜻을 거역하려 하다니."

비릿한 웃음을 짓자 천공성에 있는 네피림이 모두 김호성의 도박을 비웃었다.

"그 발 치워……!!!"

서릿발같이 차가운 냉기가 솟구쳤다.

빙결창(氷結槍) 5절(節).

노승현의 창이 살아 있는 것처럼 지그재그로 움직이며 주덱스를 향해 쏘아졌다.

그와의 거리는 약 100미터. 하지만 그 사이엔 4대 천사 중 두 명인 마론과 카라논이 있었다.

"크아아———!!"

그들은 자신의 창과 철퇴를 노승현을 향해 휘둘렀다.

콰즈즉……!!

마론의 두 발이 얼어붙었다. 타락의 기운을 받은 검은 얼음이 그의 발을 붙잡자 속도를 이기지 못한 상체가 크게 휘청거렸다.

그의 날개가 펄럭이면서 중심을 잡으려 했지만 그 전에 먼저 노승현의 창이 그의 몸을 찔렀다. 빙결창의 냉기 속에 검은 타락이 마론의 몸을 불태웠다.

"헉…… 헉……."

빙결창의 기운이 빠르게 심장까지 뻗쳤다. 무예도의 기술을 스킬화한 노승현의 창술은 일격필살.

그만큼 몸에 부담이 가는 스킬인 데다 타락의 힘까지 동시에 사용하니 그는 심장이 터질 것 같은 느낌이었다.

쾅-!!

하지만 그는 주먹으로 자신의 가슴을 내려치며 다음에 올 카라논을 향해 뛰었다.

'드로스(Dross)……?'

노승현의 창날에 찔린 마론의 붉은 살점과 함께 검은 재가 흩어졌다.

무열은 그 검은 재가 많이 익숙한 것이라는 걸 느꼈다.

그건 라엘 스탈렌이 신탁의 힘을 쓸 때 생성되는 잔해와 같은 것이었다.

그리고 성도 위그(Ygg)에서 전 교수인 레미엘 주르를 구할 때 잡았던 괴물이 바로 그 찌꺼기가 응집되어 생성된 것이었다.

타락의 일종인 그 찌꺼기가 어째서 신의 종족이라 불리는 네피림에게서 나올 수 있는지 무열은 이해가 가지 않았다.

'설마…….'

무열은 쓰러져 가는 마론을 바라보며 불현듯 무언가 떠올랐다.

"아아악!!"

하지만 고민도 잠시, 고통스러운 비명을 내지르는 김호성의 모습을 보며 그는 이를 악물었다.

파앗—!!

고민하지 않고 그대로 몸을 날렸다. 그의 발아래가 일그러지며 허공을 밟듯 순식간에 주덱스와의 거리를 좁혔다.

굴절(屈折).

같은 스킬이었지만 지금까지와는 전혀 달랐다.

그의 잔상이 흐릿하게 남았다.

하지만 그 잔상마저 사라지자 무열의 모습을 쫓을 수 있는 사람은 아무도 없었다.

분노가 한계를 뛰어넘는 연료가 된 것일까.

달리는 것만으로도 한계인 무열은 자신의 신체를 극한까지 끌어올렸다.

50m, 30m, 10m…… · 1m.

네피림들에게 막혀 있는 노승현을 지나쳐 무열은 주덱스와의 거리를 순식간에 좁혔다.

쾅!!! 콰쾅———!!!

콰가가가가가가강———!!!!!

수십, 수백 합의 검격이 소나기처럼 쏟아졌다. 김호성을 밟고 있던 주덱스는 황급히 뒤로 물러서며 무열의 검을 막았다.

거목이 뿌리째 흔들리는 것같이 주덱스가 밟고 있는 땅이 진동했다.

무열의 검 살해자와 격로검을 동시에 받아넘기면서도 그의 표정은 달라지지 않았다.

정령왕의 힘 때문에 두 자루의 검날에 닿은 주덱스의 피부에서 검은 연기가 났지만 그 정도 고통은 그에게 아무것도 아니었다.

"정상일 때도 통하지 않던 공격이 지금 먹힐 거라고 생각하나?"

주덱스는 무열의 검을 맨손으로 잡아당기며 말했다.

"괜한 시간을 낭비했군. 처리해야 할 벌레 같은 놈들이 아직 저 아래에 수두룩한데."

퍼억—!!

그의 주먹이 무열에게 꽂히자 몸이 기역 자로 꺾였다. 검을 쥔 손에 힘이 풀리자 주덱스는 귀찮다는 표정으로 그의 검을 쳐 냈다.

그때였다.

푸욱…….

그의 옆구리에 창날이 관통했다. 붉은 피가 복부를 꿰뚫은 창날에 묻어나 바닥에 흘렀다.

"······!!!"

피투성이가 된 노승현이 악귀 같은 얼굴로 주덱스의 허리에 박아 넣은 창을 더욱 밀어 넣었다.

"X까, 이 새끼야."

불의의 일격을 받은 그는 믿을 수 없다는 얼굴로 노승현을 바라봤다.

자신을 찌른 창은 화려한 문양이 새겨져 황금빛으로 빛나고 있었다.

다름 아닌 마론의 창이었다.

범벅이 된 피는 노승현의 것이 아닌 네피림들의 것이었다.

고개를 돌리자 타락의 힘에 갈기갈기 찢진 천사들이 보였다.

그 순간, 주덱스의 얼굴이 일그러졌다.

"이 버러지 같은······!!"

콰아아아앙———!!

그의 몸에서 강렬한 폭발이 일었다. 새하얀 빛이 솟구치며 노승현과 무열을 튕겨냈다.

"컥!!"

맹렬한 충격에 두 사람은 신음을 토해내며 바닥을 굴렀다.

자신의 옆구리에 박힌 창을 뽑아낸 주덱스는 쓰러진 노승현을 바라보며 당장에라도 잡아먹을 것 같은 악귀의 얼굴로 성큼성큼 다가갔다.

"씨발……. 뭣 같네."

그때였다. 그 누구도 예상하지 못한 한 인영(人影)이 주덱스의 뒤에서 낮은 음색으로 중얼거렸다.

"김호성……."

거친 숨을 몰아쉬며 주저앉은 카토 치츠카는 빛 속에서 움직이는 그를 눈으로 좇았다.

"쪽팔리게……."

온몸이 수포투성이인 그는 진물이 흘러나오는 팔로 주덱스의 허리를 있는 힘껏 팔로 감았다.

"이…… 놈……!!"

생각지도 못한 그의 등장에 주덱스는 당황한 듯 떨리는 목소리로 외쳤다.

"강무열, 지금 당장. 카토 치츠카를 데리고 떠나라."

"……뭐?"

"밥값은 한다고 했잖아."

김호성은 차가운 웃음을 지으며 말했다.

"저주? 이왕 걸린 거 제대로 걸려주지. 신이 만든 저주라면 이놈들에게도 통하겠지. 안 그래?"

그 순간, 김호성의 몸에서 흘러나오는 균류(菌類)가 주덱스의 몸을 감싸기 시작했다.

퍼억!!

그는 노승현이 찌른 주덱스의 상처 안으로 주먹을 찔러 넣었다. 그러자 빠르게 번식하는 세균들이 순식간에 몸 안으로 스며들었다.

"어서!!!!"

김호성은 다시 한번 외쳤다.

"크아아아악······!!"

절대로 무너지지 않을 것 같았던 주덱스의 육중한 몸이 바닥에 쓰러지며 고통스러운 비명을 지르기 시작했다.

그걸로 끝이 아니었다. 두 사람을 뒤덮은 균류는 멈추지 않고 계속 증식하며 천공성을 뒤덮기 시작했다.

"큭······!!"

무열은 그 모습을 보며 더 이상 지체하지 않고 쓰러져 있는 카토 치츠카를 둘러메고는 손가락을 튕겼다.

[크르르르르······!!]

플레임 서펀트가 상공에서 소환되자마자 무열은 재빨리 그의 머리 위에 올라탔다.

무열이 쓰러진 노승현에게 손을 뻗었다.

"하지만······."

그의 손을 바라보며 노승현의 눈빛이 흔들렸다.

"어서!"

그러나 고민할 시간이 없었다. 순식간에 천공성의 절반을 잠식해 들어가는 균류는 어느새 나머지 네피림들마저 집어삼키고 이제는 노승현의 발치까지 쏟아졌기 때문이다.

빠득…….

인정하고 싶지 않지만 노승현은 무열의 손을 잡을 수밖에 없었다.

하늘에서 한 바퀴 회전하며 날아오른 플레임 서펀트가 빠르게 지상을 향해 날았다.

'살아라.'

멀어져 가는 의식 속에서도 김호성은 절대로 놓치지 않겠다는 듯 주덱스의 목을 조른 팔에 더욱 힘을 주었다.

"으아아아아아아!!!!"

절규인지 포효인지 모를 김호성의 외침이 천공성 안에서 울려 퍼졌다.

주사위의 결과는 변하지 않았다.

전생(前生)과 똑같은 결과는 그게 운명을 뜻하는 것인지는 알 수 없었다.

하지만 김호성의 운명은 바뀌지 않았지만 그의 미래는 분명 변했다.

그 스스로의 힘으로 말이다.

그가 만든 미래의 결과는 어쩌면 운명을 거스를 수 있다는 것을 반증하는 것일지도 모른다.

'젠장…….'

지상의 전쟁은 일단락되었다.

악마족을 공격했던 드워프의 군세가 터널이 사라지면서 지상을 승리로 이끌었다.

천공성에서 내려오자 트로비욘이 그를 맞이했다.

온몸을 붕대로 칭칭 감은 무열은 천막 안에서 자신을 기다리던 트로비욘이 물고 있는 파이프를 가리키며 말했다.

"나도 하나 줄 수 있을까?"

"물론입니다."

트로비욘은 품 안에서 투박하게 만 담배 하나를 그에게 건넸다.

"쿨럭……."

매캐한 연기가 목을 타고 넘어가자 무열은 기침을 참지 못하고 뱉어냈다.

담배를 끊은 지 몇 년이나 된 걸까.

전생(前生)에서는 살기 위해 그런 사치스러운 생각을 하지도 못했고 되살아났을 땐 전투를 위해서 몸을 갉아먹는 행위는 절대로 하지 않았었다.

비틀거리며 그는 일어나 천막의 문을 열고 밖으로 나섰다.

차가운 밤공기가 그의 뺨을 스쳤다.

무열은 무너지는 천공성을 바라보며 씁쓸한 기분을 떨칠 수가 없었다.

단 한 모금을 마셨을 뿐인, 타들어 가는 담배를 잠시 바라보던 그가 하늘을 향해 담배를 던졌다.

"내가 해줄 수 있는 건 이것뿐이군."

그러고는 그는 고개를 돌렸다.

빠득—

검 살해자에서 빛나는 화진검(火眞劍)은 지금까지 볼 수 없는 붉은 열기를 띠고 있었다.

마치, 불타는 징벌 속에 잠들어 있던 폭염왕 라미느의 분노까지 그에게 빙의되어 있는 것처럼 느껴졌다.

뜨거운 화염과 달리 그에게서 느껴지는 살기는 너무나도 차가웠다.

무열은 날을 벼리듯 분노를 갈무리했다.

'더 강해지겠다.'

주먹을 폈다 쥐어본다.

지금 그에겐 승리의 기쁨 따윈 없었다.

아직.

전쟁은 끝나지 않았다.

✦

"그런 일이 있었습니까……."

"이해는 되지만 필요 이상으로 침울할 필요는 없죠. 지상에서도 이미 많은 사람이 죽었으니까."

"저희가 좀 더 빨리 왔더라면……."

"달라지는 건 없었을 거예요. 어차피 우리에겐 타락의 힘이 없으니까. 대장도 그걸 알기 때문에 네피림을 상대하는 건 설원 마을의 사람들로 규정한 거겠죠."

"너는 아무렇지도 않은 거냐."

"그럴 리가요. 사람이 죽었는데. 하지만 상황을 냉정하게 바라볼 사람이 적어도 한 명은 있어야 하니까요."

최혁수의 말은 마치 가시가 돋은 것 같았지만 막사 안에 있는 사람들은 그의 말을 부정할 수 없었다.

"한 명, 한 명의 죽음에 시간을 지체하는 건 우릴 믿고 싸우고 있는 병사들에게 예의가 아니죠."

"사원에서 너도 많은 일이 있었나 보군."

무열은 자신의 앞에 서 있는 네 사람을 바라봤다.

"다들 변했군."

그들은 다름 아닌 3차 전직을 하러 갔던 강찬석과 최혁수, 윤선미와 강건우였다.

은은하게 피어오르는 기운은 확실히 지금까지와는 전혀 달라 보였다.

특히 최혁수는 그의 어깨에 작은 빛 무리 같은 것이 반짝거리며 주위를 맴돌고 있었다.

처음에는 단순히 위습(Wisp)의 하나라고 생각했었다. 원소 계열에 친화력이 있는 환술사였기 때문에 가끔 정령 계통의 영혼들을 다루는 스킬을 배울 때가 있었다.

하지만 좀 더 자세히 바라보자 작은 빛 무리 안에 작은 사람의 형태가 보였다.

'으흠······.'

그것을 주시하던 무열이 살짝 놀란 표정을 지었다.

페어리(Fairy).

요정 계열의 종족인 그들은 세븐 쓰론에서도 좀처럼 보기 힘든 존재였다.

모습을 잘 드러내는 종족들도 아니었지만 그보다 더 어려운 건 그들과 계약을 하는 일이었다.

인간뿐만 아니라 타 종족 자체에 거부감이 있고 폐쇄적인 페어리들은 큰일이 아니고서야 세상에 모습을 드러내지 않는다.

'전생(前生)에서도 요정족을 다루는 사람이 없었는데…….. 놀랍군. 솔직히 요정족과 계약을 하는 후보로는 윤선미가 가장 유력하다고 생각했는데.'

3차 전직을 하지 못한 무열은 알지 못했지만 전생에서 요정족을 다루는 사람이 없었던 이유는 단순하다. 위험부담이 컸기 때문이다.

3차 전직을 통해 비석에 이름을 새긴 상위 인원만이 얻을 수 있는 보상. 그중 하나가 요정족의 여왕을 만날 수 있는 알현권.

매력적인 일이지만 조금만 생각해 보면 그건 단순히 기회일 뿐 결과는 아무도 예측할 수 없는 것이었다.

폐쇄적인 요정족은 오직 요정 여왕의 명령만을 따르기에 그들과의 계약은 결코 쉬운 일이 아니다.

그런 상황에서 만약 실패한다면 아무런 보상을 얻지 못하는 것이기 때문에 3차 전직을 한 강자들은 대부분 알현권 대신 확실한 스킬이나 무구 같은 것을 보상으로 선택했다.

"최혁수, 네 말대로다. 슬픔 따위의 감정에 이러는 게 아니다."

무열은 술잔을 내려놓으면서 말했다.

"전쟁은 잠시 숨 고르기에 들어간 것일 뿐. 악마족은 터널을 생성할 수 있는 코어를 복구하는 데 시간이 필요할 것이고 마족의 경우에도 용족의 압박에 아직 팽팽하게 전선이 유지되고 있으니까."

그는 네 사람을 바라봤다.

"마무리를 짓기 위해 준비를 하고 있었을 뿐이다."

바로, 3차 전직을 끝낸 이들을.

'김호성은 자신의 목숨을 걸어 도박을 했다. 도박의 결과는 실패였지만 그의 목적은 결국 달성됐지.'

그리고…… 무열은 김호성뿐만 아니라 전장이 아닌 사원에서도 최혁수를 비롯해 모든 이 역시 위험한 싸움을 했다는 것을 알 수 있었다.

강찬석이 가지고 있는 투천의 팔찌나 윤선미가 차고 있는 묘천마휘(妙天魔輝)라는 반지 역시 쉽게 얻을 수 있는 것들이 아니었으니까.

'사원 최하부에 있는 보스 몬스터인 거미 여왕을 잡고 얻을 수 있는 반지였지 아마.'

[묘천마휘(妙天魔輝)]
사원의 최하층 보스인 거미 여왕의 유품. 그녀의 실은 날카로우면서도 특수한 무기가 아니면 끊어지지 않아 그녀를 18층 사원의 마

지막 왕으로 만들어준 무기.

등급 : SS급(유니크)

분류 : ACC

내구 : 100

사용 효과 : 사용자의 의지에 따라 움직이는 실을 뽑을 수 있다. 실의 길이는 무한대에 가까우며 탄력과 내구성은 사용자의 마력에 따라 달라진다.

사용 제한 : 한번 끊어진 실이 다시 생성되기까지는 반나절의 시간이 소요되며 그동안 실을 꺼낼 수 없다.

반지의 주인에겐 실을 제어할 수 있는 능력이 주어지는데, 그 실을 자신의 몸에 둘러 방어에 사용하거나 반대로 날카로운 절삭력을 이용해 공격을 할 수도 있다.

'마법을 시전해야 하는 마녀에게는 가장 적합한 무기지.'

설명대로 거미 여왕은 3차 전직을 위한 사원의 몬스터 중에서도 최고 난이도였다.

게다가 전직을 위한 18개의 플로어는 무조건 혼자서 공략을 해야 한다는 것을 생각했을 때, 무열은 윤선미가 사원 최하층까지 뚫고 갔다는 것에 놀라지 않을 수 없었다.

'용단화라는 이름으로 불렸을 정도로 그녀의 전투 센스는 발군이지만…….'

단순히 얼마나 싸움을 잘하느냐의 문제가 아니었다. 3차 전직을 위한 사원은 던전 안으로 내려갈수록 고통스러운 싸움의 연속이다.

전투보다 힘든 끈기.

그건 곧 의지와도 직결된 문제였다.

윤선미의 반지는 곧 다른 사람들보다 그 힘든 전투를 가장 오래 했다는 것을 보여주는 증거였다.

"고생했군."

무열의 말뜻을 알아차린 듯 윤선미는 여러 가지 감정이 교차하는 눈빛으로 고개를 끄덕였다.

재능을 떠나 전투를 하고 살육을 좋아하는 자는 정말 극소수에 불과하다.

특히, 윤선미가 그렇다.

자의보다는 수동적으로 전투에 임하던 그녀가 처음으로 자신의 의지로 싸웠다.

그리고 사원에서 가장 어려운 몬스터를 클리어했다는 것에서 무열은 이제 불멸회와 여명회를 온전히 그녀의 아래에 두어도 될 것 같다고 생각했다.

무열은 그녀의 옆에 서 있는 강찬석에게 시선을 돌렸다.

그의 손목에 전에는 볼 수 없었던 두툼한 흑색의 팔찌가 채워져 있었다.

하지만 무열은 그 팔찌가 익숙한 듯 바라봤다.

'전생(前生)과 마찬가지로 사원에서 저걸 얻었군. 나쁘지 않아. 앞으로의 악마군과의 싸움은 그에게 맡기면 되겠어.'

강찬석이 3차 전직의 보상으로 얻은 투천의 팔찌는 전생에서도 그가 사용했던 무구였다.

남들과 달리 월등한 근력을 가진 그만이 사용할 수 있는 아이템이었다.

"잠깐 볼 수 있을까."

"물론입니다."

강찬석이 무열에게 자신의 손목을 내밀었다.

[투천(闘天)의 팔찌]

등급 : SS급(유니크)

분류 : ACC

내구 : 100

착용 효과 : 착용 시 물리 공격력 1.5배 상승.

착용 제한 : 근력 수치 1,800 이상. 제한 근력이 되지 않는 상태에서 착용한다면 그 무게를 감당할 수 없어 오히려 착용자의 팔이 부러질 수 있다.

순수하게 물리 공격력을 올려주는 아이템이었다.

단순하지만 확실했다.

"지금 근력이 어떻게 되지?"

무열의 물음에 강찬석은 자신의 상태창을 불러 확인하고서 말했다.

"으음, 현재 2,200이라고 나옵니다."

"허……."

강찬석의 대답에 무열은 자신도 모르게 헛웃음을 짓고 말았다.

'2,200이라니……. 정말 말도 안 되는 수치로군.'

그가 아무렇지 않게 투천의 팔찌를 사용할 수 있는 것이 이해되었다. 아마도 이 팔찌는 강찬석이 아닌 이상 팔을 휘두르는 것조차 불가능할 것이다.

'지금 내 근력 수치는 1,800이 조금 넘는 상태. 아슬아슬하게 팔찌를 사용할 수는 있겠지만 제한이 걸리겠지. 강찬석의 타고난 힘은 확실히 엄청나군.'

무열은 고개를 끄덕인 뒤 살펴보던 팔찌에 손을 떼고는 생각했다.

'마족 4대 기사 중 남아 있는 자는 셋.'

그중에 한 명인 홍각(紅殼)은 갑충처럼 단단한 피부를 가진 마족이었다.

'녀석의 방어력을 뚫을 수 있는 계책이 나왔군. 강찬석의 힘

이라면 충분하겠지.'

무열은 종족 전쟁에서 가장 큰 적인 네피림의 천공성이 무너진 이 시점에서 마족과의 전쟁 역시 빠르게 종지부를 찍어야겠다고 생각했다.

펄럭—!!

그때였다. 막사의 문이 거칠게 열리며 누군가 나타났다.

성큼성큼 걸어 들어오는 사람은 다름 아닌 정민지였다. 피투성이가 된 그녀는 새하얀 백금룡의 비늘이 돋아나 있는 팔에 무언가를 쥐고 있었다.

툭.

담담한 표정으로 정민지가 들고 있던 것을 무열의 앞에 던졌다.

"둘 남았다."

모두의 시선이 발아래 떨어진 물건에 꽂혔다. 놀랍게도 그건 마족 4대 기사 중 한 명의 목이었다. 필립 로엔의 지원군으로 참가했던 그녀는 전선을 유지하는 것도 모자라 지휘관의 목까지 가져온 것이었다.

"그럼 이만. 돌아왔다는 얘기를 들어서. 보고는 해야 할 것 같아서 온 거니 다시 전선으로 돌아가도록 하지."

마족과의 전쟁에서 인간군이 밀리고 있었던 시점에서 그녀의 공은 엄청난 것이었다.

바이칼 가르나드에게 미리 보고를 받았지만 정민지의 합류로 인해 인간군의 사기가 올라 밀렸던 전선이 조금씩 팽팽하게 유지되고 있었다.

"대단한 일을 해냈군."

"너야말로. 천공성을 무너뜨린 것에 비하면 이건 아무것도 아니지."

정민지의 말에 무열은 씁쓸한 표정으로 대답했다.

"미안하지만 그건 내가 한 일이 아니다."

"그래? 뭐, 그렇다 하더라도 네가 지금까지 했던 일 중에 쉬이 된 일은 하나도 없을 테니 그거 하나 안 했다고 미안해하는 게 더 이상한 일이지."

그러나 그녀는 오히려 아무렇지 않게 말했다.

아니, 오히려 사소한 일인 듯 신경 쓰지 않는다는 게 더 맞을지 모른다.

"천공성에서 네가 놀고만 있진 않았을 테니까. 어차피 모두가 목숨을 걸고 싸우고 있는 건 사실이다."

정민지는 그 말을 끝으로 몸을 돌렸다. 그런 그녀를 향해 무열이 말했다.

"조금 휴식을 취하고 돌아가도록 해. 서두른다고 모든 게 좋은 건 아니다."

"아니, 아직 전선을 더 밀어야 해. 남은 녀석도 모두 그곳에 소환되었으니까."

무열은 그녀의 말에 가볍게 웃었다.

"그렇다면 강찬석을 함께 데려가라. 남은 마족들을 상대하려면 그의 도움이 필요할 테니까."

하지만 정민지는 고개를 저으며 말했다.

"거긴 나 혼자서도 충분해."

"부탁이 아니다. 명령이지."

말은 하지 않았지만 그녀가 무리하고 있다는 것은 누가 봐도 알 수 있는 일이었다.

"좀 더 효율적인 전투를 위한 배분이다. 널 못 믿는 게 아니야."

"준비하도록 하겠습니다."

정민지의 대답 대신 강찬석이 먼저 그에게 말했다.

"……."

마음이 바뀌기 전에 먼저 서두르는 강찬석을 바라보며 정민지는 말했다.

"그래? 그렇다면 나도 싸우고 있는 사람으로서 네게 한마디 하지."

그녀는 잠시 눈을 감았다. 세븐 쓰론에 징집되고 난 이후 많은 일이 있었지만 그녀 역시 현실에서는 그저 평범한 사람에 불과했다. 하지만 지금은 눈을 깜빡하는 순간에도 수많은 사람이 죽어가는 전장 한복판에 있었다.

"이 전쟁, 질질 끌지 마라. 그게 조금이라도 더 사람을 살리는 길이니까."

'그래.'

무열은 떠나는 그녀의 뒷모습을 보며 대답 대신 쓴웃음을 지었다.

전쟁을 빨리 끝내는 것만이 더 많은 사람을 살리는 길이란 건 모두가 알고 있는 사실이다.

다만 이 전쟁을 빨리 끝낼 수 있는 방법을 찾는 일이 결코 쉽지 않았다.

"저 말에 나도 동의하네."

막사 안엔 또 한 명의 사람이 더 있었다.

"저도 그렇게 생각합니다, 칸 라흐만."

무열은 그의 말에 고개를 끄덕이며 말했다.

"그러니 하나도 빼놓지 말고 알려주시죠. 당신이 그곳에서 알아낸 것들에 대해서."

"무열, 자넨 드워프를 믿나?"

"현재로선 인간군에게 가장 쓸 만한 동맹군이죠."

"그럼 엘프는?"

"네피림이 없는 지금 영혼샘을 쓸 수 있는 유일한 종족이죠. 신전으로 가기 위해서는 그들의 도움이 필요합니다."

"그들이 도와줄 것이라 생각하나?"

"글쎄요. 그렇게 만들어야겠죠."

칸 라흐만은 무열의 말에 쓸쓸한 미소를 지으며 고개를 끄덕였다.

"자네가 구축한 전선을 확인했네. 엘프군이 드래곤과 대적하기 시작했다고 알고 있네만 수비만 할 뿐 반격을 하지 않은 이유가 영혼샘 때문이었군."

"솔직히 그들이 드래곤들을 공격한 건 의아한 일이긴 하지만……. 나르 디 마우그가 합세한 이상 그들이 숲에서 나올 수 있는 방법은 없을 겁니다."

"그들이 자네 말을 들을까?"

"죽는 것보단 낫겠죠. 멸족의 위협 속에서 자유로운 사람은 아무도 없으니까."

무서운 말이었다. 수천만이 넘는 엘프를 아무렇지 않게 죽일 수도 있다는 말에 칸 라흐만은 자신도 모르게 마른침을 삼켰다.

"진심인 겐가?"

"……."

대답하지 않고 말을 아끼는 무열을 보며 칸 라흐만은 잠시 생각하고는 더 이상 그것에 대해서 묻지 않았다.

"그렇다면 남은 적은 마족과 악마족이로군."

"네, 아직 두 종족의 우두머리들이 얼굴을 내비치지 않은 상태입니다. 하지만 곧 처리할 겁니다. 그들이 대륙에 남아 있는 게 인간에겐 도움이 되지 않을 테니까요."

"흐음…… 드워프와 엘프라……."

칸 라흐만은 무열이 하고자 하는 계획을 눈치챈 듯 마른침을 삼켰다.

"자넨 위험한 일을 벌이려고 하는군."

두 종족은 살리고 두 종족은 죽인다. 간단명료하게 알 수 있다.

대륙에서 신과 연결되는 통로는 단 하나.

영혼샘.

하지만 그걸 사용할 수 있는 능력을 가졌던 라엘 스탈렌이 죽은 지금, 또 다른 영혼샘을 가진 엘븐하임의 여왕, 퓌렐 갈라드 티누비엘만이 유일한 사용자였다.

무열은 엘프군과 동맹을 맺고 퓌렐이 열어주는 영혼샘의 통로를 통해 락슈무가 있는 신전에 가려고 했다.

"게다가 영혼샘이 있는 엘프의 신전은 일반적으로 다른 종족이 갈 수 없는 곳이지. 거기까지 가는 길을 뚫는 일은 드워프만이 가능할 테고."

"역시 낚시꾼이시네요. 웬만한 사람은 알지 못하는 일을 알고 있으니."

"그럼 자네는 어떻게 안 거지?"

무열은 그의 물음에 가볍게 어깨를 들썩이며 아무렇지 않게 말했다.

"제가 이미 드워프와 동맹을 맺은 걸 알지 않습니까. 그에게서 들었습니다. 엘븐하임의 영혼샘에 갈 수 있는 방법에 대해서도 말이죠."

사실은 전생(前生)의 기억 때문이지만 무열은 칸 라흐만에게 진실을 설명하는 것을 삼갔다. 어차피 믿을 수 있는 일도 아니었거니와 사실 자신의 계획에서 엘프의 동맹은 큰 의미가 있는 것이 아니었기 때문이다.

그런 그의 생각을 아는지 모르는지 칸 라흐만은 걱정스러운 듯 말했다.

"너무 위험해. 자넨 나조차도 단번에 알아차릴 계획을 설마 락슈무가 모를 것이라 생각하는가?"

"모를 리 없겠죠."

하지만 무열은 아무렇지 않게 대답했다.

그런 그를 바라보며 이해가 가지 않는다는 듯 칸 라흐만은 고개를 갸웃거렸다.

"일부러 알리려고 그런 겁니다."

"……뭐?"

"네피림이 사라진 이상 그녀는 선택을 해야 할 테니까요.

종족 전쟁의 승자를 누구로 만들지. 과연, 다음 자신의 추종자를 누구로 둘 것인지를 말입니다."

"……."

칸 라흐만은 그의 말에 놀라지 않을 수 없었다.

"확실히…… 네피림이 신의 자식이라는 말은 들었지만 설마 종족 전쟁의 승자를 신은 이미 정해놨었다는 말인가?"

"글쎄요. 그건 신만이 알겠죠."

전생에 그가 죽기 전에 가진 기억은 하잘 협곡에서의 마지막 전투였다.

모든 종족이 뒤엉켜 싸우게 되었던 그날 결국 무열 역시 죽음을 피하지 못했다.

하지만 지상에서 수천만의 병사가 서로 목숨을 앗아가는 그 순간에도 전쟁의 불씨에서 벗어난 존재가 있었다.

'네피림의 4대 천사.'

그들은 종족 전쟁이 시작되어 끝날 때까지 단 한 번도 천공성에서 내려오지 않고 그저 편안하게 지상의 존재들이 싸우는 것을 지켜봤다.

'물론, 가끔 네피림들이 전투에 참여하는 일도 있지만 그건 승리를 위함이 아닌 서로의 분쟁을 더욱 야기시키기 위함이었다.'

네피림은 유능하고 요직에 있는 자가 아닌, 항상 가장 말단의 병사들만 종족 전쟁에 참가시켰었다.

진짜 적은 지상이 아닌 하늘부터 처리해야 한다는 것을 깨달았을 때는 이미 늦었다.

인간군의 리더였던 이강호가 죽고 그 이후 연이어 그의 제자들이 죽으면서 사람들의 분노는 극에 달했고 드워프와 엘프, 마족과 악마족 역시 수뇌부들을 잃으며 눈앞의 적을 죽이기에 급급했으니까.

'하지만 이제 네피림은 종족 전쟁이 본격적으로 시작되기도 전에 모두 죽었다.'

계획과는 다르지만 가장 먼저 처단해야 할 적이 사라졌다는 것은 사실이다.

수장을 모두 잃은 네피림은 더 이상 종족 전쟁에 참여하지 못할 것이다.

"으흠……. 만약 자네 말대로라면 그다음은 차라리 엘프가 돼야 하지 않을까?"

"그럴 가능성이 없는 것은 아니지만 유능한 적은 때론 아둔한 아군보다 훨씬 더 유용하다는 걸 락슈무도 알고 있을 테니까요."

무열은 날카롭게 웃었다.

"전쟁에서 승리하기 위해서 인간도 알고 있는 걸 신이 모르겠습니까."

그 광경에 칸 라흐만은 자신도 모르게 두 눈을 동그랗게 뜨고 말았다.

"자네……."

섬뜩한 기운이 느껴졌다.

살기(殺氣).

지금까지 많은 사람이 신을 원망하고 저주스러워했지만 신을 향해 직접적으로 이런 감정을 표출하는 사람은 없었다.

그도 그럴 것이 인류 전체를 세븐 쓰론에 징집시킨 신은 권좌의 왕이 정해지면 소원을 들어주겠다고 제안했다. 수십억의 인구는 반기를 들 엄두도 내지 못한 채 오로지 살기 위해 그 제안을 받아들였다.

단 한 사람. 내면 깊숙한 곳에 칼날을 숨기고 있던 무열만을 제외하고 말이다.

"그 얘긴 그만하죠. 신이 듣고 있을 테니까요."

그렇게 말하면서도 무열은 마치 기대에 찬 표정으로 막사 위를 바라봤다.

천막으로 가려진 막사 안에 하늘은 보이지 않았다. 하지만 그의 눈은 그보다 더 높은 곳을 향하고 있는 것처럼 느껴졌다.

아니, 확실히 더 높은 누군가를 향하고 있었다.

"무슨 꿍꿍이인지 궁금하다면 직접 보러 오겠죠."

"모두 모였군."

칸 라흐만은 살짝 긴장된 표정으로 말했다.

"바이칼에게 미리 들었겠지만……. 종족 전쟁에 있어서 우리가 해결해야 할 가장 큰 문제가 여기 있네."

그는 테이블 위에 무언가를 꺼냈다. 최은별의 도움으로 성도에 들렀던 칸 라흐만은 부상을 치료하자마자 전선에서 무열을 기다렸었다.

그러기를 며칠. 드디어 천공성이 무너지고 난 뒤 무열과 조우했을 때, 그는 한시바삐 자신이 찾아낸 소식을 그에게 알리고자 했다.

하지만 정작 당사자인 무열은 칸 라흐만의 이야기를 들으려 하지 않고 무너진 천공성을 조사하는 데에 열을 올렸었다.

꾸드드득…….

사람들이 모인 막사의 천장은 위에 무거운 것이 올려진 것처럼 다른 곳들과 달리 축 늘어져 있었다.

놀랍게도 그 막사만은 유일하게 천공성에서 회수한 네피림의 깃털이 외벽에 붙어 있었다.

단순한 깃털로 보이지만 그 무게는 생각했던 것 이상으로 무거웠다.

"네피림들은 종족 특성상 신력을 제어할 수 있는 능력이 있습니다. 이걸로 막사를 가리면 락슈무라도 이 안에 우리가 무엇을 하는지 알 수 없죠."

칸 라흐만은 그의 말에 감탄을 금치 못했다. 바이칼 가르나드에게 최소한의 언질만을 들었던 이유도 막사를 완성하고 나서야 이해가 되었다.

"나는 이 안에서 락슈무를 대적할 수 있는 열쇠를 찾을 수 있을 거라 확신하네."

그렇게 며칠을 참았던 말을 드디어 칸 라흐만은 뱉어내었다.

"바로 이 라시스의 정수."

모두의 시선이 칸 라흐만이 가져온 둥근 구체에 꽂혔다.

그건 오래전 교단의 살만이 사용했던, 해머 안에 잠들어 있던 2대 광야(光夜) 중 하나인 빛의 라시스가 잠들어 있는 구슬이었다.

일곱의 정령왕 중 하나인 그는 어찌 보면 원소가 아니라는 것을 제외하고는 특별할 것이 없을지 모른다.

무열 역시 3명의 정령왕과 계약을 했으며 김호성이 죽기 직전 불타는 징벌을 그에게 넘김으로써 또 한 명의 정령왕이 그의 손에 있다.

일곱 중 넷을 가지고 있는 그조차도 신이 아닌 네피림과 싸우는 것이 버거웠다.

사람들은 칸 라흐만의 말에 궁금하지 않을 수 없었다.

"마는 강해지고 빛은 힘을 잃는다. 순수는 타락하고 강철은 녹아내리도다. 그 가운데서 너희는 시험에 들지어다."

칸 라흐만은 마치 시를 읊듯 낮은 목소리로 중얼거렸다.

만약 오르도 창이 전선이 아닌 이곳에 있었더라면 그에 대해 부연 설명을 했을지도 모른다.

그의 말이 무열은 낯익다는 걸 깨달았다.

무열의 생각을 읽은 듯 칸 라흐만이 고개를 끄덕이며 말했다.

"그래, 오르도 창이 있던 남부의 검무덤에 그려진 벽화에 쓰여 있는 말이지. 마(摩)란 마족을 뜻하며, 빛은 네피림, 순수는 엘프를, 그리고 강철은 드워프를 말하는 것일세."

칸 라흐만은 낚시꾼.

그는 트라멜이 안정화된 이후 오르도 창이 말했던 세븐 쓰론의 전설에 대해서 조사를 하기로 마음먹었다. 그리고 그 첫 발은 창 일가의 검무덤을 살피는 것부터였다.

대륙이 계속된 전쟁으로 혼란스럽고 권좌의 왕이 정해지는 때에도 그는 조사를 계속 이어갔었다.

그리고 도달한 한 가지 의문.

"이상하지 않나? 자네 말대로 신이 종족 전쟁의 승리자로 네피림을 점찍어 놓았다면 어째서 세븐 쓰론에 이런 글귀를 남겼을까."

"그럼……."

그의 말을 듣고 있던 최혁수가 살짝 인상을 구기며 대답했다.

"신이 한 게 아니다?"

딱.

손가락을 튕기며 칸 라흐만이 고개를 끄덕였다.

"그 때문에 나는 우리가 모르는 비밀이 있을 거라고 생각했지. 그리고 우연한 기회에 나는 엘프가 네피림을 도와 인간을 죽였고 악마족이 그들과 동맹을 맺었다는 것을 알았네."

신의 사자라 불리던 네피림이 엘프를 시켜 인간을 살해하고 더 나아가 악마족과 결탁을 했다.

"빛과 어둠은 결국 다르지 않은 것일세. 그리고 그건 정령도 마찬가지지."

그는 정수를 손으로 잡으며 사람들에게 말했다.

"라시스의 정수엔 또 다른 자아(自我), 어둠의 두아트가 함께 잠들어 있어."

"……!!!"

"……!!!"

충격적인 말이었다. 그의 말에 모두가 놀라지 않을 수 없었다.

"정말 그의 말이 사실이야? 쿤겐, 너는 분명……."

[솔직히 나도 놀랍군.]

[2대 광야가 하나로 합쳐졌을 줄이야. 인간, 정말 그게 사실이야?]

[지금까지 단 한 번도 둘을 하나라고 생각해 본 적 없는데.]

충격은 정령왕들 역시 마찬가지였다.

"확인해 봐야 할 일이겠지만 분명한 건…… 어둠이야말로 우리에게 가장 중요한 힘이 되어줄 거라는 걸세."

"……."

무열은 라시스의 정수를 바라봤다. 악마족 터널의 코어를 부수기 전에 8대 장군 중 하나인 오안네스는 분명 네피림과의 결탁을 인정했었다.

'칸 라흐만의 말은 사실일 가능성이 높다. 그렇다면…….'

확인해 봐야 할 일.

그리고 그건 오직 자신만이 할 수 있는 일이었다.

무열은 고개를 들었다.

"이건 어쩌면 위험한 도박일지도 모른다. 종족 전쟁이 아직 끝나지 않은 상황에서 내가 자리를 비운다는 건 말이야."

그러나 자신의 예상과 달리 그의 걱정에 대한 대답은 오히려 너무 빠르게 들려왔다.

"우린 너에게 기대어 살고자 하는 게 아니야. 나는 내 힘으로 싸우는 거다."

정민지는 팔짱을 낀 채로 담담하게 말했다.

"이기기 위해서 하는 일이라면 말리지 않는다. 그에 따른 결과가 두려우면 애초에 그 자리에 오르지 말았어야 하니까."

그녀의 말에 무열은 고개를 끄덕였다.

이곳엔 자신과 함께 권좌를 다툴 수 있었던 사람들도 있었다. 하지만 그들은 싸움 대신 자신을 따랐다. 무거워진 무게만큼이나 절대로 실패하지 말아야 하는 일이 있다.

'2대 광야를 얻는다.'

무열은 직감했다. 두 개의 힘을 얻는 것이 자신의 마지막 직업을 창조할 수 있는 열쇠가 될 것임을.

그는 천천히 자리에 일어서며 나지막한 목소리로 말했다.

"정령계의 문을 열겠다."

90장
빛의 사원에서

"오랜만에 오는 것 같은 기분이군."

[실제로도 그렇지.]

무열은 천천히 눈을 떴다. 약간의 어지러움이 사라지고 난 뒤에 그는 눈을 뜨자 펼쳐지는 이(異)세계의 풍경에 기분 좋은 미소를 지었다.

정령계(精靈界).

한때는 신에게 반기를 들고 모든 정령왕이 봉인당해 존속 조차 위태로워 보였던 차원이었다.

거암군주 막튼이 봉인되지 않고 정령계에 있었으나 그 역시 락슈무의 눈을 피하기 위해서 오랜 세월을 청귀(靑龜)의 등에 숨어 지냈었다.

하지만 지금, 쿤겐을 비롯해서 에테랄, 막튼, 그리고 라미느의 봉인이 풀리자 그 영향은 정령계에 직접적으로 미쳤다.

[상급 정령들이 이렇게 생기 있게 활보하는 것도 오랜만에 보는군.]

[정령계를 구축하는 왕 중 넷이 풀려났으니까. 아, 쿤겐 넌 아닌가.]

[시끄럽다.]

막튠의 말에 쿤겐은 퉁명스럽게 대답했지만 자신의 근본인 정령계의 힘이 풍성해지는 것을 싫어할 정령왕은 아무도 없을 것이다.

[모든 게 네 덕이다, 강무열.]

화르르르륵……!!

[나 역시 감사히 생각한다.]

무열의 눈앞에 뜨거운 불길이 솟구쳤다.

화염 속에서 짧은 스포츠머리에 두툼한 근육을 가진 남자가 모습을 드러냈다.

선이 굵은 얼굴의 그는 무열을 바라보며 천천히 눈을 떴다.

"본 모습을 보는 건 처음이군, 라미느."

악수를 청하기 위해 손을 내밀었던 무열은 붉은 그의 전신을 보며 웃었다.

[……]

그의 손을 물끄러미 바라보던 라미느는 무표정한 얼굴로

말했다.

[관두는 게 좋아. 내 손을 잡으면 당신 손이 녹아버릴걸.]

하지만 라미느의 말에 무열은 아무렇지 않은 듯 그의 손을 잡았다.

화진검(火眞劍)의 불꽃으로 손을 감싼 그는 마력을 더욱 끌어올려 마치 라미느의 열화에 맞서는 듯 잡은 손에 힘을 주었다.

"네 힘은 나에게 필요하다. 전 주인의 대한 예우는 이제 떨치길 바란다. 적어도 나는 네 힘에 녹아버릴 정도로 약하지 않으니까."

[…….]

라미느는 대답 대신 무열의 얼굴을 한번 바라보더니 다시 불타는 징벌 안으로 사라졌다.

[무뚝뚝한 녀석.]

[네가 그런 말을 할 처지는 아니지 않나, 막튼.]

악수를 하던 손이 사라져 허전한 듯 무열은 잠시 손을 쥐었다 폈다를 몇 번 반복하더니 가볍게 입꼬리를 올렸다.

'딱히 걱정할 필요는 없을 것 같군.'

불타는 징벌(Flame Punish)은 다른 무구와 달리 김호성이란 정령술사가 사용한 무구였다.

언뜻 보면 탄탄한 근육 덕분에 무투가에 가까워 보이는 그였지만 그의 1차 직업은 정령술사.

얼음발톱을 썼던 마도사인 아티스 카레쉬는 그저 무구 안에 있는 원소의 힘을 끌어 쓴 것에 불과하다면 김호성은 무구안에 있는 라미느의 진짜 힘을 일부라 하더라도 제대로 쓸 수있는 자였다.

'정령술사와 정령 간의 계약은 그들 사이의 친밀도에 따라그 힘의 경중(輕重)도 차이가 난다. 계약을 하진 않았지만 꽤오랜 시간 함께해 온 두 사람이었으니까.'

라미느가 무열과의 계약에 큰 거부감을 표하지 않은 것은무열을 인정해서가 아니었다. 김호성의 죽음을 납득했기 때문이라고 해야 하는 것이 더 옳을 것이다.

그건 자신을 무열에게 넘긴 이유 역시 포함되는 일일 것이다.

무열은 쓴웃음을 지었다.

'지켜보겠다는 의미가 더 강하겠지. 정령왕의 시험은 덤으로 짊어지게 만드는군, 김호성. 뭐…… 죽음의 대가로 생각한다면 가벼운 것이겠지만.'

인벤토리 안에 불타는 징벌을 넣으며 그는 생각했다.

'별거 아냐. 애초에 쉬운 일은 하나도 없으니까.'

회귀라는 기회가 자신에게 주어진 시점에서 이미 각오한일이었다.

"좋아. 시간이 없으니 서둘러 볼까. 쿤겐, 라시스의 사원이 있는 곳으로 안내해."

정령계는 각각의 정령왕들의 사원이 있다.

그곳은 세븐 쓰론의 왕국처럼 그들 각자의 거점과 같은 곳으로 대륙과 달리 규율에 따라 절대적인 상호불가침(獨蘇不可侵) 지역이기도 했다.

그리고 이곳에.

라시스의 사원과 함께 두아트의 사원 역시 존재했다.

정령왕들이 2대 광야라 불리는 두 정령왕을 하나라고 생각하지 않았던 근거도 바로 이 때문이었다.

[알겠다. 일단은…… 라시스의 사원으로 먼저 가는 게 맞겠지.]

무열은 그의 말에 고개를 끄덕였다.

[그런데…… 한 가지 물어봐도 되겠나?]

"뭔데?"

쿤겐은 지금까지 참았던 궁금증을 토해냈다.

[어째서 이런 곳에 저런 꼬마 아이를 데리고 온 거지?]

움찔.

그의 말에 어깨가 떨렸다.

쿤겐은 떨떠름한 목소리로 무열의 옆에서 손목을 꼭 잡고 있는 아이를 바라보며 말했다.

[이런 중요한 시기에 말이야.]

잔뜩 긴장해서 굳은 얼굴로 연신 목이 타는 듯 마른침을 꿀꺽 삼키고 있는 꼬마 아이.

어쩌면 정령계 최초로 정령력이 없는 인간이 이곳에 온 것일지 모른다.

무열은 쿤겐의 말에 가볍게 웃으며 아래를 내려다보았다.

그의 옆에 서 있는 사람은 놀랍게도 바로, 리앙제였다.

"왜냐니. 질문의 답을 이미 알고 있으면서. 이런 중요한 시기이기 때문에 데리고 온 거다. 이번 일을 해내기 위해서는 누구보다도 그녀의 힘이 꼭 필요하니까."

[……진심이냐.]

"그녀가 엘리젤 일족이란 걸 잊었나?"

[당연한 소리를 하는군. 엘리젤 일족이 정령과 밀접한 관계가 있다는 건 너보다 우리가 더 잘 안다. 하지만 상대는 단순한 정령이 아닌 정령왕이다.]

"잘 아는군. 그저 평범한 정령이었다면 리앙제가 필요하지도 않았을 거다."

그는 쿤겐을 향해 말했다.

"정령계에 유일하게 사원이 없다고 해서 잊었나 본데 너도 똑같은 정령왕이다. 그리고 검의 봉인을 푼 게 누구지?"

그의 물음에 대답하듯 쥐고 있던 격로검이 가볍게 떨렸다.

"가슴을 펴라. 엘리젤 일족에서도 네가 아니면 할 수 없는 일이니까."

리앙제는 고개를 끄덕였다.

칸 라흐만에게서 라시스의 정수에 대해서 듣자마자 무열의 머릿속에 그녀가 떠올랐다.

그는 리앙제가 라시스를 깨울 수 있는 유일한 사람이란 것에 의심하지 않았다.

나락바위에서 쿤겐의 힘을 깨웠던 것처럼.

무구의 잠재되어 있는 힘을 깨울 수 있는 엘리젤 일족만이 가진 특수한 힘.

언령(言靈).

그녀는 유일하게 그 힘을 가진 아이였으니까.

"피해는요?"

"드래곤들에게 맡겼던 엘프 숲을 제외하고 악마군과의 전선에서 7만, 마족들과의 싸움에서 8만."

"승리라고 하기엔 피해가 크군요."

"그만큼 대규모 전투니까. 솔직히 이 정도까지 모일 수 있다는 것만으로도 대단한 일이지. 인구가 수십억 단위라고 하더라도 사실상 비전투 인원이 훨씬 더 많은 건 현실이나 이곳이나 똑같으니까."

라캉 베자스의 말에 최혁수는 물고 있던 펜을 이로 돌리며 생각에 잠겼다.

그건 그가 전술을 짤 때마다 나오는 습관이었다.

빠즉.

"……아."

물고 있던 펜이 그의 힘에 그만 부서지고 말았다. 최혁수는 물끄러미 부러진 펜을 보더니 바닥에 던졌다.

이미 몇 개나 부서진 펜들의 잔해가 주변에 떨어져 있었다.

"퉷……. 전직을 하면서 쓸데없이 이빨 힘까지 좋아졌나 봐요."

최혁수는 어색하게 웃었다.

"그래, 결정을 내린 건가?"

"네?"

앤섬 하워드는 웃음 뒤에 대답을 기다렸다. 언제나 펜을 부러뜨릴 때마다 최혁수는 자신이 생각해 낸 계책을 결정짓는다는 것을 이젠 알고 있었으니까.

"아마 저랑 같은 생각일 것 같은데요."

"그래, 사용할 수 있는 병력의 가짓수가 이제는 많지 않으니까."

"하지만 싸워야 하는 명분은 충분해요. 아니, 우리보다 더 그들이 절실하겠죠."

앤섬 하워드는 씁쓸한 표정으로 말했다.

"많은 피해가 있을 거야, 상상 이상으로. 그들은 우리와 다르니까."

"그렇기 때문에 더 필사적이어야죠."

이제 갓 성인이 된 최혁수는 가끔 전략을 세우는 데에 있어서 무척이나 차가워지는 때가 있었다.

'그 때문에 나는 권좌 전쟁에서 진 것일지 모르지.'

앤섬 하워드는 어쩌면 그게 자신과 그의 차이점이 아닌가 하고 생각했다.

"이번 싸움은 저희들로만 해결할 수 있는 게 아니에요. 세븐 쓰론의 일이라면 그들도 책임을 져야 할 의무가 있겠죠."

앤섬 하워드는 최혁수의 말이 무슨 뜻인지 알아차린 듯 고개를 끄덕였다.

"자고로 자신의 땅은 자신의 힘으로. 안 그런가요?"

최혁수가 고개를 들었다. 이미 막사 앞에 그들이 와 있다는 것을 훨씬 전부터 알고 있었기 때문이다.

"그 말이 떨어지길 줄곧 기다리고 있었습니다."

막사 안으로 들어온 벤퀴스 번슈타인은 최혁수를 바라보며 말했다.

"북부 7왕국의 제후가 모두 모였습니다."

그의 말에 최혁수는 고개를 끄덕였다.

"가장 위험한 곳. 며칠을 고민했으나 아무리 생각해도 이곳을 맡길 수 있는 자는 당신들뿐입니다."

커다란 지도의 한 부분을 가리키며 말했다.

"왜냐면 그 누구도 토착인들이 전면에 참여할 것이라곤 예상하지 못할 테니까."

"우리가 약하다는 건 이미 뼈저리게 느끼고 있습니다. 하지만 약하다고 패배를 당연시한다고 생각하진 마십시오."

최혁수는 벤퀴스 번슈타인의 말에 고개를 끄덕였다.

"대장은 자신이 자리를 비운 동안 최대한 전선을 유지하라고 했습니다. 하지만 저희들은 그렇게 생각하지 않습니다. 독단이라고 생각할 수도 있겠지만 지금이야말로 인간군이 승기를 잡을 수 있는 절호의 기회."

멈춰 있어서는 안 된다. 전황은 계속 변화했고 단 한 사람에 의지해서 모든 걸 맡기는 것은 무의미한 일이었다.

그걸 알기 때문에 최혁수는 회심의 수를 걸었다.

"절 믿을 수 있습니까?"

벤퀴스 번슈타인은 잠시 그의 얼굴을 바라봤다. 그러고는 천천히 고개를 끄덕였다.

하지만 그 역시 최혁수가 무열에게만 의지하는 것이 아닌 것처럼 자신의 의지를 관철시켰다.

"당신의 전략을 믿습니다. 우리의 뜻 역시 일치한다는 걸 알고 있습니다. 걱정 마십시오. 싸우는 건 우리가 결정한 일입니다."

최혁수는 오히려 그 대답에 만족스러운 듯 말했다.

"악마군의 목을 따내세요."

두 사람의 시선이 교차되었다.

무열이 자리를 떠난 지금, 그들은 결코 멈춰 있을 생각은 없었다.

그들의 목표는 하나였다.

최혁수는 기대에 찬 목소리로 말했다.

"대장이 돌아왔을 때 우리가 종족 전쟁의 승리를 안겨드립시다."

"후우……."

무열은 리시스의 사원을 둘러보았다.

'도착인가.'

새하얀 벽돌로 되어 있는 이곳은 신기할 정도로 너무 순백이라 정령계에서도 어울리지 않는 느낌이었다.

"……."

무열은 쥐고 있던 검을 검집에 밀어 넣었다.

"서둘러야겠군."

세 명의 정령왕 덕분에 이곳에 오는 것은 어렵지 않은 일이었다. 막툰을 만날 때와 달리 그를 막는 정령은 없었다.

그러나 정령계와 세븐 쓰론의 시간이 달랐기 때문에 이곳에서 오래 있을 수 없었다.

무열은 조급한 마음으로 쥐고 있던 정수를 사원의 중앙에 내려놓았다.

우우우웅…….

그러자 정수가 반응을 하는 듯 가볍게 떨리기 시작했다.

그때였다. 정수를 지켜봐야 할 무열은 어찌 된 영문이지 딱딱한 표정으로 고개를 들었다.

"……."

짓누를 것 같은 무게감. 사원에서 알 수 없는 기운이 느껴졌다.

무열은 검집에 넣었던 검의 손잡이에 손을 다시 얹었다. 그의 행동에 의아함을 느끼면서도 본능적으로 위험을 느낀 리앙제가 무열의 뒤에 섰다.

"정령력이 없는 존재가 정령계에 존재하는 예외는 여기 하나면 충분할 것 같은데. 이만 나오시지?"

무열은 아무도 없는 사원의 뒤편을 향해 말했다. 리앙제는 그의 말에 떨리는 눈동자로 앞을 바라봤다.

"과연······."

놀랍게도 그 순간, 아무도 없을 것 같은 기둥 뒤에서 목소리가 들렸다.

짝— 짝— 짝—

"오랜만에 보는군."

마치 기다렸다는 듯 무열을 향해 박수 소리가 들렸다. 그러나 그 소리에 무열의 표정은 오히려 딱딱하게 굳어졌다.

"나는 지금 네가 이곳에 있는 이유에 대해서 설명을 들어야할 것 같은데."

경계하는 듯한 무열의 태도에 남자는 피식 웃었다.

"이것 참······. 권좌에 오르기 전에 봤던 애송이가 이젠 권좌의 왕이라니······. 꽤나 상황이 많이 바뀌었어. 놀랍군. 안그래?"

무열의 말에 남자는 인상을 구겼다.

"네 말대로 입장이 많이 바뀌었지. 나는 이곳에서 해야 할 일이 있고 네가 할 일은 없다. 그러니 거기서 엉덩이 떼고 꺼져."

무열은 으르렁거리듯 말했다.

가장 중요한 순간에, 생각지 못한 가장 큰 방해물이 눈앞에 나타났다.

'드디어 얼굴을 내비쳤군.'

하지만 한편으론 기다렸던 자이기도 했다.

무열은 그를 바라보며 카토 치츠카의 얼굴을 불현듯 떠올렸다.

"디아고."

"으음……."

"괜찮으십니까?"

옅은 신음이 들리자 노승현은 황급히 자리에서 일어나 침대 옆에 놓아둔 포션을 집었다.

"이것 좀 드십시오."

녹색 병 안에 들어 있는 액체가 입에 닿자 카토 치츠카는 강렬한 쓴맛에 헛기침을 뱉어냈다.

"쿨럭, 쿨럭……!"

"마녀술로 만든 비약입니다. 남기지 말고 모두 드셔야 합니다."

"천공성은……?"

제대로 눈을 뜨지도 못하는 와중에도 전투의 결과를 묻는 그를 보며 노승현은 낮은 한숨을 내쉬었다.

"추락했습니다. 걱정 마십시오."

하지만 그의 말이 의미하는 것이 무엇인지 알기에 오히려 카토 치츠카는 고개를 떨궜다.

"꿈이 아니군요."

내뱉긴 했지만 스스로 생각해도 어처구니가 없는 말이 아닐 수 없었다.

"우습죠. 정신이 들었을 때 마치 지금의 일이 꿈이었나 싶었습니다."

"……."

"김호성……. 더 이상 보지 못하겠군요."

"네."

노승현은 일말의 거짓 없이 얘기했다.

거짓말을 할 일도 아니었고 위로가 될 수 없다는 것도 잘 알기 때문이다.

"최혁수와 앤섬 하워드가 종족 전쟁의 마지막을 준비하기 위해 전략을 완성했다고 합니다. 만약 깨어나시면 얘기해 달라고 하더군요."

"그런가……. 쉴 틈 없이 벌써 시작되었군요."

며칠이나 잠들어 있었던 걸까.

카토 치츠카가 침대에서 몸을 일으키며 말했다.

"그들은 지금 어딨죠?"

"유우나와 함께 명하신 곳에 대기하고 있습니다."

카토 치츠카는 노승현의 말에 고개를 끄덕였다.

"아직 발견되진 않은 듯싶습니다."

"다행이군요."

은검(隱劍)부대.

그가 은밀하게 타락의 힘을 이용해서 육성한 정예 부대였다.

인원은 총 12명.

처음 타락을 계약하고 불안전한 상태에서 타락을 전수했던 노승현과 김호성과 달리 12명은 카토 치츠카의 순수한 타락의 결정만을 이어받은 사람이었다.

개개인의 능력은 두 사람에 미치지 못할지도 모르지만 타락을 컨트롤하는 것에 있어서만큼은 카토 치츠카보다 더 뛰어날지 모른다.

신에게 대적하기 위해 그가 숨겨놓은 비수(匕首).

오직 일격을 위한 그들이었다.

그렇기 때문에 가장 믿을 수 있으며 은검부대의 리더인 카토 유우나에게 특별한 명령을 내렸었다.

"때를 기다려라."

천공성을 공략하는 당시에까지도. 카토 치츠카는 그들을 숨겼다.

"……."

하지만 네피림과의 싸움에서 그들을 사용했다면 김호성이 죽지 않았을지도 모른다는 후회가 들었다.

"저희들이 선택한 일입니다. 당신의 힘이 아니었다면 네피림과 싸우지도 못했을 테니까요."

노승현은 그의 마음을 읽은 듯 말했다.

"김호성의 판단은 옳았습니다. 게다가 당신이 없다면 은검 역시 아무런 힘을 발휘하지 못한다는 걸 잘 알지 않습니까."

그의 말에 카토 치츠카는 힘이 들어가지 않아 부들부들 떨리는 손을 바라보며 생각했다.

'나 역시 아직은 죽으면 안 된다는 말인가.'

타락의 힘은 인간을 갉아먹는다. 강력한 힘을 주지만 그에 대한 대가 역시 혹독했다.

그렇기 때문에 카토 치츠카는 권속의 팔찌를 통해 자신이 선택한 자들에게 타락의 힘을 쓸 수 있게 하는 대신 스스로 그들이 받아야 할 반발력을 흡수하는 숙주 역할을 한 것이다.

한두 명도 아닌 열 명이 넘는 자의 대가를 혼자서 받아야 하는 그의 몸은 성할 리가 없었다.

"후우……."

술법 중에 타락에 가장 도달해 있는 마법인 마녀술로 만들어진 포션이기 때문일까. 카토 치츠카는 한결 몸이 편해지는 기분이었다.

그는 잠시 포션을 들어 바라봤다.

"……."

그때였다.

"깨어나셨군요."

막사의 문이 열리며 윤선미가 들어왔다.

"강한 기운이 느껴져서 와봤더니 이곳이더군요. 몸은 좀 어떠세요?"

"괜찮습니다. 포션을 만들어주셨다면서요. 효과가 좋네요. 통증이 금세 멎었습니다."

카토 치츠카의 말에 윤선미는 가볍게 고개를 끄덕였다.

"노승현, 잠시 자리를 비워줄 수 있겠습니까?"

"음……."

"그녀와 할 말이 좀 있습니다."

"괜찮겠습니까."

"걱정 마세요."

카토 치츠카의 말에 노승현은 잠시 윤선미를 바라보더니 경계하듯 창을 고쳐 쥐고는 고개를 끄덕였다.

"후우……."

노승현이 막사를 나가자 카토 치츠카는 낮은 숨을 토해 냈다.

깨끗하게 비운 포션을 바라봤다. 조금 전 그가 마셨던 것이다.

"이거 몇 개 더 만들어줄 수 있습니까? 효과가 좋네요. 이 정도라면 통증조차 잊은 채 싸울 수 있을 것 같아서요."

"……당신."

그녀는 뭐라고 말을 하려다가 입을 다물었다. 이 순간 카토 치츠카가 농담을 하려고 하는 게 아니란 건 누구보다 자신이 잘 알고 있었으니까.

"이미 알고 있나 보군요."

윤선미의 말에 카토 치츠카는 쓴웃음을 지을 뿐이었다.

빈 병을 들고 가볍게 흔들며 그가 말했다.

"마약(痲藥)이군요."

"맞아요. 그것도 아주 강력한. 당신의 상처를 치유할 수 있는 스킬도 마법도 없어요. 단지 고통을 억제해 줄 뿐이죠."

"이런 걸 묻는 건…… 솔직히 식상하지만 물을 수밖에 없겠네요."

카토 치츠카가 입을 열었다. 그의 마른 입술이 파르르 떨리고 있었다.

"얼마나 남았습니까."

"글쎄요. 전 의사도 아니고 약을 만들 수는 있지만 환자를 돌보는 능력은 없어요."

"현실의 의사도 타락을 진단할 수 없는 건 마찬가지입니다."

윤선미는 잠시 그를 물끄러미 바라봤다.

"살고 싶은가요?"

"죽고 싶은 사람은 없죠."

"그럼 왜 이런 일을 하셨죠? 자기가 죽을 걸 뻔히 알면서."

그녀의 질책에 카토 치츠카는 쓴웃음을 지었다. 그것에 대한 생각이야 수천 번도 더 했으니 말이다.

"얼마나 남았는지 물었던 건 좀 더 싸울 시간이 필요해서입니다. 이런 몸이지만 의외로 제가 없으면 안 될 사람들이 있거든요."

그는 노승현이 했던 말을 떠올렸다. 은검부대의 진가는 자신이 살아 있어야 발휘할 수 있다는 것을 부정할 수 없으니까.

"안티훔 대도서관에 가지 않으셨다고 들었어요. 그곳은 세븐 쓰론에서도 유일하게 타락에 대해서 연구하던 마법사들이 있는 곳이에요."

윤선미의 말에 카토 치츠카는 가볍게 어깨를 으쓱하며 말했다.

"어쩔 수 없었습니다. 연구를 했다고 하지만 그들 역시 타락을 제어하는 것이 아닌 타락의 힘을 인형에 주입하는 정도일 뿐이니까."

카토 치츠카 역시 타락을 얻은 이후, 그 힘을 제어하기 위해 여러 가지 방법을 찾아보았기에 불멸회의 마법 병사인 슬레이브(Slave)의 존재에 대해서 무열보다 훨씬 먼저 알고 있었다.

그렇기 때문에 무열이 그에게 안티홈을 제안했을 때 그다지 큰 무게를 두지 않았다.

"그럴 거라 생각했어요. 그런데 대장이 놓친 부분이 있었죠."

"마녀는 다른 사람의 생각도 읽을 수 있는 겁니까? 썩 유쾌한 능력은 아니군요."

"설마요. 표정을 보고 예상했던 것뿐이에요. 하지만 이러는 편이 좀 더 마녀스럽죠?"

윤선미는 장난스러운 표정을 지으며 말했다. 하지만 이내 곧 들고 있던 스태프를 내려놓으며 진지하게 말했다.

"대장께서 만약 카토 치츠카가 깨어난다면 꼭 이 말을 전해 달라고 하셨어요."

"그게 뭡니까?"

"불멸회의 마법으로는 널 치료할 수 없을지 모른다. 하지만 1%의 희망이라도 걸어볼 수 있는 일이 있다면 해라. 그러니 움직일 수 있다면 지금 당장 안티홈 대도서관으로 가라."

카토 치츠카는 무열의 전언을 들으며 낮은 한숨을 내쉬며 고개를 저었다.

"그건 말했다시피……."

"거기서 '위대한 마법'을 완성시켜라. 불멸회의 수장이었던 나인 다르혼이 얻지 못한 숨은 힘. 하지만 타락을 가진 너만은 그것이 가능할 것이다."

"……위대한 마법?"

윤선미는 그를 바라보며 잠시 숨을 고르듯 말을 멈추었다.

"인간의 한계를 뛰어넘을 수 있는 유일한 마법. 신에게 반(反)하려는 인간의 의지. 그 힘은 신조차 죽일 수 있다고 한다."

"……!!"

"여기까지가 대장이 당신에게 전하라는 말이었습니다. 이 마법이 타락의 오염을 정화시킬 수 있을지는 알 수 없습니다. 하지만 그의 말대로 일말의 가능성은 있겠죠."

카토 치츠카는 지금까지 생각지도 않았던 제안에 어떻게 해야 할지 감이 오지 않았다.

죽음을 의연하게 받아들이며 자신이 죽기 전에 강무열이 돌아오기만을 기대할 수밖에 없었던 자신에게 그의 말은 말 그대로 모험이었으니까.

"마법의 마지막 조각은 엘프군 수호장(守護將), 위그나타르가 가지고 있다고 했습니다."

"엘프라……."

그녀의 말에 카토 치츠카는 다른 의미에서 놀라지 않을 수 없었다.

단지, 자신의 목숨을 연장시킬 수 있는 희망을 찾았다는 것 때문이 아니었다.

'대단해. 넌 정말로 그 계획을 실행하려고 하는 모양이군. 우리가 그날 나누었던 계획을.'

"대장은 지금 정령계에 갔어요. 2대 광야를 얻기 위해서."

"그렇습니까. 이런 상황에서도 자리를 비울 생각을 하다니 대단하군요."

"저희를 믿는 거겠죠. 그리고 당신도."

윤선미의 말에 카토 치츠카는 가볍게 웃었다.

"여러 가지 의미에서 결국 안티홈에 갈 수밖에 없게 만들어 놨군요."

그들이 세운 계획을 실행하기 위해서 그리고 자신의 목숨까지. 카토 치츠카는 처음이자 마지막으로 인정한 라이벌에 대해 세삼 경의를 표하고 싶은 마음이 들 정도였다.

"현재 전황에 대해서 알 수 있겠습니까?"

"웃챠. 그건 제가 설명드리죠."

막사의 문이 열렸다. 기다렸다는 듯 그 안으로 들어온 사람은 다름 아닌 최혁수였다.

"솔직히 깨어나지 않으면 어쩌나 조마조마했는지……. 걱정했어요. 안 그랬으면 세웠던 계획을 해보지도 못할 뻔했거든요."

"계획?"

우우우웅…….

최혁수가 손을 펼치자 홀로그램으로 대륙 지도가 생성되었다. 그 안에는 마치 미니어처처럼 각각의 인간군 병력이 움직이는 모습이 보였다.

마족 전선과 악마족 전선에서 치열하게 전투를 벌이고 있는 광경이 선명하게 나타났다.

"모든 지역의 병력 배치가 재조정되었지만 딱 한 군데. 북부 숲은 그대로예요."

"……."

카토 치츠카는 저곳이 자신이 가야 할 곳이란 걸 직감했다.

엘프가 있는 곳.

최혁수는 가볍게 입꼬리를 올렸다.

"수단과 방법은 상관하지 않겠어요. 당신에겐 책략이 필요 없다고 하더군요. 그 누구보다 가장 완벽한 계획을 완성할 거라고."

카토 치츠카는 그의 말에 할 말을 잃은 듯 혀를 차고 말았다.

"예상하셨겠지만. 당신에게 엘프군이 있는 북부 숲을 맡기겠습니다.”

최혁수의 눈빛이 빛났다.

“그리고 대장의 전언이 하나 더 있습니다.”

카토 치츠카가 고개를 들었다.

“전쟁은 혼자서 이길 수 없다. 너의 결과가 인류의 미래를 결정지을 수도 있다. 그러니 실패는 용납 못 한다.”

“하…… 하하.”

그는 최혁수의 말투에 마치 눈에 그려지듯 보이는 무열의 모습에 자신도 모르게 피식 웃고 말았다.

“하여간 지독한 인간이군. 이런 몸인 나에게 그런 소리를 하다니.”

하지만 오히려 이렇게 자신을 대하기에 카토 치츠카는 무거운 짐을 내려놓은 것처럼 홀가분한 기분이었다.

해야 할 일은 명료하다. 더 이상 이런저런 고민을 할 필요 없었으니까.

카토 치츠카는 천천히 자리에서 일어섰다.

‘좋다, 강무열. 위대한 마법과 영혼샘. 내가 네 앞에 가져다주마.’

to be continued

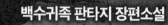

백수귀족 판타지 장편소설

바바리안

퀘스트

하늘산맥은 영혼들의 쉼터였고,
산 자는 하늘산맥을 올라선 안 된다.
모두가 그리 믿고 있었다.

"너는 위대한 전사가 될 거다, 유릭."

촉망받는 부족전사 유릭은 하늘산맥을 넘었고,
그곳에서 스스로를 문명인이라 칭하는 사람들과 마주한다.

『바바리안 퀘스트』

야만인 유릭이 문명세계로 간다.

Wish
Books

채널 마스터

CHANNEL MASTER

할아버지 집 창고 정리 중 찾아낸 텔레비전.
그런데 이놈 보통 텔레비전이 아니다.

[채널 마스터 시스템에 접속하였습니다.]
[사용자의 정보를 분석합니다.]
[필요로 하는 채널을 업데이트합니다.]

경험을 쌓아서 채널을 더 확보해라!
그 채널이 고스란히 네 능력이 되어줄 테니.

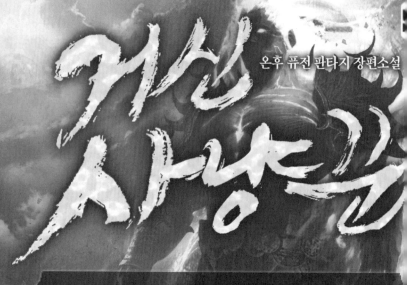

온후 퓨전 판타지 장편소설

최후의 영웅.
500명의 영웅 중 살아남은 건 오한성뿐이었다.

그리고 그마저 모든 것을 놓은 순간.

과거로 돌아왔다.

목숨을 걸어야 한다면 걸겠다.
그것이 이 모든 좌절과 절망을 지워 버리는 길이라면,
더 이상 영웅이 아닌, 승리를 위한 악당이 되겠다!

"준비는 끝났다."

영웅과 악당, 신과 악마, 모든 변화의중심.
그의 일대기에 주목하라.